# 遊びと学びのメディア史

錦絵・幻燈・活動写真

青山貴子

東京大学出版会

Japanese Modern Education and Media:
*Nishiki-e,* Optical Lantern, and Motion Picture
Takako Aoyama
University of Tokyo Press, 2019
ISBN978-4-13-056227-0

# 凡例

・年号は「西暦（元号）」で記した。
・引用文中の仮名遣いは原文のままとし、漢字の旧字体は適宜新字体に改めた。
・注は各章ごとに章の末尾に付した。
・図版資料は巻末にまとめ、全章通じての通し番号で表記した。
・その他の図表資料については各章の該当箇所に付した。

# 序　章　近代日本教育史におけるメディア史的視点

## 1　問題の背景

### (1) 教育における「メディア」への着目の必要性

本書は、わが国の教育の近代化に、視覚メディアがどのような役割を果たしたのかという問いについて、とくに「教育」と「娯楽」のはざまで諸メディアがどのように生成・展開・相克していったのかに焦点を当てながら検討するものである。

「教育」という営みについて考えるとき、「教育する者／される者」という主体／客体だけでなく、両者を繋ぐ何がしかのメディア（媒体）が想定されることがある。教材・教具をはじめとして、教育者と学習者の間を媒介するものを想定することは教育学における基本的視点のひとつであり、たとえば、教科書、視聴覚教材、実物模型といったものはいずれも教育メッセージを伝達・媒介するメディアと捉えられてきた[1]。

このとき、メッセージを伝えようとする者にとってメディアの選択は重要である。そこには時に教育をする側の周到な意図と選択が込められている。教育史を紐解いてみると、たとえば国家主義的イデオロギーを浸透させるために、国はかつて道徳教科書だけでなく「御真影」というメディアを利用してきたし、国民唱歌は「歌」というメディアを用いて国民国家を形成しようとする試みのひとつであった[2]。このように、新聞・ラジオ・テレビなどのマスメディアのみならず、多様な事物・事象が教育メッセージを媒介するメディアとして人々の生活文化と深く関わってきたのであり、それぞれの時代の様々なメディアに教育的意図が込められ、期待されてきたといえよう[3]。

ただ、メディア概念が単に「情報伝達の器」ということのみを示すのであれば、わざわざ「メディア研究」や「メディア学」と銘打たずとも個別の媒体の現象を考察していけばよい。しかし、「メディアはメッセージである」[4]というマーシャル・マクルーハンの言葉を引用するまでもなく、メディアは無色透明で中立的な存在として機能しているのではなく、その存在自体が人々の空間認識、時間認識、思考法などに深く影響を与えながら存立している。すなわち、吉見俊哉が端的に述べているように、メディアとは「私たちの社会的経験世界の技術的な次元と意味的な次元を同時に媒介し、またそうした次元によって媒介されながら、個別のメディアの布置や編成を可能にしていく、テクノロジーと意味、それに語りや解釈、接触といった社会的実践の構造連関的な場のこと」[5]を意味するのであり、メディア研究における問いは、「最終的にはそれら個々の媒体の特殊性や個別性ではなく、むしろそれらの個別性を可能にしている社会的な場の力学」[6]に向けられている。

学校教育において、教材・教具は教育内容を伝達する「道具立て」として意識的に教育現場に取り込まれ、教科書研究、教材研究からの知見が蓄積されてきた。なかでも、教育内容に偏重した教育研究への批判的立場から、机や椅子などの教具、教室や校舎などの学校建築、学校行事などの教育慣行などを「学校の文化史」の視点から教育史研究に取り込もうとする佐藤秀夫の一連の試み[7]や、石附実の学校文化誌研究など[8]、「モノ」からみた教育史研究の重要性が提示されて以降は、教育の物的条件が伝達される教育価値と密接に関わるものであることが学校教育史研究においても意識されるようになってきた。そこでは「メディア」という用語自体は使用されずとも、教育者と学習者を取り巻く物的条件・環境と、そこで伝達・媒介される教育理念とが、相互規定関係にあることが意識されるようになってきているという点で、メディア研究と非常に近い課題意識を抱いてきたといえる。

一方で、学校以外で営まれる教育・学習の場に目を向けると、以上のような意味での「メディア」や「モノ」への注目は十分なされてきたとはいえない。上述したように、学校においては教材、教具、校舎、制服、学校行事などといった教育環境や物的条件が当初から明確な教育内容、理念、思想の伝達を目的に作り出され組織化された「道具立て」として想定しやすいが、そのような制度化・組織化された教育の場というものは、社会における広範かつ多様な教育現場のなかではごく限定的な場にすぎない。学校における教育とは異なり制度化・組織化されにくい部分を含む教育的営為は、従来社会教育研究がその範疇を担ってきたが、家庭での躾、職場や地域社会における教育活動など、意図的に組織化しにくい社会教育の領域においては、メディアと教育的意図との相互規定関係に関する考察がそもそも研究の俎上に載せられにくかったと考えられる。

しかし、まさに社会教育の場においてこそ、歴史的に多様なメディアを通じた教育活動が営まれてきたことが想定されるのであり、上記のようなメディア概念に基づいた歴史考証が重要であると思われる。むしろ、メディアという視点から広く社会教育をめぐる諸状況を捉え返すことで、教育という営みのもつ特質を逆照射することが可能になると考えられるのである。

このような観点からわが国の教育史、とくに近代以降の教育史を振り返ってみると、考察対象となるメディアは一般的に教育教材として想起されるものに留まらない。明確な教育的意図のもとに管理・組織されてきた学校教育とは異なる教育的営為に着目するのであれば、遊びや娯楽として捉えられている様々な事物を「メディア」や「モノ」といった視点から捉え返すことで、多様な文化的諸相を反映した近代日本教育の特質を浮かび上がらせる可能性があると考えられる。

### (2) 社会教育史における「教育」と「娯楽」の関係

教育史研究の立場から娯楽に関するメディアに着目する理由には、もうひとつ、社会教育の「自己規定」に関する問題がある。何かを概念規定するときにそれが「何であるか」を規定するために、その出発点としてそれが「何でないか」を問う方法が立てられることがある。たとえば「人間とは何であるか」を問う方法として、「人間とは何でないか」を問うやり方がそれである。本書においても先ほど「社会教育」を学校における教育とは異なる教育的営為の総称であると便宜上指示したように、近代社会教育制度の成立について検討する際、これまで多くの論考が「社会教育」を「学校教育ならざるもの」という出発点から概念規定し、学校教育との緊張関係のなかに社会教育の特質を見出してきた[9]。

初期社会教育論および戦後社会教育論が、学校教育と対置するものとして社会教育を措定してきた結果、社会教育は学校教育制度の成立過程に随伴するものとして「学校教育ならざる」もしくは「学校教育らしからぬ」様々なものを雑多に囲い込む宿命を負ってきたのである。近代学校教育制度の形成過程において、「学校教育なるもの」や「学校教育らしさ」として、たとえば「画一性」「均一性」「勤勉性」といった特質が見出されれば、それに呼応して社会教育は「多様性」「柔軟性」「娯楽性」といった特質を強調するといった具合である[10]。

このような教育対象や手法における「学校教育ならざるもの」への注目は、時に「学校ならざるもの」のみならず

「教育ならざるもの」にまで範疇を拡大して捉えられてきた[11]。その流れは明治期の通俗教育における芸能や娯楽への注目を経て、戦後の余暇・レジャー政策、昨今の芸術文化活動支援にまで引き継がれているが、そこで社会教育は「教育らしさ」の対極にあるような諸概念や活動にも学習的要素を見出し、それらを自らの範疇に収めてきたといえる。社会教育の範疇においてその「雑多性」が肯定的にも否定的にも語られることがあるが、社会教育の場合には「雑多なもの」を「学校教育以外」という点から取り込み、それらに教育的意義を与える一方で、同時に「学校教育」と峻別させることによって自己規定してきた歴史があるのである。別の言い方をすれば、社会教育は、学校教育の枠外で営まれる「教育なるもの」と「教育ならざるもの」の間で歴史的・社会的文脈に即して絶えざる自己規定の振り子をゆらし続けてきたともいえる。

ただしここで問題となるのは、これまでの社会教育論が近代国家における権力構造的視点から社会教育を「自己規定」しようという意識が強かったために、「統制－被統制」という枠組みによって自己を措定しようとしてきたという点である[12]。社会教育史研究は、学校以外の社会における「教育ならざるもの」をも広範に包摂しようとしながらも、それらに教育的意義を見出すことで自己規定をする一方、さらにそうした自己規定を権力構造的視点から構築しようとしたことで、社会教育のもつ多様な文化的諸相を統制史観へと回収してしまうという「ひずみ」を抱えてきたといえるのではないだろうか。

権力構造的視点に基づく統制史観は政治的な問題意識に基づき、通俗教育から社会教育へ、あるいは戦前の教化教育から戦後の民主教育へといった通念的な社会教育史を描き出すには一定の功績があったが、他の側面からの歴史認識を捨象することにもなったといえる。上記の「ひずみ」を解きほぐしていくには、「教育ならざるもの」、すなわち「遊び」「余暇」「娯楽」「芸術」などとの関係から改めて社会教育の形成過程が問い返される必要があるのではないか。

またそこにおける「統制－被統制」に限定されない関係力学のなかにこそ、社会教育史の語られるべき特質があるのではないか。

本書において、「遊び」や「娯楽」として捉えられてきた様々な事物や事象を「メディア」という視点から捉え返すことは、多様な文化的諸相を反映した社会教育の特質を浮かび上がらせ、上記の統制史観を再検討することにもなると考えられる。

## 2　本書の目的

本書は以上の問題関心に基づき、近代日本における「教育」と「娯楽」の関わりを「メディア」という切り口から分析することで、近代日本教育政策の形成過程を従来とは異なった研究視角から再検討することを目的にしている。具体的には、近代学校教育制度が導入された明治初頭から、娯楽および社会教育に関する概念が一般化したと考えられる昭和初期（一九二〇年代）までを対象とし、錦絵（掛図、教育錦絵、双六絵）・幻燈・活動写真などを「教育」と「娯楽」を架橋する視覚メディアとして例証的に取り上げながら、学校内外において娯楽や教育をめぐる諸活動が個々の視覚メディアを通じてどのように展開し、結果として「教育」や「娯楽」といった概念がどのように相補的に醸成されてきたのかを考察する。さらに、教育の近代化過程でそれら視覚メディアに付与された「近代性」がどのように個々のメディアの布置を促すことになったのかを検討し、その観点から改めて近代日本教育政策の形成過程を描き出すことを試みる。

たとえば明治開化期において、木版刷りの印刷物である錦絵は、印刷技術が発達していない日本社会における重要な情報メディアであった。このような状況のなかで、教育政策においても教育的意図を伝えるメディアとして錦絵の有効性が注目され、文部省は教育錦絵と呼ばれる啓蒙的な実用版画を発行していた。また、明治中期に通俗教育の一環として開催された教育幻燈会は、江戸時代から庶民に親しまれていた写し絵の娯楽的要素を活かしながら、啓蒙的内容を教示するメディアとして普及した。大正期に爆発的な人気を誇った娯楽の代表である活動写真は、警視庁の検閲や文部省の優良映画政策とともに教育的な映像メディアとしても認識されていくこととなった。このように、時代とともに様々なメディアが「娯楽的」および「教育的」なまなざしを注がれながら発展してきたのである。

ここで、以下二つの問題軸が想定される。ひとつは、日本の近代化過程において「教育」と「娯楽」の関わりはどのように捉えられ、それが近代社会教育の成立・発展をどのように促したのかという問題軸、もうひとつは、近代社会教育の成立・発展を促した「教育」と「娯楽」の関わりに個々のメディアがどのような役割を果たしたかという問題軸である。もちろん、「教育」や「娯楽」といった概念自体が近代社会の産物であり、両者の関係性は截然と切り分けられるものではない。むしろ、両概念が分化してくる以前の混沌としていた近代化過渡期に、上記に示したような錦絵・幻燈・活動写真といった個々の媒体がそれぞれのメディア特性に依拠しながら両概念をどのように生成させてきたのか、そして生成された「教育」概念や「娯楽」概念が、その背後に近代性を目指す国家の意図や民衆の心性を反映しながら、「社会的な力学の場」（吉見）においてどのように相克することとなったのか、が本書で問われるべき問いである。

周知のように、これまで近代日本の教育制度は、近代国家にふさわしい構成員としての国民の育成を目的とし、学校教育制度を中心として展開してきた。そこでは国家によって編成された知が教師による一斉授業で伝達され、近代学校という知の伝達装置において国民育成が担われてきたとされる。こうした学校教育制度に具体化された公教育制度は、学問としての教育学の基盤ともなり、現在の教育学・教育史学もまた学校教育制度を基軸に構成されることとなった。

近年では、こうした近代日本教育史を相対化し、メディア史的視点から教育史像を捉え直そうとする試みもみられるようになってきた。辻本雅史は、「教育」を「知の伝達」と捉えたうえで、知の伝達媒体としてのメディアを「身体」にまで拡げて「教育のメディア史」を構想している[13]。辻本は、たとえば近世の文字と印刷の普及による「文字社会」化の裏側で、歌舞伎や浄瑠璃などの芝居、講釈や講談などの語り物といった音声や身体をメディアとした文化が民衆層の人間形成や自己形成に果たした役割が大きかったと指摘する[14]。そこでは従来の教育学が研究の射程に入れてこなかった多様なメディアが、相互にせめぎ合いつつ知を媒介させ、人々の思考を規定してきた様子が描かれている。こうした試みは、メディア史の視点を組み込むことで、従来の教育活動を別の文脈から教育史上に位置づけるものとして注目される。

一方で、昨今では「教育のメディア史」研究の枠組みを表層的に受け取り、安易に様々な事物を「メディア」と名指すことでメディア史研究と称する論考も散見される。しかし、たとえば身体メディアが文字メディアと同様に人間形成に果たした役割が大きかったという場合、そのメディア形式はほかとどのように異なりどのような特質をもつものなのか、それが知の媒介に具体的にどのように影響しているのか、人々の思考を規定する多様なメディアとは、互いにどのように個人あるいは社会のなかでせめぎ合い関連し合っていたのかが丹念に問われる必要がある。佐藤卓己はメディア論とは単に「個別媒体に関する理論」ではなく「正確には比較メディア論である[15]」と述べているが、それは単にある事物（道具、建物、空間、出来事、知覚など）を「メディア」と称すること自体にはほとんど意味がないことへの警鐘でもある。メディア史研究においては「異なる媒体によって生み出される異なる文化環境の比較分析[16]」

に基づいた歴史考証が求められるのであり、たとえば教育的価値（メッセージ）の編成過程とそれを媒介する媒体の形式や環境（メディア）の編成過程とがどのように関連していたのかを比較分析的視点から丁寧に考察する必要があるといえる。

「教育のメディア史」は学校を中心とした教育史像を相対化し、学校を越えたところでなされる人間形成の営みを全体として捉え直す視点を提供することを目指すが、そうした人間形成の総体性を把握しようとする場合には比較メディア史的視点は不可欠である。政策形成史においても、個々のメディアへの政策的対応を検討するのみならず、それらを通時的・共時的に比較し総体的に把握していく必要があろう。本書では、錦絵・幻燈・活動写真などのいくつかの媒体を考察対象に取り上げるが、以下で検討する課題軸に即する範囲で、互いがどのように関連しながら近代日本における視覚メディアとして編成されてきたか、さらにそれらが総体としてどのように近代日本教育政策史研究に新たな視点を提供するものであるかという点に注意を向けつつ考察していきたい。

## 3　先行研究の動向と課題

### （1）社会教育研究における戦前の捉え方とその課題

本書では明治前期から昭和初期までを考察対象時期とし、近代社会教育の成立過程において「娯楽」がどのように関わっていたのかをいくつかの関連するメディアを切り口として眺めることで、統制史観に基づく社会教育の通念的な理解、すなわち通俗教育から社会教育へ、あるいは戦前の教化教育から戦後の民主教育へといったリニアな歴史観を再検討していくことを目指している。ここでは、近代社会教育の成立過程を探る目的から考察対象時期を明治前期から昭和初期に設定するにあたり、従来の社会教育史研究における戦前期の扱いと課題について指摘し、本書における分析の視座を整理しておきたい。従来の社会教育史研究における戦前期の扱いについては、以下の三点が課題として挙げられる。

社会教育史研究における歴史区分とその扱いに関する課題

まず一点目は、社会教育史研究における歴史区分とその扱いに関する課題である。社会教育史研究においては、行政機構、官制、雑誌などで「社会教育」概念が意識化される明治二〇年代前後を実質的な近代社会教育の出発点と位置づけ、それ以前については社会教育の「前史」として、その後の社会教育の動向に繋がる部分に即して捉え返す形で明治前期社会教育史観を構築してきた。したがって、この時期は近代社会教育史において補足的な位置に留められ、十分な研究蓄積がなされてこなかった[17]。

たしかに遡及的に明治前期を位置づける視点は、社会教育を通史的に理解する際には一定の有効性をもつ。だが、このことは同時に、「前史」を明治二〇年代以降の社会教育史を補強するものと捉え、未成熟であるがゆえに他の領域と密接に関わっていた社会教育の多様な側面を捉える視点を希薄にしてきたともいえるのではないだろうか。明治前期を社会教育史に位置づける際には、学校教育と分化していく以前の教育的営為をほかとの関連のなかで丹念に検討していく視点が必要だといえよう。

本書では、近代社会教育の成立過渡期に「娯楽」と「教育」がどのように関連づけられてきたのかを、明治前期から昭和初期というやや広いスパンにおいて検討するが、そこにおける時期区分は必ずしも通史的に社会教育史を捉える際に設定される時期区分の指標と一致しない。

社会教育史研究において提唱されてきた各指標については注に譲る[18]が、重要なのは、社会教育史観というものが、「認識しようとする主体がその歴史的展開をどのように捉え、どのように意味づけるか、即ち、時代区分をどのように構成しそれを体系的に意味づけるかに如実に反映される」[19]ということであり、設定する分節の指標によって社会教育史はそれぞれ異なる通史として構築されるという点である。この点については、「社会教育行政（機構）の変遷や政治・政治経済といった一般史的把握によらず、社会教育独自の歴史的役割・性格を国民の生活がその中で営まれる社会（体制）との関わりで究明しよう」[20]という姿勢にもみられるように、社会教育のもつ多様性を通史に反映させるには、時期区分の指標が一層慎重に検討される必要があるといえよう[21]。

### 「国家」対「民衆」としての社会教育本質論についての課題

二点目は、「国家」対「民衆」としての社会教育本質論についての課題である。社会教育の本質をめぐる議論は社会教育史研究のなかでも主要な論点であり続けてきた。たとえば宮原誠一は、社会教育の本質を把握するためには、社会教育を歴史的範疇として捉える必要があることを提唱するとともに、民衆による下からの要求と支配階級による上からの対応策とが合流・混在するものとして社会教育を位置づけた[22]。こうした歴史研究を通じた社会教育本質論の模索は、その後の社会教育史研究において方法論的に継承されていったとされる[23]が、ここで宮原が提示した方法論および本質論は、以下の二点においてその後の社会教育史研究に課題を与えていると考えられる。

第一には、歴史研究による本質論の模索は、逆に、本質論を立証するための歴史研究の利用に繋がる恐れを含んでいるということである。社会教育の本質が何であるかについては諸説あろうが、その本質論が歴史分析の結果導かれたものなのか、あるいは本質論が先行し歴史を本質論に即して解釈したのかについては、慎重に吟味する必要がある。後者の場合、本質論を実証しうる歴史的側面にしか焦点が当てられず、結果として社会教育の本質の把握そのものが脅かされてしまうことになるだろう。

第二には、社会教育の本質を「民衆による下からの要求と支配階級による上からの対応策」との関係にみる視点は、その一元的な要素の設定が後に固定的に継承されることで、他の関係軸からの分析視点を失わせる危険性を孕んでいるということである。宮原の「合流・混在」という本質論を批判的に継承した小川利夫は、社会教育を「社会教育行政（活動）と国民の自己教育運動との矛盾」[24]構造として捉える視点を提示したが、ここで「行政」対「国民」という二項対立的な分析軸が踏襲されたことは、その後、社会教育を二項対立的構造として捉える視点が主流となった契機になったと考えられる[25][26]。

一方最近では、社会教育行政と自己教育運動の中間的な領域について歴史的に再評価する試みもみられる。たとえば松田武雄は、近代日本の社会教育概念・思想の成立過程について、行政政策だけでなく地域の教育活動との相互関係のなかで捉えることを試みている[27]。松田は「歴史的に社会教育といわれる事実が生じてくるとき、その活動そのものは実態としてみれば、政策・行政としての社会教育が必ずしも貫徹されていたわけではないし、自己教育運動でもない」[28]と述べ、上記の対立軸を相対化した。また、「政策としての社会教育と自己教育運動との矛盾とは関わりのないところで、それぞれの地域での創意に基づいた社会教育の諸活動が多様に行われていた様子が分かる」例として、宮坂広作「天皇制教育体制の確立と社会教育」[29]の府県教育史の記述を取り上げ、政策・行政としての社会教育と自己教育運動の連関の再検討の必要性を説いている。

宮坂の論考は、国家という大枠に対する府県の教育実態の多様性を示したものであるが、「下からの要求と上からの対応策」という分かりやすい二項対立構造や国家論重視の視点から脱却し、事実に即した社会教育の多様性や、従来見落とされていた社会教育の可能性を探求する考察姿勢は示唆に富む。また、山本恒夫の民衆娯楽研究[30]なども同様の観点から注目されるが、いずれにせよこれらの試みは、「国家」対「民衆」という二項対立では捉えきれない、社会教育の多様な歴史的側面を浮かび上がらせるものといえよう。

学校教育との関連把握についての課題

三点目は、学校教育との関連把握についての課題である。「社会教育を学校教育と対比させて説き、あるいは社会教育と学校教育の両者の関係を論ずることは社会教育論の発生とともにふるい[31]」といわれるように、社会教育を学校教育との関係性を探るなかから解明しようとする視点は、戦前から一貫して維持されてきた研究姿勢であるといってよい。

このような視点をもつ研究のなかでも、戦後の社会教育史研究に大きな影響を与えたもののひとつとして、宮原誠一の「社会教育の本質」(『教育と社会』金子書房、一九四九年)が挙げられる。宮原は「人間の社会的生活の中でおのずからなる根本的機能としていとなまれてきた」教育的活動を「原形態としての社会教育」として近代の社会教育と区別したうえで、近代社会教育の発達形態を、学校との関係に照らして「学校教育の補足」「学校教育の拡張」「学校教育以外の教育的要求」の三つに整理した[32]。その後、宮原の論を批判継承するものや、独自に学校教育との関係性を歴史的に捉える研究が蓄積されてゆく。

前者の流れとしては小川利夫、福尾武彦などの論がある。小川は宮原の発達形態論を批判的に検討し、青年教育を中等教育と関連させるなかで、学校教育の「代位」形態としての社会教育の性格を指摘した[33]。福尾は部分的に宮原の教育史観によりながらも、「学校教育の補足、拡張までは比較的明らかだが、学校教育以外の教育的要求にこたえる社会教育を捉える論理がはっきりしない」という問題意識をもち、宮原論のもつ自己矛盾を乗り切るためには「近代社会教育を学校教育制度に対応して特別の意味をもって生まれてきた教育活動としてとらえるという積極的側面を含みながらも、それだけを近代社会教育としてとらえる指標にするというわく組をはずしていかなければならない」と述べ、もうひとつの社会教育を捉える指標として、「社会の根本機能である生産や生活や政治と結びついて――対応して――成長してきた自己教育運動」を提示した[34]。

一方後者のものとしては、たとえば宮坂広作や倉内史郎の論などが挙げられる。宮坂は「学校教育も社会教育もおなじ〈教育〉であるからには、当然両者に共通な性格があるはずであり、またそれぞれに独自な特質があるにちがいない」と述べ、乗杉嘉寿、川本宇之介、佐藤善次郎ら初期社会教育者の語る学校教育と社会教育に関する所論を検討するなかで、両者を比較対照することによって異同を示し、社会教育の本質を明らかにしようとした[35]。また倉内は、乗杉嘉寿、川本宇之介、吉田熊次、春山作樹ら戦前の社会教育論における「学校と社会教育」における所説を比較検討したうえで、社会教育研究における両者の関係のされ方を、①学校教育と社会教育との〈区別論〉、②学校教育に対する社会教育の〈機能論〉、③学校と社会教育との交渉場面における〈運営論〉、の三つに整理し、従来の所論は機能論・運営論に傾斜していたことから、実践的な運営論からの両者の把握が必要だと主張した[36]。

以上のように、社会教育史研究においては、社会教育の定義とも関わって常に学校教育が意識され、社会教育の「独自な特質」（宮坂）を明らかにするために、学校教育と社会教育を截然たる存在として一旦区別してから両者の関係性を捉える姿勢がとられてきたといえよう。

しかし、これらの姿勢を踏襲し、研究成果をそのまま援用することは、社会教育概念が確立・定着していない明治・大正期を研究対象とする際には最適の方法であるとはいえない。というのは、この時期は後に「社会教育」と「学校教育」という概念で呼ばれるようになる教育活動が渾然一体となったいわゆる「渾沌期」であり、あらゆる教育活動のなかに、学校教育的要素と社会教育的要素が意識されないまま混在しているからである。とくに従来の明治期社会教育史研究では、社会教育の独自性を意識するあまり、大教宣布運動への抵抗、および自由民権運動下の自己教育運動といった政治運動に対する学習活動に焦点を当てるもの、あるいは若者組から青年団へといった地縁集団における学習など、学校教育と区別しやすい領域に研究対象を求める傾向が強かった。しかし、「渾沌期」であるこの時期を研究対象とするにあたっては、むしろ学校教育と重複・連動しうる部分に焦点を当てることで、当時の教育の実態を包括的に捉えることができるのではないだろうか[37]。

以上、戦前期を対象とした社会教育史研究がもつ課題を抽出し四つの視点から整理した。これらの課題のうちいくつかは、時代や領域を問わず多くの歴史研究が内在的にもつ問題でもある。そもそも社会教育という広範な領域を含む教育活動を歴史的に把握することは非常に難しい課題である。そうした困難な課題に対してこれまでの社会教育史研究が蓄積してきた成果、およびそこから本質論を導こうとする試みなどは大いに評価されるべきであることはいうまでもない。

ただし、これまでの研究が社会教育の本質を国家論的権力構造から解き明かそうという課題意識に基づき、近代社会における「国家の権力と国民の自由」の関係を教育という現象に見出そうとする志向に貫かれていたことにより、ある特定の「史観」が「本流」「通説」とされる力学をも作動させてきたことには注意を向ける必要がある。それは特定の視点からの研究が蓄積されればされるほど、それが歴史の「本流」「通説」として所与のものとして取り扱われ、かえって歴史認識を狭めてしまう可能性があるという、歴史研究がもつジレンマともいうべき課題である。学校教育との峻別において社会教育の本質を国家論的権力構造から解明し、その担い手である「学習主体」を国家権力と対置させていこうとする、先行研究が目指してきた社会教育史の「本流」を課題化するためには、上記のような「二項対立」史観を相対化し、「本流」「通説」から抜け落ちてしまいがちな営みを丹念に拾い上げていく作業が求められるのではないだろうか。

社会教育政策史の「前史」の部分を「メディア史」的視点をもって解明することは、社会教育史を「二項対立」史観から解放し、「娯楽」と「教育」との緊張関係から改めて社会教育の本質とその担い手を捉えるうえで有効であると考える。

## （2）課題に対応する本書の位置づけ

以上の先行研究の検討から出された課題に応える形で本書の位置づけを提示してゆく。

まず明治初期の扱いに関する課題については、従来の社会教育史研究で明治前期が概念の未分化性ゆえに「前史」として位置づけられ、十分に分析の対象とされてこなかったことを確認したが、これに対しては本書が明治前期を考察対象時期に含めること自体がこの課題へのひとつの試みであるといえる。

本書が明治初頭を起点とする理由は、視覚メディアに対する教育的まなざしが近代学校教育制度の成立過程と密接な関わりをもつためである。後述するように、学校教育が制度的に開始された学制施行当時から、文部省は学校用掛図とほぼ同時に学校外用教材として教育錦絵を発行し、学校（学内）および社会（学外）における視覚を通じた啓蒙施策を表裏一体で進めた。学校内外で教育に用いるメディアを使い分けたことはその後、社会（学外）における教化施策が写し絵や活動写真など、娯楽的な要素を含むメディアと結びついていくことで、メディアの峻別が学校教育と社会教育の概念上の峻別に繋がっていったと考えられる。

なお、対象期間を一九二〇年代までとする理由は、同時期に娯楽論がある程度出揃い、「娯楽」概念成立の土壌が整う時期であるためである。社会教育についても、一九二〇年代は社会教育概念の制度的形成期に当たる。一九三〇年代―戦中期における、学問・文化・芸術・娯楽活動のファシズムへの動員過程に関する研究には一定の蓄積がある[38]が、本書は戦時体制期以前に焦点を絞ることで、「動員」のメカニズムに回収されない「教育」「娯楽」の緊張関係を探ることとしたい。本書の目的は、学校教育と社会教育が渾然一体としていた明治初期以降、近代的な社会教育概念が視覚の近代化と並行して学校教育から分離・醸成されてくる過程を描出することで、「教育の近代化」とは何であったのかを文化的な側面から明らかにすることにあるが、それは概ね一九二〇年代までの考察で達成されると考える。よって本書では戦時下を対象時期に含めない。

このように、本書では明治前期から昭和初期というかなり長い期間を考察時期に設定するが、このことにより学校教育制度の成立過程と並行して、「娯楽」との関係からどのように近代社会教育概念が整備されていくこととなったのか、その変遷を動的に跡づけることが可能になるのではないかと考える。

時期区分の課題に関しては、従来の明治期社会教育史研究の通史的解釈における分節化の指標として、①社会行政(機構)的指標、②政治的指標、③政治経済的指標、④社会(体制)的指標、⑤思想的指標、の五つがあることを確認したが、今回はこれらに加え六つ目の指標として「文化的指標」を提示したい。その理由は既述してきたように、①から⑤の指標は基本的に社会教育の本質を国家論的権力構造から捉えようとする視点に基づくものであるが、「文化的指標」を組み入れることで、社会教育のもつ多様な文化的諸相を包含した社会教育史を構成することが可能となるからである。

本書は錦絵・幻燈・活動写真といったいくつかのメディアを例証的に取り上げるという、時期も分析対象も限定した考察を行うものであり、本書で通史的記述を試みたり新しい時期区分を提示したりするつもりはない。だが、先に確認したように、時期区分の指標はそのまま歴史を捉える視点になりうるのであり、以上の五つの区分指標は、従来の研究視点において文化的視点が希薄であることを示しているともいえよう。本書では、上述したいくつかのメディアに関し、娯楽品、玩具、文化的イベントなどといったものも視野に入れつつ考察を進めることで、従来の研究に新しい知見を提供できると考えている。

続いて、「国家」対「民衆」としての社会教育本質論の課題については、学校教育との関連把握についての課題と合わせて、社会教育について「学校体系以外の場、および学校教育が対象とする学習者以外の者を含む教育的営み」という最低限の定義を採用し、そこから諸メディアを考察する視点をとることで、できるだけ広範かつ特定の「「立場」に焦点化しない」[39]（松田）社会教育の営みを捉えていきたいと考えている。

## 4　分析課題と本書の構成

### (1)　問題意識

本書の問題意識は、「国家」対「民衆」という二項対立構造で戦前社会教育を捉えてきた歴史観に再考を促し、メディアをめぐる政策分析および関連メディアの図像・テクスト分析によって導き出される「教育」と「娯楽」の関係構造から、社会教育の多様な歴史的側面を浮かび上がらせることにある。筆者は、二項対立構造に基づく社会教育史観を補強してきた一因には社会教育における「娯楽」の位置づけが関与しているのではないかと考えている。

近代社会教育史において、社会教育は国家による民衆の統制のための道具として期待され、その役割を担った側面が大きいとされている。前節でも指摘したように、そこではその過程が一面的に「国家」対「民衆」もしくは「公教育としての社会教育」と「運動としての社会教育」の葛藤として理解されてきた。なかでも「公教育としての社会教育」は、「近代／国家／天皇制」といったイデオロギーを人々に理解させる過程で、講談・演劇・映画などの様々な娯楽物が通俗教育・社会教育の名のもとで「教化」の手段として活用されてきたとされる。一方で「運動としての社会教育」は「公教育としての社会教育」に対抗する形で位置づけられてきた。ここにおいて、社会教育における「娯楽」観は、社会を変容させる「運動」としての娯楽活動、社会から影響を受ける「形成」としての娯楽活動、のどちらにしても「国家」対「民衆」の構図に回収されてしまっているのである。

もちろん、こうしたイデオロギー教化史観は社会教育史に限られたものではない。戦後日本の教育史研究はこれまで、戦前期の学校教育について、天皇制を中心とするイデオロギー教化の注入装置として捉えてきた[40]。そこでは、教育勅語を教育の中核として日本人に国民的自覚を与え、忠君愛国の精神を内面化させることが国民教育の中心課題であったと理解されてきた。イデオロギー教化を目標とする教育政策の形成過程の分析、教化の内容を分析する国定教科書に関する諸研究、イデオロギー装置としての学校儀式や行事の研究など、多くの先行研究はこうしたイデオロギー内面化プロセスとしての教育史像を補強する役割を果たしてきたといえよう。

娯楽史研究においても、同様にイデオロギー教化的視点の問題が指摘されている。「娯楽」に関する歴史研究は、これまで民俗学、都市研究、芸術思想史研究、労働政策史の一部など、様々な分野で行われてきた[41]。そこでは、庶民思想や芸能文化の基底を追究する一方で、日本の近代化に伴う「娯楽」の社会的機能についての研究においては、とりわけ「娯楽」のもつ階級性ないしイデオロギー性に注意が向けられてきた。津金沢聡広は戦前からの娯楽論の系譜を、大正期の「民衆芸術論争」を契機とする「芸術の大衆化」論と、権田保之助に代表される労働政策としての立場からみた「民衆娯楽」論とに大別し、前者ではプロレタリア芸術を軸にいかに大衆の政治的組織化を進めるかが目指され、後者では権力側が文化統制策の一環として外側から規制していくことが目指されたとしたうえで、結果的に、両者とも大衆を主体的な存在と捉える態度をもたず、「娯楽」を単に低俗なものとして再認識するに留まる共通の限界を抱えたと指摘している[42]。また、石川弘義は「明治以来の日本では、娯楽と余暇はほとんどつねに民衆の操作という、きわめて社会心理的な観点から位置づけられてきた[43]」と述べ、日本では皇国イデオロギー政策への志向性を強くもった娯楽史研究が展開されてきたと指摘している。

これに対し、一九八〇年代以降になってイデオロギー教化史の再検討を促す論考もみられるようになる。たとえば、中内敏夫は既存の教育史が制度史研究に偏重した国家史的実証史学であったとし、P・アリエス『〈子供〉の誕生』を嚆矢とする社会史が提起した視座を継承しながら、これまで考察の対象となってこなかった匿名層による日常史に着目する「教育の社会史」を提唱した[44]。また広田照幸は、天皇制イデオロギー注入が徹底していたはずの陸軍士官学校・幼年学校でも立身出世のような私的欲求が生徒の意識構造のなかに矛盾なく同居していたことを指摘し、「滅私奉公」という公的イデオロギーが自動的に内面化されたとする従前の歴史観に再考の必要性を提示した[45]。旧来の「イデオロギー教化装置としての学校」を相対化し、「受験と昇進」や「立身出世」にみられるような「社会移動のための手段としての学校」と接合しようとする試みとしてはほかにも、学校における競争について日本の産業化や階層構造から切り込んだ天野郁夫の歴史社会学研究、竹内洋の試験や選抜に関する社会史研究、斉藤利彦の試験と競争をめぐる学校史研究など多層的な蓄積がみられる[46]。

このように、近代天皇制イデオロギーが支配者集団や知識人たちによって生み出され、そのイデオロギーが学校やマスメディアなどの装置を通して民衆に教え込まれ内面化された結果、人々の行動の基本的方向が規定されたとする従来の歴史観のなかで、「内面化」の部分が自明のものとして前提されていることに疑問を投げかける上記諸研究の指摘は、社会教育についても有効であろう。社会教育の領域においても根強く支持されてきた、近代公教育を支配者階級による被支配者階級の教化システムと定位する教育史観にも、「娯楽」の観点から多面的な検討が加えられる必要があると考える[47]。

## （2）分析対象の設定

本書では上記の問題意識を前提としたうえで、分析対象とするメディアを「視覚メディア」を中心に設定する。なぜなら、「近代における視覚の優位」の考え方が教育の近代化と密接に関わっており、本書の課題を明らかにする際に視覚メディアに着目するのが有効であると考えられるからである。

従来メディア研究が対象とする範囲は非常に広く、音声メディア、文字メディア、身体的メディア、放送メディア、複製メディアなど様々な設定で分析しうる。メディア研究自体が表象文化論、イコノロジー論、テクスト論、ディスクール論、ジェンダー論などの諸領域の対象や方法を取り入れながら変容の渦中にあるため、単一のディシプリンや領域を設定するのは困難であり、むしろ領域を横断した試みのなかでアクチュアルな知を探究することが求められているといえよう。ここで、本書が「視覚」や「視線」に着目する理由を以下補足的に説明しておく。

これまで、視覚文化論を中心に発展してきた視覚メディア研究においては、近代における「視覚の専制」をめぐる批判的検討がなされてきた。そこでは、そもそも人間の五感のうち視覚が優位を占めるようになったのは近代になってからだと指摘されている。[48] たとえば中世カトリック教団の儀礼にみられるように、中世においては聴覚と触覚が重要な位置を占めていた。それが遠近法の発明によって視覚の位置が引き上げられることとなる。多木浩二は、遠近法は自らを唯一の視点と主張し、世界を客体と主体の対立に構成しつつ、特定の主体の視点から離れていくまなざしを内包していたと指摘し、こうした視線が都市や劇場、あるいはもっと抽象的な思考にも入り込むことで、西欧を中心とする思考、そしてその影響下にある人間の経験を長い間支配する空間を象徴してきたと述べている。[49] メディアの役割は単に情報を媒介する器ではなく、それ自体の形式によって世界を変えていくものだと理解できる。すなわち、メディアの形式や知覚のあり方が身体に及ぼす影響、ここではたとえば二次元平面に表現された絵画や写真を「見る」という行為自体がイメージの形成に作用していたと考えられるのである。

博覧会研究[50]にみるように、「視覚」と「近代化」は密接に関係しており、近代教育制度の形成過程においても視覚メディアが果たした役割は大きい。とはいえ、視覚メディアを通じた「視覚の専制」により初発の国家的意図がそのまま民衆に受容されたわけではない。本書では、明治前期から昭和初期の社会教育関連施策において視覚メディアがどのように施策の対象として意識化されてきたのかの変遷を辿るとともに、教育の近代化において国家による「視覚の専制」を民衆がそのまま受容し「内面化」したのではなく、「娯楽」との関わりからメディア形式や教育の近代化のあり様を逆編成していった道程を描くことを試みる。

上記のねらいに即して本書では、主に視覚に訴えるメディアとして錦絵（掛図、教育錦絵、双六絵）、幻燈、活動写真を取り上げる。数ある事物のなかからこれらを本書の考察対象に選定する理由は、①国家がこれらのメディアを視覚の近代化の観点から教育施策に積極的に取り込んでいく動きがみられるとともに、②「娯楽」との関わりから近代社会教育概念の成立に深く影響を及ぼしていると考えられるからである。[51]

書籍が貴重であった明治初頭において、急速に学校教育制度を普及させるには、木版刷りの錦絵は格好の素材であった。第一章で詳述するように、文部省は一八七三（明治六）年の時点で教育における絵画教材の有効性に早くも言及し、教育施策への積極的取り込みを開始した。とくに図像描写に優れた多色刷りの錦絵は子どもや文字の読めない大人たちを啓蒙していくうえで不可欠な教化メディアであったといえよう。民衆への「分かりやすさ」という意味において、幻燈は錦絵と同様の観点から注目され、文部省官吏である手島精一が教育教材として移入して以降、明治一〇年代から文部省により各府県の師範学校を通じて幻燈の普及が目指された。幻燈は教育幻燈会という形で通俗教育施策のひとつとして位置づけられるようになっていく。また、暗がりで映像を眺めるというメディア形態は、その後に活動写真が社会教育行政に取り込まれていく契機ともなったと考えられる。

このように錦絵、幻燈、活動写真は、図像・映像メディアとして形態上の接点、および、それぞれが娯楽的要素を内包した視覚教育メディアとして国家の近代化施策に順次取り込まれていったという共通項をもつ。「娯楽」と「教育」を架橋する視覚メディアという視点からこれらを取り上げることで、「視覚の近代化」が娯楽と深く関わりながらどのように近代社会教育と結びつけられることとなったのかを、錦絵から幻燈を経て活動写真へという緩やかな系譜のなかに跡づけることができるのではないかと考える。

なお、錦絵、幻燈、活動写真はいずれも視覚のみで知覚されるものではなく、これらのメディアを「視覚」「聴覚」「触覚」などで文節すること自体が分析視角を狭めるものとなる可能性があることには注意が払われなければならない。本書では近代における「視覚の優位性」の観点から上記の媒体に焦点を絞りつつ、考察を進めるにあたっては、これらのメディアがどのように受容されたのかに注意を払うなかで、再度それらが知覚された状況を視覚に限定せず拡げていくこととしたい。

最後に、本書で対象となる錦絵、幻燈、活動写真といった「視覚メディア」の分析には、紙（図像）や投影スクリーン（映像）といった視覚に訴えるメディアの「物質性（モノ）」に着目する場合と、「見る」という知覚や経験に基づいた「行為性（コト）」に着目する場合とがありうる。本書の各章でどちらに着目して分析するかは、以下で示す課題軸に応じて選択していくものとする。

### （3）課題軸と本書の構成

視覚メディアをめぐる「教育」と「娯楽」の関係について、本書でその全体像を網羅的に記述することは不可能であろう。本書の主題は、娯楽から政策的に教育が分化しつつ、娯楽を教育化しようとする動きのなかで民衆統制への試みがなされ、それが民衆の受容とのズレやメディア自体のズレを生じさせていくことで、政策的な意図が貫徹されないという構造を明らかにしようとする点にある。それは「国家」対「民衆」という「二項対立」的な視点からではなく、両者の「相互浸透」さらには「調停」とも呼べるような、能動的受容、メディアの変容、制度全体の揺らぎのようなものに注目しようとするものである。すなわち、「娯楽」から「教育」が政策的に分化していく道筋・論理と、それらが民衆に受け入れられていく過程で生じるズレやメディアの変容にみる道筋・論理の双方を明らかにしつつ、近代日本の社会教育政策の特質を提示することが本書全体の軸となる課題である。その意味で、本書はメディア研究というよりはむしろ、メディア分析的視点を取り入れた社会教育政策史研究であるといえる。

そこで本書では、社会教育政策形成過程に関わるいくつかの考察課題に焦点を絞って検討してゆくことで、近代日本の娯楽教育文化の端緒的形成を例証していくことを目指すこととしたい。具体的には、以下の三つの課題軸から従来の教育史研究とは異なる研究視角と分析方法を提示し、合わせて本書の構成（章立て）について説明する。

なお、視覚教育メディアについて明治から流れを追って記述することが本書のねらいではない。各章はある程度年代順に並べられてはいるが、本書の研究課題と問題枠組みにとって重要であると考えられるものを、問題提起という形で提示し論述するものである。

### 課題軸1――図像分析を通じた通俗教育史の再検討

明治前期から中期にかけてのいわゆる通俗教育期においては、「分かりやすさ」「親しみやすさ」「面白さ」を利用した通俗教育として、話芸や図画などの娯楽的な要素を取り入れた教育講話や教育幻燈会が実施されてきたとされる。ここで「通俗」の名による娯楽の教育的利用に着目する際、為政者や民衆にとっての「分かりやすさ」「親しみやすさ」「面白さ」とは何であった（と考えられていた）のかに踏み込む必要がある。これまでの研究では政策文書や行政資料を中心に分析対象が文字資料に限定されてきたために、国家の意図が通俗教育政策としてどのように文書化されてきたのかということしか明らかにされてこなかった。しかし、実際に民衆が目にしていたものは視覚を通じたイメージ（図像）そのものであり、そうしたイメージを通じて「教育の近代化」がどのように伝えられていたのかを分析することは重要であるといえよう。教育の営みをメディア的視点から再検討すると、文字以外のビジュアルイメージ、たとえば掛図・挿絵・おもちゃ絵などが教化メッセージを媒介する視覚メディアとして資料的価値を帯びてくる。では、「教化」の手段として活用された視覚に訴える娯楽的なメディアは、具体的に「教育の近代化」をどのように表象したのだろうか。

本書では明治期に文部省によって教育的意図をもって制作された錦絵・掛図などの視覚メディアを取り上げ、図像化された絵図の分析を通じて、通俗教育政策の理念が具体的にどのようなイメージとして民衆に伝えられていたのかを検討する。

具体的には、まず第一章において、明治初期に学校外で用いる民衆教育教材として制作された一〇四種の文部省発行教育錦絵（図1—96、巻末掲載）を対象とし、これらを教育的メッセージを媒介させる視覚教育メディアと位置づける。周知のように、錦絵は活版印刷による複製技術が普及するまで、当世の風俗文化を図像・文字情報を通じて安価に提供する方法として親しまれ、美的鑑賞（例・美人画・風景画）、慰安娯楽（例・役者絵・相撲絵・おもちゃ絵・風刺画・春画）、民間信仰（例・鯰絵・麻疹絵）、広告宣伝（例・引札）、時事速報（例・錦絵新聞）など様々なメディア機能を担ってきた。とくに多色刷りによる錦絵の技法が高度に発達した江戸後期以降は、図像そのものを楽しむ、もしくは図像から得られる情報を得て楽しむという両側面から娯楽品としての錦絵が広く民衆に受容されてきたといえる。[52] 文部省発行教育錦絵はこうした錦絵のもつ娯楽性を利用して、学校就学前の幼児や家庭での役割を担う女性などを対象に教育的メッセージを伝達しようとして制作されたものであった。

第一章では描かれた内容および構成から、近代学校制度揺籃期において視覚の近代化が図像上にどのように表象され、それらが近世的要素とどのような接続面・断絶面をもつものであるかを確認するとともに、学校教材とも連動しながら教育の近代化を進める「視覚教育メディア」として位置づけられていくものであったことを示す。

続いて第二章において、文部省発行教育錦絵に描かれた図像に込められた政策意図を読み解いていくことで、当時の教育理念がどのように具体化し、それが人々にどのように伝達されたのかを明らかにする。これらの作業は、教育メディアを学校内外から包括的に捉えることで、従来の制度史や文献研究のみからは捉え切れなかった、近代日本の教育状況を明らかにすることを目的とするものである。文部省発行教育錦絵は学校就学前の幼児や女性を対象としたものであることから、ここではとくに幼児教育、および女性教育との関連を探っていく。当時の教育思想および教育構想が、錦絵の描写にどのように表象されているのかを図像分析を通じて明らかにすることを通じて、図像史料の歴史的意義を示すことをねらいとする。

第三章では、明治政府による視覚教育メディアの利用状況が学校内と学校外とでどのように関連していたのかを把握するために、明治期の学校用教材（掛図、教科書）と文部省発行教育錦絵の比較分析を行う。とくに明治後期の通俗教育への繋がりが推測されるという理由から、道徳教育に関する絵図に焦点を絞り、学校用修身教材と〈教訓道徳図〉の比較を通して教育錦絵の位置づけを再確認する。

第四章では、文部省発行教育錦絵がどのように人々の目に触れ、どのように受け止められたのかを知る手がかりとして、明治期の博覧会での展示のされ方を検討し、近代教育制度の揺籃期において何が「教育なるもの」として分類され、人々に認識されてきたかを考察する。明治期日本の博覧会における物品の分類は、近代的な知をどのように枠づけていったのかをわれわれに提示してくれる。文部省発行教育錦絵をはじめとする図像が博覧会においてどのような分類で展示されたのか、その変遷を追うことで、知の枠組みが近代化していく過渡期において「教育の近代化」がどのように表象されたのか、その一断面を描出することを試みる。

### 課題軸2──「教育」概念を所与のものとする歴史観の再検討

問題意識の部分で述べたように、戦前期社会教育では「近代／国家／天皇制」といったイデオロギーを人々に理解させる過程で、読本・講談・演劇・映画など様々な娯楽物が通俗教育・社会教育の名のもとで「教化」の手段として活用されてきたとされる。しかし先行研究の課題の部分でも指摘したとおり、近代社会教育成立の過渡期においては

「社会教育」という概念そのものが未だ確立しておらず、必ずしも今日において理解されている近代社会教育概念なるものに基づいて様々なメディアが「利用」されていたわけではない。すなわち、あらゆる教育施策はその時点における国家的意図に基づいて構想・実現されていたといえるが、そうした個々の構想は現在理解されている「教育」概念とは同値ではない。

近代教育制度の過渡期においては、アプリオリな概念としての「教育」や「娯楽」があり、国家がメディアを「利用」して概念普及をしたというよりは、そもそも「教育」「娯楽」といった概念が確立していない渾沌とした状態にあり、メディアの普及の過程で両概念が「醸成」された流れがあると考えられる。むしろ、そこにおいて「娯楽」や「教育」といった概念が相互に影響を及ぼしながらどのように精緻化されていったかという点こそが問われるべきであろう。

そこで、本書では文部省など国家側が明確な意図をもって制作した教材だけではなく、おもちゃ絵や活動写真といった民間サイドにより娯楽目的で制作された事物を検討対象として取り上げ、それらのメディアに対する国家および民衆のまなざしが交錯するなかで、近代的な「教育」「娯楽」といった概念がどのように醸成されてきたのかを検討する。

具体的には第五章において、娯楽として愉しまれていた双六絵のなかから教育双六を取り上げ、「振り出し」から「上がり」へと向かう双六遊びがもつ特性に当時の立身出世観を支えていた「上昇志向」がどのように入り込んできたのかを考察することで、遊戯メディアにおける「娯楽」と「教育」の相互利用関係を確認する。

第六章では、戦前期の娯楽と教育を取り巻く映像メディアの系譜として写し絵、幻燈、活動写真を位置づけたうえで、これらの映像メディアをめぐって教育的まなざしと娯楽的まなざしがどのように交錯していたのかを分析する。

明治末期から大正期にかけては、活動写真を中心とする映像メディアが民衆の娯楽として絶大な人気を誇り、その流れに合わせて多くの民衆娯楽論が生み出された時期でもある。その時期が近代社会教育概念が整備された時期とも重なるのは偶然ではない。

続く第七章では、社会教育行政成立期における行政官の「娯楽」観、および民衆娯楽論者の「教育」観を検討することを通じて、娯楽との関係を意識しながらどのように近代的社会教育観が醸成されることとなったのかを考察する。具体的には、民衆娯楽論を提唱した権田保之助、活動写真の積極利用を進めた文部省官吏の乗杉嘉寿、社会教育理論の形成を目指した川本宇之介、社会秩序の観点から娯楽の国家的制御の必要性を唱えた警察庁検閲課の橘高広のほか、中田俊造・大林宗嗣ら当時の主要な娯楽論者が「教育」をどのように位置づけているのかを整理し、民衆娯楽との緊張関係において、どのような近代社会教育観が醸成されてきたのかを明らかにすることを目指す。

### 課題軸3――国家による民衆統制という一方向的歴史観の再検討

「国家」対「民衆」という二項対立構造で捉えられてきた戦前期社会教育を再考するために重要なのは、社会教育の多様な歴史的側面を丁寧に拾い上げていく作業である。ともするとこれまでのメディア研究は、各種のメディアが国家によるイデオロギー注入の装置として機能したという点を強調し、国家による民衆統制という一方向的歴史観を強化する役割を果たしてきた部分がある[53]。もちろん為政者側に教化的意図があったことやその結果としての民衆のイデオロギー内面化そのものを否定するわけではないが、教化イデオロギー注入の実態とはいったいいかなる様相を呈していたのかを多様な歴史的側面からみてゆく必要がある。

たとえば明治・大正期には様々なメディアによる民衆の思想統制が期待されていたけれども、その受容のされ方に注目すると、国家側の期待が達成されていたとはいいがたい側面がある。というのも、民衆は単なる教化メディアの受け手ではなく、主体的・相互的にメディアと接していたからである。

もちろん国家が様々なメディアに社会統制機能を期待していたことは確かであろう。しかし、そうした期待が実際には機能していなかったり、民衆に受容される時点でズレを生じさせていたりした可能性もある。またそうしたズレがメディアのあり方に影響を与えていたのではないかとも考えられる。すなわち、メディアという視点から政策史を捉え返すことで、統制史的な観点からみてもなお、その過程においては従来の二項対立的統制史観では捉えきれない多様なズレが生じ、民衆との相互的関わりが生み出されていたと考えられるのである。本書では、上記を検証する事例として民衆娯楽の首座に位置づいていた活動写真を取り上げる。ただしそこで着目するのは視覚のみならず聴覚も含めた作品の「知覚」「体験」「鑑賞」を通じたメディアの受容プロセスである。

本書では第八章において、活動写真が国家や社会から「近代的人間」を形成するメディアとして期待されていたことを指摘したうえで、「民衆に向けられた語り」＝〈声〉を担う存在として活躍した弁士に焦点を当て、「近世的」な〈声〉としてスタートした弁士の語りが、国家や社会からどのように「近代的」な〈声〉を要請されることになったのか、その背景にある「近代的人間観」とはどのようなものであったかを考察する。ここでは、こうした〈声〉に対する期待の背後に視覚に特権的地位を見出す近代的教育観・娯楽観があったことを指摘し、教育の近代化過程における視覚と聴覚の関係性についても検討していく。

### （4）研究方法の制約と用語・概念規定

最後に、本書で用いる「メディア」という用語・概念の範疇を示しておきたい。そもそもマーシャル・マクルーハンが提示したメディア論においては、メディアが媒介する文字や音声の「内容分析」だけではなく、それらの受容形態・社会的意味といった「モノ分析」に着目するのが基本的な分析視点である。この視点に立てば、本書で扱う視覚メディアについて、それが実際に社会教育実践の場でどのように使われ、その「モノ」としての特質が社会教育の成立にどのような役割を果たしたのかを具体的に示す必要があろう。しかし、本書が中心的に扱うのは視覚メディアをめぐる政策研究もしくは図像・テクスト分析を中心とする考察であり、その意味で本書は「メディア文化史」としては実証研究上の方法的制約を抱えているといわざるをえない。これは主に制作者の意図が組み込まれた物質としての媒介物（錦絵、幻燈スライド、活動写真フィルム）は現存していても、それらを受容した人々の手記や回想録などの資料把握・収集が不足していることに起因している[54]。

このように本書では、内容分析とモノ分析の両側面から近代日本の視覚メディア文化史を総体的に把握することは資料の制約上困難である。そこで、ここでは「教育」と「娯楽」の政策形成史的な側面に焦点を絞り、そこに「メディア分析的視点」を導入することで、日本の近代化を特徴づける「教育」と「娯楽」の関係性を析出することを目的としたいと考えている。

では、ここでいう「メディア分析的視点」とはどのようなものか。本書では、吉見俊哉が整理したメディアがもつ特質、すなわち「横断性」「媒介性」「非伝達性」の三点におけるメディア的視点を参考に、本書における「メディア」という用語・概念が示す射程を設定するとともに、分析枠組みの輪郭を明確にしておきたい[55]。

まず「横断性」についてだが、たとえば携帯電話がもはや電話機能だけでは括れないように、「電話」や「ラジオ」といったように分類される個々のメディアの機能や実践は流動的、横断的なものである。吉見はそこではメディアを通じた実践、制度、装置がどのように創出されてきたのかが問われなければならないという。

次に「媒介性」についてだが、吉見によれば、マクルーハンの「メディアはメッセージである」という古典的なテーゼは、メディアの有する媒体としての透明性を強調するマス・コミュニケーション研究から、メディアの媒介的・仲裁的な作用を奪還するものであったとされる。そこでは「メディア」とはコミュニケーションの単なる前提ではなく、むしろ相互主観的な関係のなかで意味が成立する場そのものであり、送り手から受け手への意味の伝達というよりも、媒体物に関わる様々な主体間での連鎖的な語り直しや調整のプロセスであるとされる。吉見は文学作品の翻訳を例に挙げ、翻訳が一方の言語から他方の言語への移し替えでなく言語間の連鎖的な媒介と調停のプロセスであるように、メディアにおける相互主観的な意味生成のプロセスは、何重にも意味が「調停（メディエーション）」されていくプロセスであるとする。

最後に「非伝達性」についてだが、上記の特質を踏まえるならば、メディアとは「何らかのメッセージを送り手から受け手に伝達する手段である」という考え方自体が問われることとなる。すなわち、メディアが相互主観的な意味生成の場であるとすれば、そこで交わされる意味は多義的に変容するものであり、伝達される内容も読み替えられていくからである。吉見はここでいうメッセージはむしろ「テクスト（＝他者に開かれた記号の複合体）」であり、送り手は様々な意味を埋め込むような仕方でテクストを紡ぎ出し、受け手は送り手とは異なる立場からテクストの意味を編み直していくものであるという。

本書で分析するのは、視覚メディアをめぐる「教育」と「娯楽」の意味生成のプロセスであり、そこに介在する相互主観的なせめぎ合いのなかから生じる「調停（メディエーション）」のプロセスであるといえる。これまでの戦前期社会教育史研究の主軸となってきた教化史観が教育理念の「伝達（上意下達）」と「対抗」のプロセスであったとすれば、本書はメディア分析を通じてそれらを相対化し、新たに「調停（メディエーション）」のプロセスを浮き彫りにするものである。本書では、個々の媒体を通じてどのような教育的メッセージが人々に伝達されたのかを問うとともに、そうした媒体がいかなる社会的実践のなかで「主体的意味生成の場」として成立し、そこにどのような力学がせめぎ合ってきたのかを政策史の視点から捉え直そうとするものである。これはいい換えるならば、個々の媒体を「教育メディア」として成り立たせている制度的・社会的文脈を政策形成過程に即して問うものであるといえよう。すなわち本書は、「娯楽」からの「教育」の分離を描きつつ、社会教育研究の二項対立図式を「調停論」として描き出し、そこに担い手のズレや揺らぎを読み込むことで、社会教育政策そのものの本質を社会的な文脈において捉えようとするものと位置づけられる。

以上を踏まえ、本書ではとくに断りのない限り、狭義の意味での「媒体物」を指す場合には「メディア」という語を使用し、上述のようなメディアにおける相互主観的な意味生成のプロセス、すなわち吉見の議論も含んだ広義の意味での「媒介・調停作用」を指す場合には「メディエーション」という語を使用することとする。

［1］　たとえば海後宗臣は、教育の基本構造を「主体」「客体」「媒体」を構成要素として、「陶冶」「教化」「形成」の三つに分けて整理している。海後は、学校での教科書を用いた授業のように、教育の主体、客体および両者の教育的関係の媒介を成すものという三者が、目に見える状態で存在しているものを「陶冶」、教材を用いた自学方式のように、表面的には教育の客体と媒介を成すもののみがあり、主体が登場しないようにみえるものを「教化」、校風などのように、教育の主体も媒介を成すものもとくにみえず、客体だけの集団が存在する場合を「形成」として整理し、これら三構造の複合体が教育の現実形態を作り出しているとしている。海後宗臣『改訂新版　教育原理』（朝倉書店、一九六二年）六七―九八頁。

［2］　近代教育における天皇の表象については、山本信良・今野敏彦『近代教育の天皇制イデオロギー――明治期学校行事の考察』（新泉社、一九七三年）、山本信良・今野敏彦『大正・昭和教育の天皇制イデオロギーⅠ――学校行事の宗教的性格』（新

泉社、一九七六年）、佐藤秀夫「天皇制公教育の形成史序説」（『季刊　現代史』現代史の会、冬季第八号、一九七六年一二月）、唱歌と教育の関係については、籠谷次郎『近代日本における教育と国家の思想』（阿吽社、一九九四年）などを参照のこと。

［3］明治以降のマスメディア産業や国家・興業資本によって企画・演出された数々のイベントが日本の文化・教育に与えた影響について考察したものとしては、津金沢聡広編著『近代日本のメディア・イベント』（同文舘出版、一九九六年）、および津金沢聡広・有山輝雄編著『戦時期日本のメディア・イベント』（世界思想社、一九九八年）などがある。

［4］Marshall, McLuhan *Understanding media: the extensions of man* (New York: McGraw-Hill; London: Routledge and Kegan Paul, 1964)（栗原裕・河本仲聖訳『メディア論：人間の拡張の諸相』みすず書房、一九八七年）。

［5］吉見俊哉『メディア文化論　メディアを学ぶ人のための15話』（有斐閣アルマ、二〇〇四年）三頁。

［6］同右。

［7］文具、教具、校舎、制服、学校行事など学校文化の視点による佐藤秀夫の一連の研究は、『教育の文化史2　学校の文化』（阿吽社、二〇〇五年）に詳しい。

［8］石附実『近代日本の学校文化誌』（思文閣出版、一九九二年）。

［9］たとえば社会教育論の嚆矢とされる山名次郎は社会教育を国家教育と別個のものとして規定し、国家とは異なる教育主体として「社会」を位置づけたうえで、社会教育は国家教育に従属しそれらを補完する役割を果たすとした（山名次郎『社会教育論』金港堂書籍、一八九二年）。また、春山作樹は社会生活そのもののなかにおける教育作用を重視し、家庭および学校の教育以外で「組織化の道程に上りつつある広い社会の教育」を社会教育と称した（春山作樹「社会教育学概論」『岩波講座　教育科学』第一五冊、岩波書店、一九三二年所収、六頁）。さらに、戦後社会教育論において宮原誠一が学校教育との関係において「補足」「拡張」「以外」の三形態から社会教育を捕捉し、小川利夫がさらに「代位」としての社会教育を提唱したのも、学校教育との緊張関係のなかに社会教育の特質を見出そうとする系譜として位置づけられる（小川利夫「青年期の教育と社会教育」『日本の社会教育　第5集　社会教育と教育権』国土社、一九六〇年、一一二頁）。

〔10〕宮原誠一は社会教育の概念把握の方法を探るなかで、社会教育を歴史的範疇として捉える（ある時代のある社会における一定の事情のもとに発生したものとみなす）必要性を提示したうえで、社会教育の理解として、近代学校教育成立後にそれに対置するものとして成立したとする近代社会教育のみならず、学校という教育機関によらない教育活動という意味での「教育の原形態としての社会教育」を示し、とくに後者の歴史的理解の重要性を指摘した（宮原誠一「社会教育の本質」宮原誠一編『社会教育』光文社、一九五〇年）。これは人間の社会生活に必ず付随する活動とされる「おのずからなる人間の形成」にまで教育の範疇を一旦広げたうえで、近代的学校制度のもつ「画一性」「均一性」といった特質に囚われない部分に、教育の本源としての社会教育を見出そうとするものであるといえる（同右、一二頁）。

〔11〕たとえば春山作樹は社会の文化的進歩に合わせた文化の伝承は義務教育では限界があるとし、教育対象者を社会的に成熟した成人労働者を中心とする多様な主体に広げ、余暇の正用などに社会教育の組織化の可能性を見出している（春山作樹（前掲）七―八頁）。春山に限らず、こうした動きは「遊び」「余暇」「娯楽」「芸術」などと呼ばれる文化的営みをその範疇に収めようとしてきた社会教育政策の動向にもみることができる。

〔12〕たとえば春山が「組織化の道程にあるもの」としての社会教育に着目したのは、「学校では統制し難いと考えられたものを統制する必要」からであり、社会教育もまた近代国家における統制手段のひとつと捉えられていた（同右、六頁）。また、小川利夫は社会教育を「政治と教育との中間的存在」としたうえで、それは「社会教育行政（活動）と国民の自己教育運動との矛盾」として現れるものであるとし、文化活動も含めた民衆の営みを、「統制」とそれに対する「抵抗」の図式として解釈している（小川利夫「社会教育の組織と体制」小川利夫・倉内史郎編『社会教育講義』教育学叢書、明治図書出版、一九六四年、四八頁）。

〔13〕辻本雅史「『教育のメディア史』試論――近世の『文字社会』と出版文化」（辻本雅史編『知の伝達メディアの歴史研究――教育史像の再構築』思文閣出版、二〇一〇年）三―二五頁。

〔14〕同右、一二―一三頁。

［15］ 佐藤卓己『ヒューマニティーズ歴史学』（岩波書店、二〇〇九年）一〇二頁。
［16］ 同右。
［17］ 国立教育研究所編『日本近代教育百年史　第7巻　社会教育1』（国立教育研究所、一九七四年）では、一八六八（明治元）年から八六（同一九）年ごろまでを社会教育の「萌芽期」と位置づけている。同書によれば、「日本の近代社会教育が次第に形を整えながら、かなり明瞭な姿を現してくるのは、九〇年代の半ば以降、特に今世紀の初頭以降のこと」であるとし、「これに対して、萌芽期には、いまだ、社会教育乃至は通俗教育という一定の教育概念もほとんど存在」せず、自覚的な社会教育活動が組織的に行われることはなかったとしている（大蔵隆雄「萌芽期の構造的特質」国立教育研究所編『日本近代教育百年史　第7巻　社会教育1』前掲、一二一頁）。
　しかし一方で、「その後の社会教育の源流となり、あるいは社会教育を構成した主要な分野の多くは、萌芽期にその源流をもっていた」とし、その源流とは、「大教宣布運動にはじまる人民教化と思想統制の動向」、および「図書館、博物館、博覧会事業の展開に見られるような、文明開化、殖産興業のための啓蒙施策」という二つの流れであったと述べている。続いて、具体的に大教宣布運動下の教化施策、明治初期博物館・書籍館、青年会・婦人会などについて詳述されているが、これらは上記の二つの動向の源流として遡及的に明治前期を捉えて設定された項目であるといえる。宇佐川満は、「「成人教育」「成人学校」などの語は、すでに一八七五年（明治八）年ころから「文部省雑誌」（翌年より「教育雑誌」と改題）における諸外国の教育事情や教育論の紹介のなかにみられるが、その後明治二〇年ころまでには、およそ家庭教育・学校教育・社会教育の三分法による「社会教育」観念が設定されたとみてよい」と述べている（宇佐川満「近代日本の登場と社会教育」世界教育史研究会編『社会教育史Ⅰ』世界教育史大系三六、講談社、一九七四年、一五〇頁）。なお、遡及的に明治前期を捉える視点は、『日本近代教育百年史』に限らず、社会教育の通史に共通してみられる傾向にある。たとえば『社会教育史Ⅰ』では、日本において「社会教育」概念が現れたのは明治一〇年代後半、「家庭教育」「学校教育」「社会教育」という三分法による「社会教育」観念が設定されたのは明治二〇年代であるとし、それ以前においては、その後の社会教育概念の成立に繋がるという視点から、

やはり大教宣布運動による教化、自由民権運動の社会教育史的意義、明治初期社会教育施設（書籍館・博物館・書籍縦覧所など）の紹介、といった項目で明治前期を捉えている。

〔18〕 戦後の社会教育史研究における時期区分議論の出発点となるものとして、文部省社会教育局編『社会教育の手引』（一九五二年）における区分が挙げられる。そこでは、明治以後の社会教育史が以下のように区分されている（「社会教育の歩み」文部省社会教育局編『社会教育の手引――地方教育委員会のために』大蔵省印刷局、一九五二年、四―九頁）。

①通俗教育期　明治四（一八七二）年―大正一〇（一九二一）年
②社会教育創始期　大正一〇（一九二一）年―昭和一〇（一九三五）年
③社会教育衰微期　昭和一〇（一九三五）年―昭和二〇（一九四五）年
④社会教育復興期　昭和二〇（一九四五）年―現在（一九五二年）まで

この区分は、文部省における「通俗教育」から「社会教育」への改称（一九二一年）や、普通学務局における社会教育課の設置（一九二四年）、および終戦による組織の改変（一九四五年）などを指標としたものであったが、これに関して宮坂広作は、『社会教育の手引』の区分は単なる社会教育行政機構の変遷事実による時代区分にすぎず、「行政が実行した施策の内容・性格については無視されている」として批判した（宮坂広作『近代日本社会教育史の研究』法政大学出版局、一九六八年、六頁）。さらに宮坂は、一九五〇―六〇年代の宇佐川満、三井為友、碓井正久、福尾武彦らの諸論考が提示する社会教育史の時期区分（宇佐川満『現代社会教育論』理想社、一九五四年、三井為友「近代社会教育の歩み」（吉田昇・田代元弥編『社会教育学』教育学叢書七、誠信書房、一九五九年）、碓井正久「日本における民衆教育の展開と社会教育の歴史的性格」（同「社会教育の概念」教育学テキスト講座第一四巻『社会教育』御茶の水書房、一九六一年）、宇佐川満・福尾武彦編『現代社会教育論』（新教職教養シリーズ）誠文堂新光社、一九六二年など）をそれぞれ取り上げ、その指標に批判を加えている。

なお、宮坂は宇佐川の区分に対しては「通俗教育・社会教育・民衆教育という段階区分と、通俗教育調査委員会・臨時教育会議・社会教育課・社会教育局・国民精神総動員といった社会教育行政上の重要施策をエポックとする発達段階とが必ずしも論理的に整序されていない」と批評し、福尾の区分に対しては「社会教育それ自体の内容よりも、その社会的背景ないし関連についての説明が多く、一般史における段階区分によりかかりすぎて、上部構造としての社会教育の内在的発展の側面を把握しえなくなっている」などと批評している（宮坂広作『近代日本社会教育史の研究』（前掲）一〇—一五頁）。

小川利夫はこれら先行研究における指標を踏まえながら、国立教育研究所編『日本近代教育百年史　第7巻　社会教育1』（一九七四年）における時代区分に修正を試みる形で、思想史による指標から、①「社会教育思想の萌芽形態（一八六〇～一九〇七年）」、②「社会教育思想の現代的生成（一九〇七～一九二九年）」、③「危機における社会教育思想（一九三〇～一九四五年）」、④「現代社会教育思想の成立と展開（一九四五～一九七五年）」という社会教育史の時期区分を試みた（小川利夫『社会教育の歴史と思想』（小川利夫社会教育論集　第二巻）亜紀書房、一九九八年、一〇三頁）。

宮坂や小川はそれまでの社会教育史研究における様々な時期区分を検討することで社会教育の歴史的理解を深めようとしたわけだが、こうした検討がなされること自体、社会教育史研究にとって時期の分節化は重要な意味をもち、これまで多くの研究者がそれぞれ時期区分や指標の設定を模索してきたことを示しているといえる。

以上の研究の蓄積を背景に、日本社会教育学会は『現代社会教育の創造　社会教育研究30年の成果と課題』のなかで、これまでの社会教育史研究における時代区分の指標を、①社会行政（機構）的指標によるもの、②政治的指標によるもの、③政治経済的指標によるもの、④社会（体制）的指標によるもの、⑤思想的指標によるもの、という五つに類型化した（日本社会教育学会編『現代社会教育の創造　社会教育研究30年の成果と課題』東洋館出版社、一九八八年、七四—七七頁）。

〔19〕　同右、七四頁。

〔20〕　同右、七七頁。

〔21〕　また、通史的理解そのものがもつ限界性についても意識しておく必要がある。というのも、どのような指標を設定するにせよ、通史的解釈においては流れが分かりやすい「物語」が求められ、そうした「物語」から外れるものに関しては切り捨てられてしまいがちであるからである。とくに明治前期といった近代社会教育概念が確立する以前の民衆の社会教育的な営みに

ついては、それらをどのように跡づけ、史的に構成していくかが問われるべきであり、時代区分や通史的流れに拘泥しない研究視点が求められるのだといえよう。

[22] 宮原誠一「社会教育の本質」（『教育と社会』金子書房、一九四九年）。

[23] 松田武雄は、宮原の社会教育本質論を方法論的に継承した者として、大蔵隆雄、橋口菊、磯野昌蔵、小川利夫を挙げている。松田武雄『近代日本社会教育の成立』（九州大学出版会、二〇〇四年）一三頁。

[24] 小川利夫（前掲）「社会教育の組織と体制」四八―九〇頁。

[25] しかし、以上の構造認識のみから社会教育史を語ることは、社会教育史のもつ他の側面を見失わせる危険がある。たとえば、島田修一は小川の言う社会教育の矛盾構造に則り、「わが国のばあい、第二次世界大戦終結時までの社会教育は、一貫して国民に対する体制的秩序への同化政策として組織され制度化されたものであり、基本的人権の制約や圧殺をもたらす「教化」であった」と述べ、「これにたいして、成人の自己教育活動の組織化という内実をもった社会教育活動は、自由民権運動下の学習塾や講談会など（中略）わずかの例があげられるにすぎない。そして、それらはすべて民衆教化に反対しこれに対抗するこころみであったために弾圧され、封殺された」と述べているが、果たして「教化」に組み込まれない民衆のあらゆる営みは「封殺」され、「教化」とされた営みは人権の「圧殺」の様相を呈していたのであろうか。島田修一「社会教育の概念と本質」（島田修一・藤岡貞彦編『社会教育概論』青木教育叢書、一九八二年）二一―二二頁。

[26] さらに、広田照幸は、従来の教育史研究が「国家対教育運動」という単純な政治主義的図式で教育史を捉えてきたことを批判し、「政治と教育」という狭い枠組みに経済や文化といった他の分析軸を組み込む必要のあること、あるいは、〝国家と教育運動との双方が、ある意味で相互に補完・協力しながら〈教育〉というミクロ権力の過剰を生むような基盤を作り上げた歴史が、かかれうるのではないか〟と指摘している（広田照幸『教育不信と教育依存の時代』紀伊国屋書店、二〇〇三年、二三五―二三六頁）。このように「国家対教育運動」という図式で歴史を捉える視点は、社会教育史に限らず教育史研究一般に当てはまる視点的課題であるといえるだろう。

[27] 松田武雄、前掲書。
[28] 同右、三七頁。
[29] 宮坂広作「天皇制教育体制の確立と社会教育」（碓井正久編『講座　現代社会教育Ⅱ　日本社会教育発達史』亜紀書房、一九八〇年）。
[30] 山本恒夫『民衆娯楽の面白さ』（学文社、一九七八年）。
[31] 倉内史郎「学校と社会教育」（小川利夫・倉内史郎編『社会教育講義』（教育学叢書）明治図書出版、一九六四年）一三一頁。
[32] 宮原誠一「社会教育の本質」（前掲）一五八―一六四頁。
[33] 小川利夫「青年期の教育と社会教育」（前掲）。
[34] 福尾武彦『民主的社会教育の理論（上巻）』（民衆社、一九七三年）三二―四七頁。
[35] 宮坂広作『近代日本社会教育史の研究』（前掲）三七―九一頁。
[36] 倉内史郎「学校と社会教育」（前掲）一三一―一四五頁。
[37] もちろん、既存の研究が「渾沌期」における社会教育的営みに目を向けてこなかったわけではない。宮原の言う「原形態としての社会教育」は、前近代における教育的営みから社会教育を捉える視点を提供していたといえる。ただし、宮原の「原形態としての社会教育」論もまた、それとは対照として捉えられる近代学校成立後の社会教育概念と一対のものとして提起されており、近代国家における権力的構造関係から社会教育を問うという明確な課題意識のうえで、社会教育の本質論を展開していることには注意が払われなければならない。
[38] 一例として、駒込武・川村肇・奈須恵子編『戦時下学問の統制と動員――日本諸学振興委員会の研究』（東京大学出版会、二〇一一年）、赤沢史朗・北河賢三編『文化とファシズム――戦時期日本における文化の光芒』（日本経済評論社、一九九三年）、戸ノ下達也『音楽を動員せよ　統制と娯楽の十五年戦争』（青弓社、二〇〇八年）などが挙げられる。

[39] 松田は、大蔵隆雄・橋口菊・磯野昌蔵「わが国における社会教育思想の発生とその本質」（日本社会教育学会編『社会教育と階層』東洋館出版社、一九五六年）における社会教育思想の分析方法が、「「社会教育」という用語が示す「内容」よりもそこで示される活動がどのような「立場」から行われたものであるか」を重要視し、「社会教育の本質は明らかに労働者貧民対策としての社会改良主義にあった」と結論づけていることに対して、「確かに、社会教育は『労働者貧民対策の一環として』の性格もあったことは事実であるが、それが社会教育の本質であるというのは一面的な結論であり、『立場』に焦点づけた分析方法に基づく限界であった」と批判している。松田（前掲）四九頁。

[40] たとえば、堀尾輝久『天皇制国家と教育――近代日本教育史研究』（青木書店、一九八七年）や、久保義三『天皇制と教育』（三一書房、一九九一年）。

[41] 「娯楽」をめぐる用語に関しては「大衆娯楽」「民衆娯楽」「大衆芸能」「大衆芸術」など様々な呼称があり、しばしば混乱もみられる。津金沢聡広はこれらの関係については、「社会的機能の何を重視するかという視角の問題」であるとしながら、およそ「大衆芸能」という用語は近世の大都市成立以後、大衆的規模で享受されるようになった芸能と理解され、「大衆娯楽」は「大衆芸能」および「大衆芸術」の範囲以外も含まれる巨視的な体制認識の視角から捉えられてきたと指摘している（津金沢聡広「戦後日本の『大衆芸術・娯楽』研究の動向」『関西学院大学社会学部紀要』九・一〇、一九六四年、二八三―二八四頁）。本書では、こうした「大衆娯楽」を含む大衆文化活動を広く「娯楽」と総称することとする。

[42] 津金沢聡広（前掲）二八五―二八六頁。

[43] 石川弘義編著『娯楽の戦前史』（東書選書、一九八一年）九頁。

[44] 中内敏夫『新しい教育史――制度史から社会史への試み』（新評論、一九八七年）。

[45] 広田照幸『陸軍将校の教育社会史――立身出世と天皇制』（世織書房、一九九七年）。

[46] 天野郁夫『試験の社会史――近代日本の試験・教育・社会』（東京大学出版会、一九八三年）、竹内洋『立志・苦学・出世――受験生の社会史』（講談社、一九九一年）、斉藤利彦『試験と競争の学校史』（平凡社選書、一九九五年）。

[47]　社会教育史における「娯楽」の位置づけについて補足をしておくならば、社会教育の領域では、「娯楽」のもつイデオロギー性を「民衆の主体性」論から捉えることで、「娯楽」を「教育」の範疇に取り込んできたといえる。社会教育研究においてはこれまで、歌舞伎・音曲・和歌・俳句・お茶・生け花といった芸能から演劇・音楽・美術・舞踊といった芸術活動、伝統的祭礼や芸術フェスティバルなどの地域活動まで、広く人々の「芸術文化活動」を研究対象の範疇に収めてきたが、それはこれらの芸術文化活動が人間形成に何らかの関わりをもつという認識が共有されているからである。そして、従来の社会教育史研究においては、人間形成をめぐる「教育」と「娯楽」の関係を、つねにイデオロギー性を介在させて理解してきた。

とくに、「娯楽」は歴史的に「芸術」の下位に位置づけられてきた。「娯楽」は「通俗的」な手段であり、主体的な活動である「芸術」に対する受動的な活動として扱われてきたといえる。たとえば宮原誠一は「芸術と社会教育――二、三の基本的視点について」（『宮原誠一教育論集』第五巻、国土社、一九七七年）において、芸術活動を「民衆の生きる力をたかめ、労働のしかた、生活のしかたを人間的な美しいものにしていく」（二七一頁）ために必要なものであり、社会教育の任務は「民衆の生活のなかに人間的な能動性・創造性をうみだすために民衆の表現活動をはげまし、支え、そして民衆の芸術的な自己訓練を助けることである」（二七六頁）としている。そして、宮原にとってその力は「体制的に支配的な状況」を突き崩すための力であり、芸術は民衆にとって「なぐさみ」ではなく「生きる力」へと転換すべきものとされたのである。

宮原は、芸術活動を深めることは「そういうこととはほんらい相いれない社会体制への抵抗としてのみ、存立しうる努力である。そのいみで、それはほんらいからいってたたかいである」（二七二頁）と断言する。また、「合唱であれ、詩をかくことであれ、演劇であれ、舞踊であれ、絵をかくことであれ、民衆の表現活動が、民衆の生きる力をたかめるうえに役立つものでありうるためには、それは、民衆の抵抗の意識に根づき、そこから活力を吸い上げ、そこに活力を送りかえす不断のじゅんかんをいとなむものとならなければならない」と述べ、最終的に芸術活動の意義、およびそれを支える社会教育の意義を、「社会体制vs民衆の抵抗」という民衆運動の図式に落とし込んで理解している。

なお、ここで言及されている芸術活動は「能動的表現活動」を想定しているが、本書で主に扱う幻燈、活動写真、映画などについて、宮原は「新しい教育と映画」において「映画や放送はそもそも補助具である。目的につかえる手段にすぎない。映画や放送がそれ自体至上目的となるようなことは考えられない」（三二四頁）と述べ、能動的な表現活動のように積極的意義を認めることはなかった（宮原誠一「芸術と社会教育――二、三の基本的視点について」（前掲）、および宮原誠一「新しい教育と映画」『宮原誠一教育論集』第五巻、前掲）。

[48]　たとえば生井英考「視覚文化論の可能性」（『立教アメリカンスタディーズ』第二八号、二〇〇六年）七―二四頁。

[49]　多木浩二『目の隠喩。視線の現象学』（青土社、二〇〇二年）。

[50]　博覧会研究にも多方面から膨大な蓄積があるが、博覧会と視覚の近代化に関わる論考として、たとえば北澤憲昭『眼の神殿――美術「受容史」ノート』（美術出版社、一九八九年）、吉見俊哉『博覧会の政治学　まなざしの近代』（中央公論社、一九九二年）、古川隆久『皇紀・万博・オリンピック　皇室ブランドと経済発展』（中央公論社、一九九八年）などがある。

[51]　①および②の観点からは、博覧会・博物館もまた視覚教育メディアとして重要な位置を占めるものであるが、これらは博物館史および各種の博覧会研究における考察においてすでに一定の知見および蓄積があるため、本書では錦絵、幻燈、活動写真という図像・映像メディアに考察対象を絞ることとした。

[52]　浅野秀剛『錦絵を読む』（日本史リブレット五一、山川出版社、二〇〇二年）。

[53]　たとえばフーコーの規律訓練型権力観に依拠しながら、各種のメディアが天皇制イデオロギー教化を補強する役割を果したとする歴史観は、「国家」対「民衆」による二項対立史観を補強するものであろう。

[54]　メディア史研究においても、記号論やテクスト論の隆盛とともにメディアの物質性を削ぎ落としたメディアの内容分析が進められるにつれて、内容分析としてのテクスト論とモノ分析としてのメディア論が徐々に別個の方法論であるかのように差異化されていったのに対し、両者を分けることによる弊害も指摘され、再び「メディア」を総体として捉える必要性も課題となってきている。

[55]　吉見俊哉（前掲）『メディア文化論――メディアを学ぶ人のための15話』。

# 第Ⅰ部　視覚メディアをめぐる「教育」と「娯楽」の生成

# 第一章　日本の近代化と視覚教育メディアの誕生
## ——学校用掛図、文部省発行錦絵の事例から

### 1　視覚教育メディアとしての教育用絵図への着目

明治開化期における日本の近代教育制度の成立過程に関する研究には諸方面からの膨大な蓄積があるが、明治日本の近代教育制度の大きな特質として、欧米の制度を模範として国の管理のもとに公教育制度（学校制度）が組織された、という点を挙げることに関して異論はないように思われる。このような教育政策の特質は、当時の教材・教具からも読み取ることができる。教材としての教科書もまた御雇い外国人を招き、アメリカから持ち込まれた教材を参考に編集され、全国に配布された。

しかし、こうした教材は学校においてのみ制作されたわけではない。政府は博物館・博覧会・家庭といった学校外の場で使用するための教材の普及にも力を入れ、様々な種類の教育錦絵と呼ばれる視覚教材を、学校用教科書と並行して制作していた。これらの教材については、学校用教材の類似品として教科書史のなかでわずかに存在が確認されているにすぎず、本格的な研究はなされていない[1]。これらの資料を検討することは、当時の教育政策のなかで学校外の教育の場がどのように捉えられていたのか、また、就学児童以外の人々に対する教育をどのように構想していたの

かを知るうえで意義のあることであろう。

また、教育錦絵が発行された明治一桁―一〇年代の時期は、まだ学校教育と社会教育が概念上でも制度上でも分化しておらず、学校内外から包括的に教育を捉えることを可能にするとともに、両者の要素がどのように連動していたのかを抽出することが可能である。

以上の視点から、本章ではまず上記の教育錦絵を「通俗教育期以前における学校外教材」と捉え、社会教育史における学校外教材と位置づけたい。以下では明治初期に文部省がどのような視覚教育教材を制作していたのかについて、学校教育と学校外教育とに分けて概観する。続いて、とくに学校外教材として制作された文部省発行教育錦絵についてその内容や制作背景を整理し、本書の考察対象である教育錦絵が、当時の教育政策のなかでどのような性格をもつものとして位置づけられていたのかを確認する作業を行い、教育用絵図の教育史的位置づけについて検討する。

## 2　学校教育用絵図――文部省発行学校用掛図

### (1) 明治初期の教科書政策

明治維新後、急速な近代化政策を試みていた政府は、一八七一(明治四)年に文部省を設け、翌年八月に「学制」を公布し学校教育の制度化を進めていた。近代学校での教育課題は先進欧米諸国の新しい知識・技術の吸収に力点が置かれ、教育方法や教授教材に関しても、従来の藩校や寺子屋での教育方法や往来物などの教材とは異なる新しい方法・材料が希求されていた。

文部省は「学制」制定の翌月に「小学教則」を定め、小学校の教授内容を明示するとともに、使用教科書のリストを挙げているが、これらは西洋科学を紹介する啓蒙書や欧米の翻訳書が大半を占めていた。したがって、そこに挙げられている教科書は小学校低学年には学習内容の程度が高く、適切ではないものもあった。[2]

このように、「学制」下の教科書行政は民間の啓蒙書や翻訳書を教科書として広く採択する「翻訳教科書時代」[3]ともいわれる時期であり、文部省自らの編纂・翻訳では賄いきれない教材の補完として民間書籍を広範に奨励していた。こうした暫定的な教科書選定と並行して、政府はより児童に分かりやすい教育教材の開発にも取り組んでいた。学校用掛図がそのひとつである。一八七二（明治五）年三月、大学南校の教頭フルベッキ（G. H. F. Verbeck）は、大木喬任《たかとう》文部卿に「小学校之書籍」および「絵図諸品ノ雛形等及地図」などの教材をアメリカから取り寄せ、翻訳して小中学校で用いることを具申し、絵図に関しては具体的に「ウィルソン氏絵図」を指示している。「ウィルソン氏絵図」とはウィルソン（Marcius Willson）とカルキン（N. A. Calkins）が制作した *School and Family Charts: Accompanied by a Manual of Object Lessons and Elementary Instruction* のことで、単語やアルファベットなどがイラスト入りで示されており、一八七〇年代にアメリカの初等教育用教材として使用されていた学校家庭掛図である。

欧米教科書の翻訳・翻案によって「学制」に基づく新学校の教科書の編集刊行に当たっていた東京師範学校では、以上の具申に応え、これらの輸入教材を参考にして、五十音図（図97）・濁音図・数字図・羅馬数字図（図98）・算用数字図・加算数九九図・乗算九九図（図99）・形及体図・線及度図（図100）・単語図（図101）・連語図（図102）・色図（図103）など計二八枚の学校用掛図を一八七三（明治六）年に刊行した。[4]また、文部省は同年から一八七八（明治一一）年にかけて、植物や動物を絵画化した博物図（図104）や動物図（図105）を博物局と協力しながら制作した。これらが日本で最初の教授用掛図となり、文部省が各府県での翻刻刊行を進めたこともあって、全国各地に創設された小学校において広く使用されるようになった。

### (2) 学校用掛図の教育的意義

児童用教科書が高価で、全ての子どもたちが教科書を所持することが難しかった明治揺籃期の学校教育において、掛図は格好の教材であった。しかし掛図を利用した教育が、小学校入門期の教授法の有力な手段として選択されたのは、印刷・出版状況の未整備という消極的理由からだけではない。文部省によって掛図が急速に広められた背景には、教育の近代化に向けた教授内容と教授法の変革意図があったとされている[5]。

明治の新教育は寺子屋時代の個別的教授の方法を改め、学級一斉教授法を採用し、「問答」という新教科においてアメリカの庶物指教の授業の導入を試みた。庶物指教は具体的事物によって授業を展開し、児童に真の理解をもたらそうとするもので、ペスタロッチの開発教授の理念に基づいて編み出され、師範学校のお雇い外国人スコット(M. M. Scott)によって日本に紹介された教育理念である。文部省は教育の近代化にとって重要であると判断した庶物指教と一斉授業の教育理念の実現にふさわしい「教授メディア」として掛図を選択したのだといえよう。

掛図の教授内容が、主に入門の読み・書き・算数の領域と生物の領域に集中していることは、実物ではないにせよ、具体物の絵とそのものの名辞を一致させる、種々の動植物の名前や性質を具合的なイメージとともに理解する、という庶物指教の教育理念の反映とみることができる。また掛図を用いて多くの子どもの注意を一つの教材に引きつけておくことは、一斉授業において効果的であった。明治前半期において多数の子どもに同じ教材を同時に教授するという一斉授業法を広く浸透させたという意味では、教育の近代化に掛図が果たした貢献は大きかったといえる。

一方で、真の具体的事物ではなく、もっぱらアメリカのものを模倣した掛図による間接教授に依存した日本の掛図利用教育に関しては、庶物指教の有効な手段となりえていなかったという指摘もある。[6] また、掛図を用いた問答の授業などで教師と生徒が決まったセリフを唱え合うやり方は、寺子屋時代の素読による教授法と大差ないとし、近世の寺子屋と明治初期小学校の間には理念のうえでの非連続性よりも、施設・教師・教授法などでの連続性のほうが強く、掛図教育は失敗に終わったという指摘もある。[7]

たしかに掛図による教育が当初そのねらいをどれだけ達成していたかに関しては疑問が残るが、政府が新しい教育制度の確立を目指して寺子屋との非連続性を意図的に作り出そうとしていたこと、またその際のメディア選択に意識的だったことは注目されてよい。文部省制作の各種学校用掛図は、そうしたメディアへの注目が視覚に訴える絵画教材として具現化したものといえる。なお、文部省は掛図を刊行した一八七三（明治六）年の直後から、『小学教授書』（師範学校、一八七三年）や『小学入門』（文部省、一八七三年）といった、小学校教師向けの掛図を利用した教授法に関する本を大量に刊行しているが、これらは教材と教授法が不可分に捉えられていたこと、教授に際して視覚教材のもつ特性が強く意識されていたことを示すものであるといえるだろう。

## 3　学校外教育用絵画——文部省発行教育錦絵

### （1）教育錦絵制作に関する文部省布達

以上のような学校での使用を前提とした教授用掛図に加えて、文部省では家庭その他の場での利用を想定した絵図の出版も開始した。それが第Ⅰ部で中心的に取り上げる文部省発行教育錦絵（図1—96）である。

一八七三（明治六）年の『文部省布達』第一二五号で、文部省は幼児期における家庭教育の重要性を唱えるとともに、児童用教材の製造に関して以下のように公示した。

幼童家庭ノ教育ヲ助クル為メニ今般当省ニ於テ各種ノ絵画玩具ヲ製造セシメ之ヲ以テ幼穉坐臥ノ際遊戯ノ具ニ換ヘハ他日小学就業ノ階梯トモ相成其功少カラサルヘク依テ即今刻成ノ両四十七種製造ノ器二品ヲ班布ス此余猶漸次製造ニ及フヘク入用ノ向モ之アラハ当省製本所ニ於テ払下候条此旨布達候事

ここでは、「他日」「小学就業」のため、すなわち将来小学校での教育にスムーズに対応できるようにするために、就学前の「幼童」たちに「家庭」で「絵画玩具」を用いた教育をすることが有効であると述べられている。すなわち、家庭が教育の場として認識されるとともに、それが学校教育に連続するものとして捉えられていることが分かる。したがって、本布達による「絵画玩具」の制作は、近代教育制度の確立のため急速に進められた学校教育制度の延長線上に位置づけられるものといえよう。

同年一〇月四日発行分の『文部省報告』では、その趣意について以下のように説明している。

一縷《スヂ》ノ糸モ其白キノ初メハ以テ黄ニスヘク紅ニスヘシ人ノ初メテ生ル、ヤ亦此ノ如シ其才タリ愚タル其善ヲナシ悪ヲナス皆先入ノ習ヒニ本ツカサルハナシ世ノ父母タルモ反テ之ヲ思ハス徒ニ姑息ノ愛撫ニ溺《オボ》レ遊戯其好ミニ任カセ嗜欲其求メニ狃《ナラ》ヒ年齢已ニ長シ昏愚身ヲ誤ルニ至リテ遽《ニワ》カニ之ヲ教誨スルトモ既ニ黄ナルモノ再ヒ紅ナラス於是臍《ホソ》ヲ噛《カム》トモ何及バンコノ頃ロ当省ニ於テ欧米列国ノ先案ヲ模擬《モキ》シ各種ノ絵画玩具等ヲ造リ遍ク之ヲ播布シ以テ家庭ノ訓ニ供ス幼孩ヲ育スルモノ敢テ此諸品ヲ軽視セス務メテ之カ意ヲ用ヰ平常坐臥ノ間漸々《ヤヤ》誘導シテ怠ラサルトキハ遂ニ其子ノ慣《カン》習トナリ一ハ以テ訓戒ニ充ツルニ足リ一ハ以テ智慧ヲ発スルニ足リ其徳性才質自ラ善良ニ帰着シ他日学ニ就クニ至リ更ニ成業ヲ速ニセン世ノ父母タルモノ夫レ宜シク茲ニ注意スヘシ

先の布達と同様に幼年期の教育指導の重要性が述べられているが、ここでは従来の父母の教育のあり方がより具体的に批判されている。まず子どものことを「黄」にも「紅」にも染まりうるまっさらな「白」の糸に喩え、子どもの教育は「先入ノ習ヒ」が重要であるから、「徒ニ姑息ノ愛撫ニ溺《オボ》レ遊戯其好ミニ任カセ」て場当たり的に子どもに接しては、後に教育の過ちを後悔して改めようとしても取り返しがつかないと警告する。さらに、幼いうちに常日頃から文部省の製造した「各種ノ絵画玩器等」をもって教育すれば、「以テ智慧ヲ発スルニ足リ其徳性才質自ラ善良ニ帰着」するようになる、と父母に呼びかけている。ここでは家庭における幼児教育の重要性とともに、「絵画玩具」という教材の有効性、さらにそれを子どもに施す父母がその有効性を自覚する必要性が説かれているといえる。

### （2）教育錦絵に関する先行研究

文部省発行の教育錦絵を扱った先行研究はそれほど多くないが、これまでの研究における教育錦絵の扱いには、美術史学の方面から明治初期の開化錦絵の一例として言及したもの、および、教育史学の方面から明治初期教科書教材の一形態として言及したものなどがある。

美術史に関しては、明治期の錦絵を時期と画題から分類し、実用版画として「教育絵」を位置づけた樋口弘の考証[8]、筆致分析や図像引用の考察から文部省発行教育錦絵の作者・制作年代・図像典拠の解明を試みた岡野素子の考証[9]などがある。

教育史に関しては、これらの錦絵の所蔵機関・総枚数・原拠などに関する佐藤秀夫、中村紀久二らの基礎的調査[10]がある。また、たとえば唐沢富太郎は小学校の前階梯に位置づけられる教科の入門的性格をもつ資料としてこれらの錦絵に言及しているが[11]、こちらは資料の紹介の域を出るものではない。

なお、社会教育史研究において文部省発行の教育錦絵に直接言及しているものとしては蛭田道治「近代社会教育の萌芽」（岡本包治・山本恒夫『社会教育の理論と歴史』第一法規出版、一九七九年）があるが、これも先の唐沢富太郎の紹介を引用し、明治初期の教育政策において家庭教育のあり方が模索されていたことの例としてそうした錦絵が存在していたことを指摘しているにすぎない[12]。

中村紀久二は、教育錦絵が日本近代教育史をはじめ、家庭教育、幼稚園教育、保育、視聴覚教育、さらには科学、産業、風俗、玩具の史的研究においても本格的に論究されてこなかった理由について、各機関が様々なタイトルを付して所蔵しており、その探索が困難で、全容が判明しなかったこと、また文部省布達および関連記事と絵画の現物とが目に触れても、両者の関連が結びつかなかったことなどを指摘しているが[13]、佐藤秀夫が同絵画について「同一内容を『報告』と布達とをもってくり返し公示している例は稀であり、この幼児用教材の頒布は、当時文部省の啓蒙施策のうちで比較的に大きな比重をもっていたのではないか[14]」と述べ、これらの絵画・玩具の全容を明らかにする研究の必要性を提起している。

以上のように、文部省発行の教育錦絵は、その教育政策上の重要性が推測されるにも関わらず、官公資料との関連づけが希薄であったことなどから、教育史において十分に位置づけられてこなかったといえよう。

**図表 1-1　《幼童家庭教育用絵画》の概要**

| 画　　題 | 枚数 | 典　拠 | 絵　師 | 図版番号 |
|---|---|---|---|---|
| ［衣喰住之内家職幼絵解之図］ | 20枚 | （職人尽絵） | 曜斎国輝 | 図1―20 |
| 〈農林養蚕図〉 | 16枚 | ― | 一部曜斎国輝 | 図21―36 |
| 〈教訓道徳図〉 | 11枚 | ― | 不詳 | 図37―47 |
| 〈西洋器械発明家図〉 | 15枚 | 『西国立志篇』 | 不詳 | 図48―62 |
| 〈数理図〉 | 6枚 | ― | 不詳 | 図63―68 |
| 〈木梃・滑車図〉 | 16枚 | 『六号叢談』 | 不詳 | 図69―77 |
| 〈空気・浮力図〉 | 2枚 | ― | 不詳 | 図78，79 |
| 〈幼童絵解運動養生論説示図〉 | 2枚 | ― | 曜斎国輝 | 図80 |
| 〈器械体操組立図〉 | 3枚 | ― | 不詳 | 図81―83 |
| 〈馬車組立図〉 | 3枚 | ― | 不詳 | 図84―86 |
| 〈西洋人形着せ替え図〉 | 10枚 | ― | 不詳 | 図87―96 |

### （3）教育錦絵の内容および基本的性格

ここでは具体的に文部省発行教育錦絵の中身についてみてゆく。文部省発行教育錦絵（図1―96）は、刊行年は明治六年ごろ、体裁は一枚物（三五・〇センチ×二四・〇センチ）、あるいは二枚続き（三五・〇センチ×四八・〇センチ）の木版色摺りで、画面上部に「文部省製本所発行記」という朱印が押されている。先の布達に「欧米列国ノ先案ヲ模擬《モキ》シ」とあるように、学校用掛図と同じく欧米に範を求めて刊行したものだという。

これらの錦絵には正式な名称が付けられておらず、原画に表題が付されているものも一部である。佐藤秀夫、中村紀久二は『文部省掛図総覧1』において本絵図を「掛図に準ずる視覚的教材」と捉え、家庭での使用が前提とされていたことから一連の錦絵に《幼童家庭教育用絵画》と仮称を付している[15]（図表1―1）。本書では以後、便宜上佐藤、中村による名称および分類を踏襲して使用することとする。佐藤によるこれらの絵図の分類は図表1―1の一一種である（原画に表題が付されているものは［　］、内容に基づいた名称は〈　〉で示した）。

【内容と典拠】　具体的に描かれた内容をみていくと、住居の造営工程や関連する職業・道具などを図示したもの（［衣喰住之内家職幼絵解之図］：図1—20）、稲・茶・蕨・杉・蚕といった日本の伝統的な農業・産業の工程や利用法を示したもの（〈農林養蚕図〉：図21—36）、子どもを取り巻く道徳や倫理を説くもの（〈教訓道徳図〉：図37—47）、西洋の発明家の伝記（〈西洋器械発明家図〉：図48—62）、数や度量衡の測量単位・器具および貨幣の図示（〈数理図〉：図63—68）初歩的な力学の図示（〈木梃・滑車図〉：図69—77、〈空気・浮力図〉：図78、79）、子どもに運動の意義を伝えるもの（〈幼童絵解運動養生論説示図〉：図80）、西洋をモチーフにした組み立て式・着せ替え型の玩具絵（〈器械体操組立図〉：図81—83、〈馬車組立図〉：図84—86、〈西洋人形着せ替え図〉：図87—96）など、非常に多岐にわたっている。内容の難易度に関しても、着せ替えや組立絵といった「幼童」（文部省布達）にふさわしい玩具的なものから、力学の解説といった高度な内容のものまで幅が広い。

これらの絵図のうち、一部については内容の典拠および関連する図様の存在が指摘されている。まず、［衣喰住之内家職幼絵解之図］および〈農林養蚕図〉については、諸職業を絵画化した日本の伝統的な「職人尽絵」の様式に沿ったものであるとの指摘がある。[16] 江戸時代には、子どもに自分の身分に沿った職業を絵解きで教える「職人尽」の錦絵が流通しており、そうした錦絵の様式を踏襲したものと考えられる。たとえば幕末間近の一八五二（嘉永五）年作成の〈志《し》んぱん子供職人尽〉（図112）には、子どもに示す職業として「大工」「畳屋」「左官」「経師屋」「屋根屋」「かわら屋」などが描かれているが、これは［衣喰住之内家職幼絵解之図］における「木挽・黒糸ひき（図6）」「畳屋（図10）」「経師屋（図11）」「左官（図12、16、17）」「屋根板づくり（図16）」「瓦屋（図18）」などと多くが重複しており、「職人尽」の流れを汲むものであることを示す例であるといえる。

〈西洋器械発明家図〉については、スマイルズ（Samuel Smiles）著の *Self Help* を訳した中村正直著『西国立志篇』（一八七〇年）の内容を典拠として作成されていることが知られており、絵図中の詞書には同書からの引用が見受けられる。『西国立志編』が典拠とされたことは、当時の教育思想や同時期の学校用修身教科書との関連から注目されるが、これらについては次章で詳しく検討する。

〈木梃・滑車図〉については、漢文雑誌ウィリー編訳『六号叢談』の付録「重学浅説」（一八五七年）、あるいは文部省が一八七八（明治一一）年に刊行したチャンブル著、後藤達三訳『百科全書 重学』が典拠として指摘されている[17]。その他についても何らかの典拠や関連資料をもつ可能性が高いが、現時点で特定の典拠・資料は明らかにされていない。

【作者】 これらの絵図を描いた絵師に関しては、一部に「曜斎国輝」との落款があるが、それ以外のものは作者が不明である。曜斎国輝（一八二九―七四年）は幕末明治期に活躍した歌川派の錦絵師であるが、没年が一八七四（明治七）年であることから、《幼童家庭教育用絵画》の制作過程で国輝が亡くなり、制作が別の絵師に引き継がれたものと考えられる。岡野素子は絵図の筆致分析から複数の作者を想定し、《幼童家庭教育用絵画》は国輝を代表とする工房作ではないかと推定している[18]。《幼童家庭教育用絵画》には「文部省製本所発行記」の朱印が押されており、文部省がこれらの絵師を登用して絵図を制作したと考えられるが、同製本所については詳細が不明である[19]。

【刊行状況と制作年代】《幼童家庭教育用絵画》の総数は不明であり、上記の枚数は現時点で存在が確認されているものの枚数である。現時点で確認されている枚数は一〇四枚である[20]。これらの刊行状況に関しては、先にみた一八七三（明治六）年の『文部省布達』第一二五号によれば当初の制作枚数は四七枚であるが、「漸次製造ニ及フ」とあるように、順次年月を経て種類を増していったようである。その後の刊行に関しては、『文部省第一年報』一八七三（明治六）年の「編書事務」の項に「幼童翫喜品 七種・絵 百二枚・器 六種」とあり、また『文部省出版書目』一八八四（明治一七）年ごろの「雑書」の項に「錦絵 全八十枚」、「替り絵 全十枚」とあることが指摘されているが[21]、各絵図の刊行時期・順序等は不詳である。[22]

【タイプ別分類】　以上で確認してきたように、《幼童家庭教育用絵画》は内容が多岐にわたっており統一感がない。唐沢富太郎はこれらを内容別に、①西洋器械発明者の紹介、②理科的教材、③教訓的、実用的、道徳的教材、の三つに分類して紹介している[23]が、ここでは江戸時代からの系譜の有無や伝えられる内容などを加味し、改めて《幼童家庭教育用絵画》を分類してみる。

分類の基準としては、伝統的なものか開化的なものか（海外の翻訳書を典拠としたものか）という区分と、絵図の内容が知識的内容か道徳的内容かそれ以外（玩具的内容）かという区分を設定した。これにより、《幼童家庭教育用絵画》は以下のように、①伝統的知識図解系、②新知識啓蒙系、③教訓道徳系、④西洋訓話系、⑤幼児用玩具系、の五タイプに分類できる（図表1－2参照）。

これら五つの類型に一一種の絵図を分類すると図表1－3のようになる。

①の「伝統的知識図解系」のタイプは、伝統的な職人、農業、産業、といった知識を絵解きする性格をもつもので、［衣喰住之内家職幼絵解之図］、〈農林養蚕図〉などがこれに当たる。このタイプは先に触れたように、江戸時代の「職人尽」の錦絵と内容が重複するなど、説かれる内容自体が近世以来の伝統的なものであるという特徴をもつ。数や度量衡の測量単位・器具および貨幣を図示する〈数理図〉も、知識自体は旧来のものであるためここに含まれる。

②の「新知識啓蒙系」のタイプは、海外書籍の翻訳などをもとに知識を広めようとする性格をもつものである。滑車、浮力、重力、てこの原理など初歩的な力学を身近な生活で理解させようとする〈木梃・滑車図〉〈空気・浮力図〉は知識啓蒙的な性格をもつ。〈幼童絵解運動養生論説示図〉は描かれる子どもや遊びは伝統的なものだが、詞書に「運動し身体を健康にす／是をジムナスチックという」など翻訳語を含み、新知識を伝える性格をもつため、この

図表 1-2　《幼童家庭教育用絵画》の類型化

| | 知識的内容 | 道徳的内容 | その他（玩具的内容） |
|---|---|---|---|
| 伝統的 | ①伝統的知識図解系 | ③教訓道徳系 | ⑤幼児用玩具系 |
| 開化的（翻訳典拠） | ②新知識啓蒙系 | ④西洋訓話系 | |

図表 1-3　《幼童家庭教育用絵画》のタイプ別分類

| | |
|---|---|
| ①伝統的知識図解系 | ［衣喰住之内家職幼絵解之図］〈農林養蚕図〉〈数理図〉 |
| ②新知識啓蒙系 | 〈木梃・滑車図〉〈空気・浮力図〉〈幼童絵解運動養生論説示図〉 |
| ③教訓道徳系 | 〈教訓道徳図〉 |
| ④西洋訓話系 | 〈西洋器械発明家図〉 |
| ⑤幼児用玩具系 | 〈器械体操組立図〉〈馬車組立図〉〈西洋人形着せ替図〉 |

タイプに属するものとする。
③の「教訓道徳系」のタイプは、文字どおり道徳的内容を説くものである。説かれている内容は伝統的な儒教主義に基づいたものである。
④の「西洋訓話系」のタイプは、翻訳書に基づきながら道徳的内容を説くもので、『西国立志篇』を典拠とする〈西洋器械発明家図〉がこれに当てはまる。〈西洋器械発明家図〉は西洋偉人の紹介を含んでいるので②の性格も有しているが、とくに発明家や発明機器を知識として伝えようとするよりも、発明家の伝記を通じて勤勉、忍耐、立志といった徳目を説いているため、道徳的内容をもつものとして分類できる。
⑤の「幼児用玩具系」のタイプは、知識的内容でも道徳的内容でもなく、絵図を切り抜いたり組み立てたりして玩具として用いられることを意図されて制作されたもので、〈器械体操組立図〉〈馬車組立図〉〈西洋人形着せ替え図〉がこれに当たる。これは馬車や洋服を着た人物など西洋的なモチーフが採用される一方で、錦絵の形態自体は江戸時代のおもちゃ絵を踏襲したものであるため、伝統・開化どちらの性格も有するものである。
このように、《幼童家庭教育用絵画》は、知識的内容・道徳的内容などに関して、伝統・開化双方の特徴をもつ絵図をそれぞれ制作することで、広く人々に新旧の情報を伝えようとする性格をもつものであったことが分かる。また、「新知

識啓蒙系」のタイプの絵図において、伝統的な半纏姿の男が描かれたり、旧来のおもちゃ絵の様式に西洋のモチーフを取り入れたりといった特徴からは、新旧の性格・特徴を織り交ぜて分かりやすくかつ効果的に開化政策を進めようとする政府の苦心の跡が窺え、本絵図はまさに明治揺籃期の状況を反映した視覚教育メディアであったといえよう。

### （4）明治初期教育政策における教育錦絵の位置づけ

以上にみてきた《幼童家庭教育用絵画》の性格から、同絵図の教育政策における位置づけを簡単に確認しておきたい。

まず一点目としては、文部省布達や文部省報告で強調されているように、《幼童家庭教育用絵画》は小学校就学以前の幼児たちに対し、進学に先立って家庭で教育を施そうとする意図があったことが挙げられる。その意味でこれらは明治初期の幼児教育、家庭教育の一環として制作されたものであり、しかもそれは学校教育への移行がスムーズにいくようにとの目的が強く意識された「学校補完的」な政策として位置づけられるものであったといえる。

二点目としては、本絵図は教育政策における「新旧」両面を示しているということである。描かれた内容を分類した結果から、これらは伝統的知識の定着と新知識の普及という性格をもつものであることが分かった。また道徳的な内容に関しても、江戸期以来の儒教的なものと西洋の翻訳書を絵画化した訓話的なものとが含まれており、ここでも伝統・開化という両面の要素が見出せる。これらは、明治初期教育政策における国学派、漢学派、洋学派らの勢力対立ないしは葛藤を反映したもの、あるいは伝統主義と開明主義の混合とも捉えられる。

ただし、この両面性を教育政策における「進歩と反動」[24]（宮原誠一）として直ちに捉えることはできない。社会教育史研究においては、明治初期の教育政策に関して、「明治絶対主義権力内部の諸勢力の対立の中からうみだされた」二方向の矛盾する教育政策として、「人民文明化の「学制」の流れと人民教化の大教宣布運動のながれ」が指摘され[25]、この両者を「維新と復古の奇妙な共存」[26]（傍点原文）あるいは「復古の教化と開化の教化」[27]という対立・矛盾構造として捉える史観がある。

　今回、文部省発行教育錦絵に関しては、「学制」の流れに繋がる性格は見出せるが、大教宣布運動と関連するような復古的イデオロギーによる教化という性格は見出せない。〈教訓道徳図〉においても、伝統的な儒教主義に基づく徳目を説くものであるが、身近な生活空間における道徳的規範を勧善懲悪的に説くものであり、天皇や国家を頂点とする皇国イデオロギーによる民衆教化とは異なる系譜に位置づけられるものといえよう。《幼童家庭教育用絵画》制作の布達を出した田中不二麿が洋学派であることからも窺えるように、本絵図は知識の啓蒙普及を軸に、幼児への分かりやすさ、従来の暮らしとの馴染みやすさから伝統・開化の両要素を含ませたとみるのが妥当であろう。

　最後に三点目として、《幼童家庭教育用絵画》は絵解きによる民衆教育政策の一環として位置づけられる。明治初期には、先に概観した絵解きメディアとしての学校用掛図のほかにも、博覧会や博物館への出品物を絵画化した絵図や、殖産興業を促進する目的から国内産業を解説文とともに示した絵図など、絵解きメディアとして様々な種類の錦絵が、分かりやすい教育内容の伝達媒体として制作されていた。

　前者の例としては「動物図（図106）」が挙げられる。「動物図」は、一八七二（明治五）―七九（明治一二）年に文部省博物局によって刊行された一枚物の木版色摺り絵図である。取り上げられている動物は鳥類、魚類、爬虫類、両生類など二五図ある。絵図には日本名、漢名、英名、ラテン名と簡単な解説文が付けられている。解説は田中房種、武田昌次、校閲は田中芳男、図は服部雪斎、中嶋仰山が担当した。動物図は、西洋的な自然科学の知識普及を目的に刊行されたものであるが、これが翌六年に作られた文部省掛図の動物図（図105）、さらに後の教科書の先駆になった。

後者の例としては「教草《おしえぐさ》（図107）」がある。「教草」は、日本がウィーン万国博覧会に参加した際に各府県から提出された出品物の図説をもとに制作されたものである。田中芳男らは各地の物産を『物産大略』という目録にまとめ、各府県に対して特産物の提供や指定物産の図説化を依頼した。「教草」はこのときの図説をもとに制作されたもので、その目的は幼いうちから各産物の概略を教えることで将来の産業の興盛に繋げようとするものだった。執筆は山本章夫、榊原芳野、武田昌次、山本秀夫、町田久成らが担当している。図は溝口月耕、中嶋仰山、狩野良信、服部雪斎、久保弘道らが携わっていた。絵図は一八七二（明治五）年から七四（明治七）年にかけて三四枚刊行された。

以上のように、明治初期には学校用掛図のみならず、家庭での教育を意図したもの、博覧会・博物館といった後の社会教育施設に繋がる教育現場で制作されたものなど、広範な教育の現場で絵解きメディアとして教育的意図をもつ様々な絵図が制作されていたのである。

これらの錦絵の制作が企画された一八七二（明治五）年から七七（明治一〇）年ごろには、まだ家庭教育・学校教育・社会教育といった明確な教育領域概念は成立しておらず、以上の錦絵もそうした教育概念に即して制作されたものではないが、その後の教育概念の区分から以上の教育用絵図をおおまかに分類すると、以下の三種に分けられる。

①学校での教材用掛図として制作された〈単語図〉〈連語図〉〈博物図〉等の掛図
②家庭での教材として制作された《幼童家庭教育用絵画》
③博覧会・博物館への出品物に関連して制作された〈動物図〉〈教草〉

以上のような絵解きメディアが盛んに制作された背景には、ペスタロッチ主義をはじめオブジェクト・レッスンや感覚教育を重視する西洋教育思想の流入があったこと、識字率がそれほど高くなかった明治初頭の教育事情のなかで、教育内容を効率的に伝える民衆教育方法が模索されていたことなどを挙げることができるだろう。

いずれにせよ、学校・家庭・社会のあらゆる領域において視覚に訴える教育メディアが制作されており、文部省発行教育錦絵はそうしたメディア政策の一環として位置づけられるものであったといえる。またここからは、学校教育制度が整備途上で学校に通わない（通えない）児童も多かった明治初期の教育事情のなかで、未就学児や家庭における父母の教育に力を入れていたこと、その際には視覚メディアを効果的に活用しようとしていた明治揺籃期の教育政策の実態が浮かび上がってくるといえよう。

［1］　文部省発行の教育錦絵の先行研究については、本章3節(2)項「教育錦絵に関する先行研究」の箇所を参照のこと。
［2］　たとえば、下等小学第八級（現在の小学一年前期）の学課は「綴字《カナツカヒ》」「習字《テナラヒ》」「単語読方《コトバノヨミカタ》」「洋法算術《サンヨウ》」「修身口授《ギョウギノサトシ》」であったが、修身口授の項には標準教科書として福沢諭吉『童蒙教草』、橋爪貫一『童蒙必読』などが挙げられている。
［3］　唐沢富太郎『教科書の歴史――教科書と日本人の形成』（創文社、一九五六年）一頁、および、海後宗臣・仲新編『近代日本教科書総説』（講談社、一九六九年）一六頁。
［4］　翌一八七四年、これらの掛図は編集・刊行者名が「東京師範学校」から「文部省」に改められ、内容に改正を加えた三〇枚の掛図が改版されている。佐藤秀夫の掛図所在調査によると、師範学校掛図は稀であり、明治初期掛図といえばほぼこの七四年改正文部省掛図であるという。佐藤秀夫「総説――掛図の研究・序説」（佐藤秀夫・中村紀久二編『文部省掛図総覧1』東京書籍、一九八六年）六頁。
［5］　平沢茂「明治初期小学校における掛図利用教育の意義」（『亜細亜大学教養学部紀要』第二九号、一九八四年）、および、中村紀久二『教科書の社会史』（岩波新書、一九九二年）三三頁。

[6]　中村紀久二「単語図・博物図等　解題」(佐藤秀夫・中村紀久二編『文部省掛図総覧1』(前掲) 三三頁)。
[7]　平沢茂、前掲論文、一〇四―一〇五頁。
[8]　樋口弘『幕末・明治開化期の錦絵版画』(味燈書房、一九三三年)、および同『幕末明治の錦絵集成』(味燈書房、一九六二年)。
[9]　岡野素子「《文部省発行錦絵》の研究」(『日本美術研究』二〇〇二年)、および、同「明治期歌川派と教育錦絵――《文部省発行錦絵》を中心に」(『芸術学研究』第八号、二〇〇四年)。
[10]　中村紀久二「幼童家庭教育用絵画　解題」(佐藤秀夫・中村紀久二編『文部省掛図総覧2』東京書籍、一九八六年)。
[11]　唐沢富太郎『図説　明治百年の児童史』(講談社、一九六七年) 一九二―一九五頁。
[12]　とはいえ、文部省発行の教育錦絵を他の家庭教育用修身書などとともに紹介し、その後の徳育と結びついた家庭教育論の初期のものとして位置づける蛭田道治の視点は、同錦絵の教育政策上での位置づけの先行的な試みとして評価できよう。蛭田道治「明治期社会教育の特質」(岡本包治・山本恒夫『社会教育の理論と歴史』社会教育講座第一巻、第一法規出版、一九七九年) 一六四―一六六頁。
[13]　中村紀久二「幼童家庭教育用絵画　解題」(前掲) 四頁。
[14]　佐藤秀夫「『文部省報告』改題」(佐藤秀夫編著『解題・目次・索引・一覧』明治前期文部省刊行誌集成　別巻、歴史文献、一九八一年) 三九四頁。
[15]　佐藤は所蔵調査のなかで、本絵図が元小学校所蔵資料中から見出されることが少なくないことから、これらは「当時小学校においてか、もしくは小学校を通じてかはともかく、学校と何らかの係わりをもって扱われた場合もみられたと推測しうる」と指摘しており、「幼童」および「家庭教育用」という語を名称に用いることが適当であるかどうかについては検討の余地がある。佐藤秀夫「総説――掛図の研究・序説」(前掲) 七頁。なお、教育錦絵と学校教育の関係については第三章で考察する。

［16］〔衣喰住之内家職幼絵解之図〕および〈農林養蚕図〉のうち茶・蕨・杉の用の図様について岡野素子は、中世に「職人歌合（しょくにんうたあわせ）」から展開した「職人尽絵」の様式を引き継いだものであるとし、技法的には菱川師宣の《和国諸職絵尽》、図像としては鍬形蕙斎の職人尽し絵、喜多院の屏風の背景などを参照にして組み合わせられたものであると指摘している。岡野素子「明治期歌川派と教育錦絵――《文部省発行錦絵》を中心に」（前掲）一六九頁。

［17］これはどちらも William, Robert, Chambers 編 *Chambers's Information for the People*（一八四二年）をもとに翻訳されたものである。中村紀久二が前者を典拠として指摘しているのに対し、岡野素子は図様の近似の具合から後者が典拠ではないかと指摘している。

［18］岡野素子「《文部省発行錦絵》の研究」（前掲）一九―二一頁。

［19］これらの詳細を解明することは、教育出版行政における民間業者との関係を明らかにするうえで重要である。また、一八七〇年代後半からすでに文部省版掛図の翻刻に始まって、民間における類似の掛図出版が開始されており、八〇年代以降それが著しく増加していた。これは森文政期以来の、教科書の編纂・発行は原則として民業に委ねるという方針に沿ったものである。こうした政策に合わせてこれらの絵図類も翻刻されて普及した可能性もある。こうした教育錦絵の出版・流通過程を明らかにすることは、教科書出版行政との比較も含めて、今後の課題となろう。

［20］これは『文部省第一年報』（一八七三年）で報告されている一〇二枚を超えているため、ほぼ全体が現存しているとみてよいであろう。

［21］中村紀久二「幼童家庭教育用絵画　解題」（前掲）五頁。

［22］《幼童家庭教育用絵画》の制作年代および刊行順序に関して、岡野素子は以下のように推定している。岡野素子「明治期歌川派と教育錦絵――《文部省発行錦絵》を中心に」（前掲）一七〇頁。

明治六年：〔衣喰住之内家職幼絵解之図〕、〈幼童絵解運動養生論説示図〉、〈西洋器械発明家図〉

明治七年：〈農林養蚕図〉
明治八年：〈木梃・滑車図〉
明治一〇年：〈数理図〉、〈空気・浮力図〉
明治一二年：〈教訓道徳図〉
明治一四年：〈器械体操組立図〉、〈馬車組立図〉
明治一七年：〈西洋人形着せ替図〉

これに関しては、一八七四（明治七）年没の国輝の落款のある［衣喰住之内家職幼絵解之図］、〈幼童絵解運動養生論説示図〉および一部の〈農林養蚕図〉が明治七年までの制作であることは頷けるが、たとえば、〈西洋人形着せ替図〉の刊行年を明治一七年としたことについては、明治一四年の内国勧業博覧会の出品目録には「替り絵　一〇枚」とあり、これは〈西洋人形着せ替図〉を指すものと思われることを中村紀久二が指摘しており、再考を要する。また、『文部省第一年報』（一八七三年）の「編書事務」の項に「絵　百二枚」とあるのは、すでに大半の錦絵が制作されたものとも推測できる。他の刊行年に関しても確定的なものではなく、今後さらなる調査が必要と考えられるため、本書では刊行年不詳として論を進めることとする。

［23］　唐沢富太郎『図説　明治百年の児童史』（前掲）一九二―一九三頁。
［24］　宮原誠一『教育史』（日本現代史大系、東洋経済新報社、一九六三年）一六頁。
［25］　同右、四二頁。
［26］　同右、四三頁。
［27］　藤田秀夫・大串隆吉編『日本社会教育史』（エイデル研究所、一九八四年）五頁。

# 第二章　明治初期教育思想の図像化プロセス
## ――幼児教育・女性教育思想の図像化を例に

文部省発行教育錦絵《幼童家庭教育用絵画》は官公資料において直接言及されることが少なく、その制作背景や目的、他の教育政策との関連も不明な部分が多い。前章ではこれらの文部省発行教育錦絵が幼児期の家庭教育用教材として制作され、学校教育と補完関係にありながら幼児教育政策、家庭教育政策とも関連するものであることを指摘した。以上の作業を踏まえ、本章では《幼童家庭教育用絵画》と幼児教育、家庭（女性）教育との関連を、教育理念の側面から把握するための作業を行う。具体的には、教育錦絵の発行に関連のある人物の思想および教育構想が、錦絵の描写にどのように図像化されているのかを考察することを通じて、《幼童家庭教育用絵画》の特質を探ることとしたい。

本章では、まず幼児教育政策との関連について、《幼童家庭教育用絵画》発行当時の文部大丞である田中不二麿を取り上げ、彼の幼児教育思想と教育錦絵布達との関連を考察する。続いて家庭教育との関連について、《幼童家庭教育用絵画》のうち〈西洋器械発明家図〉の挿絵の典拠となった『西国立志篇』の翻訳を手がけた中村正直を取り上げ、〈西洋器械発明家図〉に描かれた女性像と中村正直の教育思想の関連について、主に彼の女性教育・家庭教育観から探っていく。最後に、《幼童家庭教育用絵画》を単に描かれた内容を教授する教材としてではなく、以上のような教育思想を包摂した教育的メッセージを媒介する教育メディアとして位置づけ直すことを試みる。

## 1　明治初期幼児教育思想と教育錦絵

### (1) 田中不二麿、D・マレーの幼児教育思想と錦絵発行の布達

田中不二麿（一八四五―一九〇九年）は尾張藩出身、名古屋の藩校名倫堂に学び、一八六九（明治二）年に大学御用掛に任ぜられた後、一八八〇（明治一三）年まで一貫して新政府の文教行政に携わっていた人物である[1]。田中は一八七一（明治四）年一〇月に文部大丞に任ぜられ、翌月岩倉全権大使一行に理事官として加わり、アメリカをはじめとして欧州各国を視察して諸外国の実状調査を行った。帰国後は直ちに文部省三等出仕、続いて文部省少輔、翌一八七四（明治七）年には文部大輔に昇進している。転任・兼任が多く省務の役職が安定しない明治揺籃期の行政人事において、常に何らかの形で教育政策に関わってきた田中は、事実上唯一「責任をもって文教行政を処理して来た[2]」人物であるとされており、教育施策の決定に与えた影響として彼の教育思想を無視することはできない。

田中不二麿は欧米教育の移入に積極的であり、一八七一年から七三（明治六）年にかけて欧米の教育事情を視察してきた成果を『理事功程』としてまとめた。『理事功程』で田中は欧米の教育に関する様々な規則の翻訳や施設状況の紹介、統計の集計などを記しているが、幼児教育施設についてもイギリスやフランスの幼児教育施設について紹介している。『理事功程』では日本の幼児教育についての意見は直接には書かれていないが、海外の幼児教育施設に関して、後に「元来海外各国に於ては私設を主とし、殊に米国の如きは富豪の徒之が為に資を投じて、規模の完美なる

もの甚だ多く、予は其実況を視察して、頗る有益なるを認めたり」[3]と述べていることから、幼稚園教育の有効性について視察時から認識していたことが窺える。

一八七五（明治八）年七月七日、田中は東京女子師範学校附属幼稚園開設之議の伺を太政大臣三条実美に提出し、日本への幼稚園教育の導入に本格的に乗り出した。「幼稚園開設之議」で田中は以下のように述べている。

方今小学校の設立漸に加はり学齢子女就学の途相開け、授業の方法稍端緒に就き候得共独学齢未満の幼稚に至っては、誘導の方其宜を得ざるが如く、教育の本旨に副はず頗る欠点と存候、因て這個東京女子師範学校内に於て幼稚園を創置し、茲に幼穉の子女凡百人を入れ看護扶育以て異日就学の階梯と致度尤右費用は当省定額金を以て措弁可致候条別段仰裁可候也[4]

「学制」発布以来、小学校については漸次就学の途が開けつつあるが、学齢未満の幼児については教育方法が定まっておらず、「教育の本旨」に沿っていない状態が憂慮されるので、東京女子師範学校に幼稚園を創設し、将来子どもが就学する際の「階梯」にしようというものである。「異日就学の階梯と致」の部分はこの建議の二年前に出された《幼童家庭教育用絵画》制作の布達で「他日小学就業ノ階梯トモ相成」と述べられていることと重なっており、田中のなかでは教育錦絵制作と幼稚園開設が学校教育へと繋がる入門的位置づけとして同時に構想されていたことが窺える。

この田中の「開設之議」に対し、三条太政大臣は八月二日付の「伺之趣難聞届候事」で不許可を達したが、同月二五日付で田中は再び「再応伺」を提出し、翌月幼稚園開設は認可されることとなった。「当時幼児の教育は却って有害無効なりとの反対説」[5]があったなかで、繰り返し幼稚園の開設を上申していることからも、田中は幼児教育に熱心であったといえよう。

こうした田中不二麿の幼児教育思想は、当時の学監D・マレーの影響が大きい。田中とマレーは私的な生活においても親交を結ぶなど、きわめて親密な間柄であった[6]。田中はマレーの意見を教育政策に色濃く反映させ、マレーの意見の趣旨がそのまま政策として実施されることも少なくなかった。たとえば、マレーは最初の申報において「欧米諸国ニ於テハ、女子ハ常ニ児童ヲ教授スル最良ノ教師ナレバ希クハ日本ニ於テモ亦、女子ヲ以テ教育進歩ノ媒ト為サンコトヲ[7]」と述べ、女子教育の重要性や、女子師範の必要性を説いているが、申報が出された一八七三（明治六）年一二月の翌月に、早くも田中は女子師範学校設立の建議（太政大臣三条実美宛）を出し、同月中に建議は認可となり、三月に文部省は東京女子師範学校の設立を布達している。このようなマレーと田中の政策実施について土屋忠雄は「まことに二人一体の教育施策[8]」であったと述べているが、多くの部分で教育理念を共有しつつ、マレーと田中は彼らの教育理念を迅速に実行していったのだといえよう。

### （2）「学制」における幼稚小学構想と教育錦絵

日本で最初に開設された幼稚園は、一八七六（明治九）年一一月六日から保育が開始された東京女子師範学校附属幼稚園であるが、幼児教育施設の名称が初めて規定されたのは、それよりも四年前の一八七二（明治五）年の「学制」における「幼稚小学」であるといわれる[9]。「学制」では学校教育制度が大学、中学、小学の三段階として構成されていたが、「幼稚小学」は「小学」の部に正規の小学校である尋常小学校とともに、女児小学、村落小学、貧人小学、小学私塾と並んで規定された。実際には「幼稚小学」が開校されることはなかったが、「学制」第二十二章にある「幼稚小学ハ男女ノ子弟六歳迄ノモノ小学ニ入ル前ノ端緒ヲ教フルナリ」という規定からは、今日的な意味での就学前の幼児を対象にした教育施設が構想されていたことが分かる。

「幼稚小学」での教育内容に関する規定は「小学ニ入ル前ノ端緒ヲ教フル」としかないので、具体的な構想は定かではないが、小川澄江は、田中不二麿が『理事功程』でフランスの育幼院やイギリスの幼児学校を「幼稚学校」と訳していることから、同書で紹介された幼児教育施設は「幼稚小学」の構想と同じ基底を成すものであり、したがって「学制」にある「幼児小学」ではアメリカ型のフレーベル主義幼稚園構想ではなく、ヨーロッパ型の幼児教育施設が想定されていたのではないかと指摘している[10]。

さらに小川は、この幼稚小学の規定が契機となって明治政府が幼児教育の重要性を認識し、家庭教育における遊具についての方針を打ち出したとして、《幼童家庭教育用絵画》の制作に関する指示を出した文部省第一二五号布達を挙げている[11]。ここでは、「田中不二麿の西欧幼稚園の視察」・「『幼稚小学』構想」→《幼童家庭教育用絵画》という政策の系譜が想定されている。

たしかに小川が指摘するとおり、田中不二麿の西欧巡視における幼稚園視察、「学制」における「幼稚小学」構想、《幼童家庭教育用絵画》の制作布達、が共に就学前の幼児に対する教育構想という点では軌を一にするものであったことは確かであろう。しかし、「幼稚小学」構想が施設を前提とした西洋風幼稚園に繋がるものであったのに対し、《幼童家庭教育用絵画》は家庭での教育が前提とされ、初期幼稚園で用いられた教材とは趣向が異なるように見受けられ、当時の幼児教育における系譜はより複雑ではないかと想像される。

### （3）明治初期の幼児教育施設

実際、明治初期の幼児教育については、教育の対象者によって異なる施設が想定されていた。東京女子師範学校附属幼稚園が開設される以前にも、幼児教育施設はいくつか存在していた。それらは施設の由来や教育的性格から、①キリスト教的慈善的幼児教育施設、②フレーベル主義幼稚園、③託児所的幼児教育施設、の三種に分類できるとされる[12]。

①は、一九七一（明治四）年にアメリカの女性宣教師によって横浜に開設された「亜米利加婦人教授所」で、当時主に遊女と白人との間に生まれた混血児の保護・教育を目的として設立されたものである。②は柳池幼穉遊嬉場という、一八七五（明治八）年に京都の柳池小学校に付設された公立の保育施設である。この施設は京都の人々の教育に対する熱意によって設立され、恩物を用いた本格的なフレーベル主義の幼稚園であったという。③は貧しい家の幼児や乳幼児の世話をしている児童に勉学の機会を与えるために設けられた「子守学校」と呼ばれる施設で、一八七五年あたりから京都府や石川県をはじめ各地に設立され、昭和のはじめまで存続した施設である。

いずれも幼児の保護と教育を目的として設立された施設であるが、②が積極的な西洋幼児教育思想の実践の場として設立されたのに対して、①と③は貧民救済としての側面が強い点で②とは区別されよう。とくに③は「学制」発布以来推進されていた就学督促のための「貧民ノ子女ヲ学ニ就カシムルノ法」の一方策として奨励されたものであり、学校教育の対象者を直接補完する意味合いが強い。

当時、各府県年報においては、富裕な家庭の寄付によって学齢を過ぎた男女に夜間勉学の機会を提供する「夜学校」とともに「子守学校」が「幼稚園盲人学校等の設備」として報告されており、一八七六（明治九）年の文部省年報でも、九鬼隆一が幼児を背負う子女を授業に専念できるようにするために、幼児を別の場所に集めて保育し、子守をする子女には授業のほかに幼児保育の指導を行うことを「幼稚園ノ元素」として捉えていることから、子守学校は元来は貧民の子女を就学させる便法として国民が自主的に組織したものを、政府が就学督促の一環として指導奨励していたものであったという[13]。

古木弘造は子守学校の設立目的を、「普通教育の徹底」「幼児教育の保全」「教化風俗の改善」「厚生的事業の振興」の四点にあるとし[14]、長田三男は「不就学を余儀なくされた児童（主として女児）に、嬰児（幼児）保育のかたわら、初等普通教育と嬰児保育法を授け、一は以って義務教育（国民普通教育）の普及をはかり、一は以ってかれらをよき保育者たらしめ、一は以ってかれらの風儀を矯正し、合せて地方の風俗を改良せんことを目的に開設された教育機関」として子守学校を捉え、「単に初等普通教育機関としての機能ばかりでなく、一面親たちの生産労働の足手まといとなる乳幼児を保護する保育所（託児所、簡易幼稚園）としての機能、それに保育者養成機関的機能、社会教育的機能など四つの機能を合せ備えた特殊な施設」であったと指摘している[15]。

一方、フレーベル主義に基づく西洋風幼稚園は、実質的にごく一部の富裕層を対象とした幼児教育施設であった[16]。したがって、同じ幼児用教育施設といっても、東京女子師範学校附属幼稚園およびフレーベル主義幼稚園と子守学校とは、対象や成立過程が全く異なるといえる。

## （4）教育錦絵と幼稚園教具（恩物）にみる幼児教育観の違い

幼児教育の教育対象の違いは、施設形態だけでなく教材・教具にもみることができる。当時の制度化された幼児教育としての幼稚園では、「児童中心の原理、自己活動の原理、連続発達の原理、労作の原理、個性の原理、社会の原理[17]」などといった幼児の自主性を重んじるフレーベルの教育理論に基づき、「恩物」と呼ばれるフレーベル自身が自分の教育理論に即して開発した幼児用教具が用いられていた（図108）。

「恩物」は幼児教育思想とともに明治初期に日本に紹介され、東京師範学校附属幼稚園においても、その指導方法の原理をフレーベルの教育理論に求めている。[18] とくに同園の初代監事であった関信三は、恩物について「保育科中ノ最モ高度ヲ占メルモノトス」「幼稚ノ性質年齢ニ応ジテ之ヲ施ストキハ、将来必ズ子女ノ栄果ノ成熟スルヲ期シテ待ツベキナリ」[19] と述べて扱い方を具体的に提示説明するなど、教材としての恩物の重要性を主張している。

一方、同じく小学校就学前の幼児用教材として制作された《幼童家庭教育用絵画》には、フレーベルの教育理論の反映をみることはできず、むしろ江戸時代の紙玩具がもつ要素を引き継いでいる。たとえば《幼童家庭教育用絵画》のなかの〈器械体操組立図〉（図81—83）〈馬車組立図〉（図84—86）〈西洋人形着せ替図〉（図87—96）は、描かれているモチーフは西洋のものだが、錦絵を切り抜いて着せ替人形として遊んだり、切り抜いたパーツを組み立てたりして用いる玩具絵である。これらは江戸時代に玩具絵として普及していた着せ替絵（図109）や、同じく切り抜いたパーツを組み立てて遊ぶ組立絵（図110、111）などの一般的な民衆の玩具として普及していた「立版古」[20] と呼ばれる娯楽用品の特徴を踏襲したものと捉えられる。

江戸時代のおもちゃ絵の値段は子どもの小遣いで買える値段であり、使い捨ての遊び道具であったおもちゃ絵は、封建社会体制が強固な身分社会のなかでの社会馴化教育に役立ち、庶民が自らの身分について学ぶのに適した絵解き教材でもあった。たとえば、男児用に作られた〈志《し》んぱん子供職人尽《づくし》〉（図112）は職人・商人としての職業を知るものとして、また女児用に作られた〈新版女《おんなしょ》諸げい尽《づくし》〉（図113）は女性としての嗜みを学ぶものとして、教育的な役割を果たすものであったといえよう。

公教育が制度化されていない江戸時代において、おもちゃ絵という視覚メディアは庶民が自ら制作・利用していた社会馴化のための教育メディアであったともいえる。これらを引き継いで制作された〈器械体操組立図〉〈馬車組立図〉〈西洋人形着せ替図〉は、そうしたおもちゃ絵の教育メディアとしての有効性を認識した明治政府が、近世からのメディア形態を受け継ぎつつ、西洋文化の普及・浸透の目的から制作・頒布したものであると位置づけられる。

このように、同時期に同じく幼児を対象にして制作されたものでありながら《幼童家庭教育用絵画》のなかの〈組立図〉および〈着せ替図〉は、恩物型幼児教育とは異質のものであったと考えることができる。創設当初の幼稚園では、幼稚園の目的やそこでの保育内容や方法が、当時の幼稚園関係者に十分把握されておらず、有識者らも欧米の幼児教育論を日本の幼稚園にどのように取り入れるか模索状態であったとされているが[21]、外国の翻訳や保育事情の紹介が溢れるなかで、日本の保育理論を模索する一方、日本の実態に即した教育方法として教育錦絵というメディアが選択されたと捉えることができよう。

## （5）明治初期幼児教育における教育錦絵の位置づけ

明治初期の幼児教育政策においては、想定する教育対象や教育理念によって異なる施設や教材が構想されていたことを確認してきたが、以上から、子守学校、東京女子師範学校附属幼稚園、および教育錦絵の制作は、幼児教育政策のなかでそれぞれ異なる系譜として位置づけることができる。これまでの考察を踏まえて、明治初期の就学前幼児に対する教育政策を整理すると、図表2－1のように三つの流れを想定することができるだろう。

すなわち、明治初期において就学前の幼児を対象とした教育政策は、①フレーベル主義に基づいた西洋風幼稚園、②家庭での教育を意図した教育錦絵の制作、③貧民のための子守学校、の三つの流れがあったと考えられる。各流れが推進された背景には、幼稚園政策においては「学制」における「幼稚小学」構想が、教育錦絵制作においては家庭教育理論が、子守学校においては貧民救済・就学督促への対応が存在していた。

それぞれにおける対象者は、西洋風幼稚園では一部の裕福な子弟が想定され、逆に子守学校では貧民救済的見地か

**図表 2-1　明治初期の未就学児に対する教育政策の 3 つの流れ**

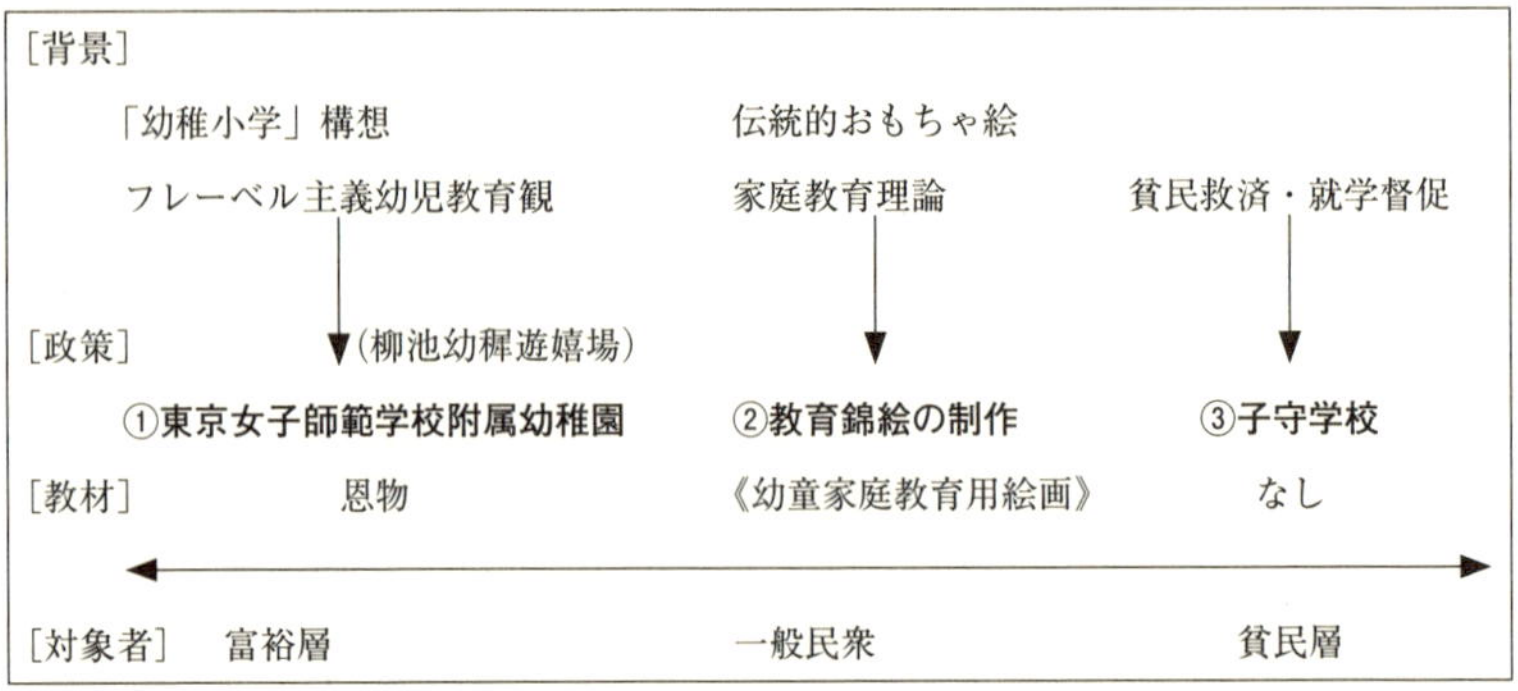


ら貧しい村落の幼児が想定されていた。両者がいわば社会的階層の両極に対応するものであったのに対し、教育錦絵はこれらの中間に当たる一般民衆を対象とするものと捉えられる。

また、それぞれの場で用いられた教材を比較してみると、西洋風幼稚園ではペスタロッチの開発した恩物が用いられ、子守学校では教材自体が存在しなかった[22]のに対し、教育錦絵では江戸時代からのおもちゃ絵の伝統を引き継ぎつつ、遊びと教育を兼ねた視覚的な教材が頒布されていた。

以上のように、明治初期の幼児教育政策においては、背景にある教育理論や対象となる幼児の階層によって用いられる教育メディアも巧みに選択されていたのであり、文部省発行教育錦絵はこうしたメディア選択の一形態として位置づけられるものであったといえる。

## 2　中村正直の女性教育思想と〈西洋器械発明家図〉

《幼童家庭教育用絵画》と他の教育政策との関連は、錦絵という形態だけでなく、描かれた内容からも読み解くことができる。たとえば同絵画のなかの〈西洋器械発明家図〉には何人かの女性が描かれているが、その描写からは明治初期における女性教育観が見出せる。

〈西洋器械発明家図〉はサミュエル・スマイルズ（Samuel Smiles, 一八一二―一九〇四年）の著 *Self Help*（一八五八年）を訳した、中村正直の『西国立志篇』（一八七一年）を典拠としている。*Self Help* は自助の精神に基づいた偉人たちの成功を説いたものであるが、その内容は「立志伝の集成というよりも、一つの思想によってつらぬかれた処世論であって、道徳教科書としての性格をもっている」[23]ものであるとされる。『西国立志篇』は一八七〇（明治三）年に翻訳出版され、福沢諭吉『西洋事情』（一八六六―七〇年）、内田正雄『輿地誌略』（一八七〇年）と並んで明治の三大啓蒙書のひとつに数えられ、「元来教科書として編纂されたものではないが、小学校における読物としても普及した著書で、学校を通じて果たした啓蒙書としての役割は大きいものがある」[24]とされる。本絵図は『西国立志篇』の学校外への広がりを政府主導で行った施策として位置づけられ、明治初期教育施策における教育の場の捉えられ方をみるうえでも注目される。

## （1）中村正直の家庭教育観――幼児教育と母親の役割

中村正直は明治初期に女子教育の重要性を主張していた教育思想家の一人である。中村は明治初頭に「人民ノ性質ヲ改造スル説」[25]「善良ナル母ヲ造ル説」[26]といった演説を行い、明治初期の日本が近代国家として確立するためには国家形態の変革ばかりでなく、「人民ノ性質ヲ改造スル」ことが必要であり、そのためには人間形成の基礎となる幼児期の教育に大きな影響を及ぼす「善良ナル母」の教育が必要であると主張していた。

まず、幼児期の教育について中村は以下のように主張している。

技芸ノ教育ハ童子五六歳智識漸ヤク開クル時ヨリ之ヲ始ムルトモ遅シトハイフベカラズ、修身敬神ノ教養ニ至リテハ胎教尤モ肝腎ナリ、生レシ始メヨリソノ耳目ニ濡染シ身体ヲ囲繞スルモノ嘉言善行ニ非ルハナク絶好ノ儀範ニ非ルハナシ、然ルトキハ小児ノ智識ノ漸ク開ケル以前ニ知ラズ覚ヘズモーラル及ビレリヂヲス（修正ノ教及天道ノ教）先入ノ主トナルナリ[27]（傍線原文）

幼児は生まれたときから「耳目ニ濡染シ身体ヲ囲繞スルモノ」の影響を受けて成長してゆくので、とくに「修身敬神ノ教養」に関する教育は、「智識」の教育よりも先に「モーラル及ビレリヂヲス（修正ノ教及天道ノ教）」を施すことが肝要であるとして、家庭における道徳教育の重要性について論じている。

続いて、こうした幼児の教育には母親の影響が大きいとして、以下のように述べている。

子ノ精神心術ノ善悪ハ大抵ソノ母ニ似ルモノナリ、ソノ子後来ノ嗜好癖習ニ至ルマデソノ母ニ似ルモノ多シ、然ルトキハ人民ヲシテ善キ情態風俗ニ変ジ開明ノ域ニ進マシメンニハ善キ母ヲ得ザルヘカラズ、絶好ノ母ヲ得レバ絶好ノ子ヲ得ベク……[28]

子どもの精神的善悪や習慣は母に似るものであるから、「開明」のための「善キ情態風俗」を形成するためには、「善キ母」「絶好ノ母」を得ることが重要であるという。ここには、近代国家や近代文明を形成するための基礎として家庭の母を位置づけ、近代的国民の形成に果たす幼児教育者としての母親の役割を期待する中村正直の家庭教育観が現れているといえよう。そして、中村は「善キ母ヲ造ランニハ女子ヲ教ルニ如カズ」[29]として、女性教育の重要性を主張するに至る。

女性教育・幼児教育に対するこうした積極的な姿勢に共感したのが田中不二麿である。彼は女子教育振興に積極的だった文部省学監D・マレーの意見を受け入れ、一八七五（明治八）年に東京女子師範学校を設立し、中村に初代摂理（校長）になってくれるように請願している。さらにその後、中村と田中は同師範学校の附属幼稚園創設を共に積極的に推進してゆく。一八七一（明治四）年に岩倉具視の欧米視察に同行し、各国の婦人教育施設や幼童施設の存在を知り、幼児教育・婦人教育の重要性を唱えていた田中不二麿にとって、中村正直は同じ教育理念を共有する強力な支持者であったといえる。

一方で、前節で述べたように、当時の幼児教育にはフレーベル主義の恩物を用いた幼稚園教育と伝統的錦絵を用いた家庭教育との二系統が想定されていたが、中村正直は前者の幼稚園教育だけでなく、後者の教育錦絵の制作にも関与していたのではないだろうか。

小川澄江は、田中不二麿が中村正直に東京女子師範学校摂理への就任を懇請した事由として、明六社定例会での「善良ナル母ヲ造ル説」といった演説における中村の女子教育観や、私塾同人社での女子教育実践などに共感を示していたこと、「人ノ教育ハ幼時ノ教育ニ在リ」[30]という言葉にもあるように中村が幼児教育の重要性を認識していたこと、などを挙げている[31]が、ほかに学士会院の設立においても田中不二麿と明六社の接点が見出せ[32]、当時の雑誌には中村の女子教育観をそのまま田中の行動に当てはめているものもみられる[33]ことから、両者は折に触れて幼児教育・女子教育を重視する教育思想を共有する機会を有していたと思われる。

《幼童家庭教育用絵画》ではその制作の布達にもあるように、教育の場として「家庭」が強く意識されていた。中村は「人ノ一生ハ幼児ノ教育ニ在ルヲ論ス」と題した演説のなかで「西人ノ諺ニ小児ハ大人ノ父ナリト、コレハ人ノ一生ハソノ幼時ニ大抵ソノ体格ヲ具ヘタルヲ言タルナリ、学校教育ハ既ニ第二義ニ落ツ故ニ学校教育ニ先ダツ所ノ父母家裡ノ教育ナカルベカラズ、就中母ノ最善ノ教養ナカルベカラザルナリ」[34]と述べているが、これは《幼童家庭教育用絵画》の制作を後押しする教育観を示すものといえる。《幼童家庭教育用絵画》に『西国立志篇』を典拠とする

〈西洋器械発明家図〉が含まれていることからも、中村が《幼童家庭教育用絵画》に何らかの形で関与していた可能性が推測される。

## (2)〈西洋器械発明家図〉における女性表現

〈西洋器械発明家図〉(図48—62)は中村紀久二の所蔵調査により現在一五種が確認されており[35]、各絵図には短い詞書(エピソード)とともに一人の偉人が紹介されている。取り上げられている人物は全員男性であるが、これらの錦絵には彼らを取り巻く人物として妻・叔母・恋人といった女性たちが描かれている。取り上げられている人物、『西国立志篇』における掲載個所、および女性の描写については図表2-2のとおりである。

各絵図は『西国立志篇』の記述のなかから一部を抜き出して絵画化したものであり、添えられている詞書(エピソード)は『西国立志篇』の記述と大部分が対応している。一五枚の絵図のうち七枚が女性に関連のある詞書(エピソード)であるが、これは『西国立志篇』全体の記述からみると非常に比重が大きく、明らかに女性に関係のある部分を意識的に選んでいるようにみえる。

以下に女性に関するエピソードが書かれている詞書をいくつか挙げてみる。

〈ワット〉(図48)

英国《いぎりす》の瓦徳《うあっと》は蒸気機器を造出さんとて土瓶の口より出る湯気の水に成たるを匕にて一滴つゝ計り居たりしを叔母其無益の事に時を費すを嘖りしか遂に機関を発明し数多の功をあらはせり

〈アークライト〉(図49)

**図表 2-2　〈西洋器械発明図〉で取り上げられた発明家および女性の描写**

| 取り上げられている人物 | 『西国立志篇』掲載個所 | 女性の描写 | 図版番号 |
|---|---|---|---|
| ワット（蒸気機関） | 第 2 編 - 8 | 叔母 | 図48 |
| アークライト（紡織機） | 第 2 編 - 10 | 妻 | 図49 |
| ピール（印花草機） | 第 2 編 - 11 | 女子（家族） | 図50 |
| ウィリアム・リー（綿器械） | 第 2 編 - 12 | 少女（恋愛対象） | 図51 |
| ヒースコート（綿帯織機） | 第 2 編 - 13 | 妻 | 図52 |
| ウェッジウッド（陶器） | 第 3 編 - 4 | | 図53 |
| レイノルズ（芸業） | 第 6 編 - 1 | | 図54 |
| ボーカソン（自鳴鐘） | 第 2 編 - 14 | | 図55 |
| ヘイルマン（綿花器械） | 第 2 編 - 15 | 女児（家族） | 図56 |
| パリシー（磁器） | 第 3 編 - 2 | 妻子 | 図57 |
| オードゥボン（禽鳥画） | 第 4 編 - 12 | | 図58 |
| カーライル（写本） | 第 4 編 - 13 | | 図59 |
| フランクリン（電気） | 第 5 編 - 9 | | 図60 |
| ベドガー（磁器） | 第 3 編 - 3 | | 図61 |
| ティッツィアーノ（人物画） | 第 6 編 - 4 | | 図62 |

英国《いきりす》の阿克来《あくらい》は紡棉機《もめんいとをよるしかけ》を造るに数年心を苦しめて家貧くなりたるを其妻其功なくして徒に財を費すを憤り雛形を打砕きければ阿克来《あくらい》怒りて婦を逐出しぬ其後機器成就して大に富しとぞ

〈ウィリアム・リー〉（図51）
英国《いぎりす》の維廉李《うゐるれむりい》は一の少女を愛恋《あいれん》して数《しばしば》ゝ其家に往きしに常に襪《たび》を織りて顧《かへりみ》ざりしかば李はこれを憤り如何にもして彼の工業を妨《さまた》げんとて三年の間工夫し竟《つい》に新機械を造り出して大利を得しとなり

〈ジョン・ヒースコート〉（図52）
英国《いきりす》の戎喜斯可土《しよんひいすこうと》は綿帯《れいす》とて婦人の飾に用る網の如き物を織る機器を造らんとして数度の試験に貧しくなり其妻憂ひ歎きしが一日シヨン欣然として一条の網の様なる物を持帰り婦にあたへ乃ち機器の成就せしなり

〈ヘイルマン〉（図56）
法国《ふらんす》の亥爾満《へいるまん》は棉花を治る機器を造らんと数年工夫を凝しゝが一夕《あるひ》女児の髪を梳るに指にて引伸し長短を分ちたるを見て忽ちに悟り遂に造り出せしとぞ

〈パリシー〉（図57）
法国《ふらんす》の巴律西《ばりつしい》は其国の磁器の粗なるを見て精品《よきしな》を作らんとて数度の経験に店架椅子《たないす》までも焚尽しければ妻子は発狂せしと嘆きしが遂に此火力により て薬料始て焼付其功を成したり

上記の詞書では、いずれも妻や叔母の「愚かな」怒りや嘆きにもめげず偉人が成功を手にするというエピソードがサクセス・ストーリーの典型として示されている。これらの大部分は『西国立志篇』の本文を部分的に抜粋・要約したものであるが、なかには内容を改変したもの、あるいは『西国立志篇』の本文全体からみると、各偉人の発明に最も関わりの深いエピソードとは思えない部分の引用などが見受けられる。以下、〈西洋器械発明家図〉における詞書と『西国立志篇』の本文とをいくつか比較したうえで、詞書選択の背景にある意図について考えてみたい。

### （3）〈西洋器械発明家図〉の詞書と『西国立志編』の叙述の比較

まずワット（瓦徳《うあっと》）を描いた絵図（図48）では、匙を使った蒸気の実験をしているワットのことを叔母は無益だと不満をこぼすが、それに屈することがなかったワットは発明を成就させ成功を収めた、といったエピソードが記されているが、『西国立志篇』の本文にそのようなストーリーは載っていない。ワットに関しては「蒸気機器ノ創造ノ事」「惹迷士瓦徳《ジェームスワット》ノ勤勉并ビニ心思フヲ用ヒテ習慣トナレル事」「瓦徳《ワット》蒸気機器ヲ作リシ事」「蒸気機器百般ノ用トナル事」といった複数の項を設けるなど、かなり詳しく叙述されているが、たとえば「惹迷士瓦徳《ジェームスワット》ノ勤勉并ビニ心思ヲ用ヒテ習慣トナレル事」の部分では以下のように記述されている。

瓦徳《ワット》ハ最モ勉強労苦セル人ト称スベシ　ソノ生平ノ行跡ヲ観ルトキハ絶大ノ事ヲ成シ、絶高ノ功ヲ収ムルモノハ、天資（ウマレツキ）大気力アリ大才思アル人ニハ非ズシテ絶大ノ勉強ヲ以テ極細ノ工夫ヲ下シ習慣経験ニヨリテ技巧ノ智識ヲ長ズル人ニアルコトヲ知ルベキナリ　コノ時ニ当リ瓦徳《ワット》ヨリ勝テ知見ノ広キ人ハ数多《アマタ》アリシカドモ勉強ヲ居恒《キョコウ》（フダン）ノ習ヒトシテ凡ソソノ知ルトコロモノヲ有用ノ実物練習ニ運転スルモノ瓦徳《ワット》ノ如キモノハ一人モナカリケリ　就中《ナカンズク》ソノ心志、尤モ恒久忍耐ニシテ、真証実験ヲ求ムルコトヲ以テ務メトシ、又常ニ勤テ心思ヲ用フルコトヲ習ヒ養ヘリ 義地活十《ヘッジワース》ノ説ニ「人々才智ノ斎《ヒトシ》カラザルハ、大抵ハ心思ヲ用フルコトヲ幼時ヨリ習ヒ養ナハザルニ関係スルコトナリ」ト云ルハ、確論ト為スベシ[36]

ここでは、ワットが成功を収めたのは彼の生まれつきの才能によるものではなく、「絶大ノ勉強」「極細ノ工夫」などの「習慣経験」を身に付けたからであると述べられ、「恒久忍耐」「真証実験ヲ求ムル」姿勢や「勤テ心思ヲ用フル」努力が大切であるとされている。これはまさに『西国立志篇』で中村正直が人々に伝えたかった徳性であり、続くヘッジワースの引用部分にある「幼時ヨリ習ヒ養ナハザルニ関係スルコト」というのは、《幼童家庭教育用絵画》の制作布達で強調された幼児教育の重要性と重なる。なぜ本絵図ではこうした部分を引用せずに叔母に関する架空のストーリーを記載したのだろうか。

続いてアークライト（阿克来）を描いた絵図（図49）をみてみると、紡棉機の開発のために家が貧しくなってしまったことに怒った妻が雛形を破壊してしまったが、そんな妻を追い出して開発を続けたアークライトはその後成就して多大な財産を手にしたと書かれている。『西国立志篇』の本文では、たしかに「銭財ヲモ使ヒ尽クシテ赤貧ニ至レリ ソノ妻ソノ夫ノ労シテ功ナク徒ニ財ト時トヲ費コトヲ見テ憶悩ニ堪ヘズ一日怒リニ乗ジ機器の様子《ヒナガタ》ヲ破砕シケレバ阿克来大ニ怒リ、ソノ婦ヲ逐ヒタリケリ[37]」という部分があるので本文に基づいた詞書であるといえるが、同文中に「紡棉機ヲ造リシトキ、人民騒乱シテ、ソノ器ヲ毀チケリ[38]」とあるように、発明に理解を示さなかったのは妻だけではなかったし、「阿克来天性勇毅ニシテ世務ニ応ズルノ才アリ ソノ処々ニ工場ヲ建テシ時ニ当リ或ハ暁四時ヨリ夜九時ニ至ルマデ勉労シテ休マザリケリ[39]」といった部分のほうが、勤勉などの徳目を説くのには適切であろう。

また、ウィリアム・リー（維廉李《うゐるれむりい》）を描いた絵図（図51）では、恋した少女が振り向いてくれないことに憤慨したことをきっかけに発明に打ち込んだウィリアムが、三年後に新器械を発明して「大利を得し」とあるが、『西国立志篇』の本文では、新器械を発明したウィリアムはロンドンで女王に機器を売り込むも「一語ノ奨賞」もなく、フランスでは異国人であるために「絶ヘテ顧ミル人モナク、極貧ニ迫リ、愁苦ヲ積ミ、幾何モナク没セリ」[40]とあるように、不幸な最期を遂げたとされている。

このように、〈西洋器械発明家図〉における詞書には『西国立志編』にはない部分や記述を歪曲して表現する部分がみられるのである。

## （4）〈西洋器械発明家図〉と中村正直の教育思想に共通する女性観

これらのエピソードの選択・改変は、この絵図が未就学児を対象とした家庭用教材でありつつ、同時に家庭における女性がその教育対象として想定されていたためになされたのではないだろうか。すなわち、これらの絵図を手にする婦人は幼児に教え聞かせる「教育者」であると同時に、自身が良き母・妻としてのあり方を説かれる「被教育者」でもあるのである。

こうした女性に対する重層的認識は中村正直の女性教育観のなかにも見出せる。小川澄江は、中村正直が唱えていた「女性教育の人間教育的視点」を以下の三点にまとめている[41]。

⑴優れて幼児教育を担う善母
⑵夫を内助して国家の発展ないし福祉をもたらす良妻
⑶近代国家を担う国民としての女子自身の資質の向上

**図表2-3　〈西洋器械発明家図〉と中村正直の女性の捉え方の構図**

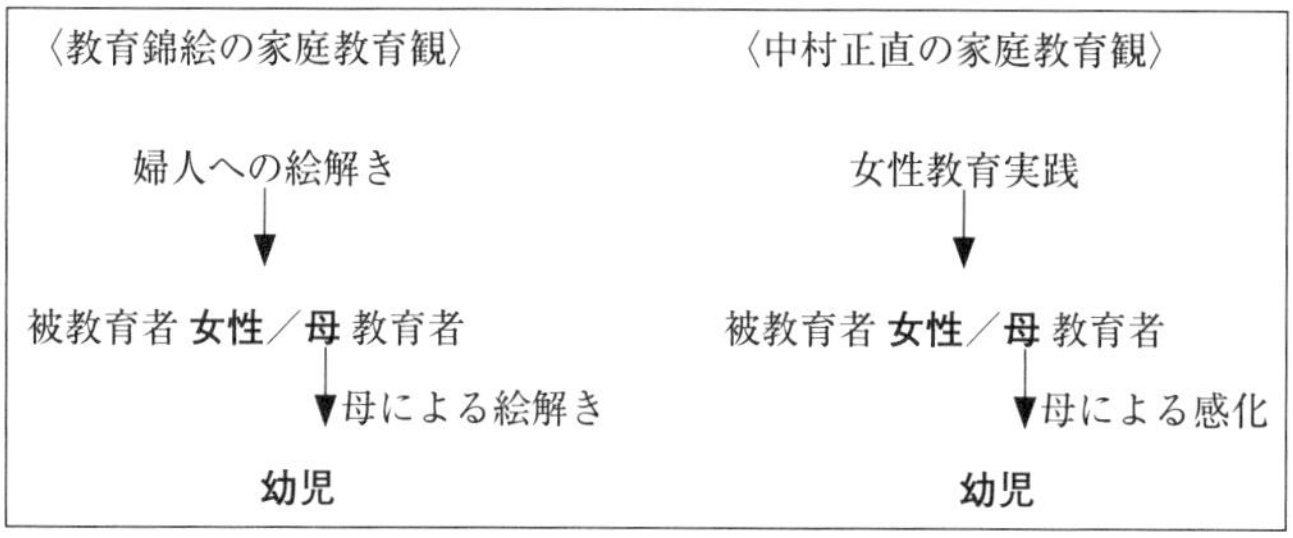


これを〈西洋器械発明家図〉の対象となる女性に当てはめると、⑴は幼児に絵解きをする善母としての女性、⑵は絵図から学んで夫を助ける良妻としての女性、⑶は⑴と⑵を実践するために自ら学ぶ学習者としての女性[42]、といえるのではないだろうか。

ここで注目すべきは、子どもと婦人を同時に絵解きの対象とする〈西洋器械発明家図〉の描写は、幼児教育と女性教育を一体のものとして捉えていた中村正直の家庭教育思想と同一の構図をとっていることである。すなわち、幼児に対する道徳教育と、それを支える母としての女性に対する女性教育という、二重構造として家庭教育を捉えている点、あるいは、教育者・被教育者という二重の立場で家庭における女性を捉える視点において、〈西洋器械発明家図〉に現れた教育観と中村正直の教育観は同一の構造を成していると考えられるのである（図表2－3参照）。

〈西洋器械発明家図〉には子どもを教育する母親の姿は直接描かれてはいないが、錦絵の制作自体が幼児教育者としての母を想定していたことを示しており、さらにそこに女性の慎むべき姿を描き込むことで、同時に女性自身への教育をも達成しようとしていたのだといえよう。

〈西洋器械発明家図〉の制作に直接誰が関わったのかについての資料がない以上、中村が『西国立志篇』のどの部分をどう絵画化するかを直接指示したと断定することはできない。しかし一方で、中村は東京女子師範学校で自助論に関する講話を週一回開いており、『西国立志篇』を教材にした女性教育を実践している。当時中村の講話を受けた山川菊栄は、女子師範学校での講話について、「そのころは修身とか倫理とかいう課目はなく、一週一回中村先生の講話というのがそれに当り、先生が話すだけでなく、話がすむとすぐ筆をとって、その内容を文章に書かせましたが、講話の材料はおもにスマイルズの『自助論』によりました」[43]と回想している。

ここから、中村のなかで『西国立志篇』と婦人教育が強く関係づけられていたことは明らかである。日本の近代国家を支える自主自立の人民の形成を目指し、そうした人民の形成のために大きな役割を果たすものとして、幼児教育およびその幼児教育を担う女子教育を捉えていた中村にとって、《幼童家庭教育用絵画》は東京女子師範学校摂理就任と合わせて、中村自身の幼児教育・女子教育の奨励・普及を実践する絶好の機会であったに違いない[44]。前述した田中不二麿との親交関係に鑑みるならば、中村が《幼童家庭教育用絵画》の制作に関わった可能性は十分ありうる。だとすれば、本絵図における独特の女性の扱われ方は、自らが翻訳した『西国立志篇』に中村独自の女子教育観を加味したものが反映されたものであると捉えることができるのではないだろうか[45]。

教育錦絵と中村正直の関連は、彼の幼児教育思想からも窺うことができる。中村は、「ドウアイ氏幼稚園論ノ概旨」や「フレーベル氏幼稚園論の概旨」など欧米の幼稚園教育理論の訳稿を新聞に掲載するなどして、幼児教育に積極的な姿勢を示していたが、たとえば「ドウアイ氏幼稚園論ノ概旨」で幼稚園の意義、保育の方法について中村は以下のように述べている。

幼稚園ノ主意ハ、幼稚ヲシテ感覚ノ力ヲ得セシメ、他日入校ノ時、学問ヲ歓諭ト同時ニ合一ナラシメ、又心思ヲ養ヒ長ズルコト、恰モ滋味ノ身体ヲ長養スルガ如クナラシム、又同時ニ修身教養ヲ施スコトヲ得ベシ[46]

幼稚園教育の主旨は、幼児に「感覚ノ力」を身に付けさせ、「他日入校ノ時」に「学問」と合わせて「心思」を養い、結果「修身教養」を教授することであるという。小学校入学の準備段階で「修身教養」を身に付けるための習慣形成として幼稚園を位置づけている。中村は「習慣ハ第二ノ天性[47]」とあるように、幼児期における習慣形成の問題を人間形成上きわめて重要な教育問題として捉えていたが、ここで述べられている習慣形成としての幼児教育の重要性と、前述した家庭における幼児教育の必要性は、《幼童家庭教育用絵画》に関する文部省布達での「幼孩ヲ育スルモノ敢テ此諸品ヲ軽視セス務メテ之カ意ヲ用ヰ平常坐臥ノ間漸々《ヤヤ》誘導シテ怠ラサルトキハ遂ニ其子ノ慣《カン》習トナリ一ハ以テ訓戒ニ充ツルニ足リ一ハ以テ智慧ヲ発スルニ足リ其徳性才質自ラ善良ニ帰着シ他日学ニ就クニ至リ更ニ成業ヲ速ニセン」の部分にみる教育観と重なる。中村の幼児教育・家庭教育観と教育錦絵制作の主旨に多くの共通点を見出せることも、教育錦絵制作への中村の関与を示す証左といえるだろう。

[1] 田中不二麿に関する詳細は、西尾豊作『子爵田中不二麿伝』（伝記叢書一九、大空社、一九八七年）を参照のこと。
[2] 土屋忠雄『明治前期教育政策史の研究』（講談社、一九六二年）一六五頁。
[3] 田中不二麿「教育瑣談」（大隈重信撰、副島八十六編『開国五十年史　上巻』開国五十年史発行所、一九〇七年）七三三—七三四頁。
[4] 倉橋惣三・新庄よしこ『日本幼稚園史』（東洋書店、一九三四年）三一頁所収。
[5] 田中不二麿「教育瑣談」（前掲）七三三頁。
[6] 田中不二麿の子息である田中阿歌麿は、父に関する回顧録のなかで「モルレー家と私の家との間に於いては極めて親密な交際がされていた」と述べ、両家の家族ぐるみの交際について記述している。田中阿歌麿「田中不二麿と明治初年の文教行政」（『文部時報』第七三〇号、文部省創置七十周年記念特輯）一〇五—一一一。

［7］「ダウキット・モルレー申報」明治六年（明治文化研究会編『明治文化全集（教育編）』第一八巻、日本評論社、一九二八年、一二九頁所収）。

［8］土屋忠雄（前掲）一八五頁。

［9］倉橋惣三・新庄よしこ（前掲）六頁。

［10］小川澄江「東京女子師範学校附属幼稚園の創設と中村正直の幼児教育観——東京女子師範学校附属幼稚園創設以前の幼児教育を中心に」（『国学院大学栃木短期大学紀要』第三四号、一九九九年）二九頁。

［11］同右、三一頁。ただし、小川澄江の指摘には時系列上の疑問も残る。田中不二麿が欧米を巡視したのは一八七一（明治四）年一一月—七三（同六）年三月で、「学制」発布当時、田中は日本には不在であった。一方、文部省布達第一二五号は田中が帰国してからわずか半年後の一〇月六日に出され、田中はこの布達を自身の名で諸府県に同日付で送付している。このことから、「家庭教育用絵画」制作の布達は「幼稚小学」よりも田中の西欧巡視のほうが直接の契機であったといえよう。

［12］同右、三三頁。

［13］小川澄江「東京女子師範学校附属幼稚園の創設と中村正直の幼児教育観——東京女子師範学校附属幼稚園創設以前の幼児教育を中心に」（前掲）四〇頁。

［14］古木弘造『幼児保育史』（厳松堂書店、一九四九年）七六頁。

［15］長田三男『子守学校の実証的研究』（早稲田大学出版部、一九九五年）二七—二八頁。

［16］倉橋惣三・新庄よしこ（前掲）五二頁。

［17］荘司雅子『改訂　幼児教育学』（柳原書店、一九六四年）二四頁。

［18］附属幼稚園設立のための理論的、実際的な推進者であった東京女子師範学校摂理中村正直は、附属幼稚園の設立に当たって、フレーベルの保育理論に詳しい松野クララを同園に迎え、主任保姆には「フレーベル氏ノ幼稚園ノ事ヲ了解スル婦女ヲ得ルコト最モ肝要ナリ」と述べている。中村正直訳稿「ドウアイ氏幼稚園論ノ概旨」（「日々新聞雑報」明治九年一一月一八日、

倉橋惣三・新庄よしこ（前掲）四三頁所収）。

[19]　関信三纂輯『幼稚園法二十遊戯』明治一二年（明治文化研究会編『明治文化全集（教育編）』（前掲）五四九頁所収）。

[20]　立版古については、山本駿次朗『立版古――日本の切りぬく遊び』（誠文堂新光社、一九七六年）およびＩＮＡＸギャラリー企画委員会『立版古――江戸・浪花透視立体紙景色』（ＩＮＡＸ、一九九三年）などを参照。

[21]　秋山和夫「幼児中心保育論の成立」（井上久雄編『明治維新教育史』吉川弘文館、一九八四年）一五〇―一五一頁。

[22]　子守学校では幼児の世話で学校に行けない子どもたちに教育を受けさせることに主眼が置かれていたため、幼児はもっぱら子守学校附属の託児所に預けられる対象であり、とくに幼児用教材は想定されていなかった。

[23]　「所収教科書解題」（海後宗臣・仲新編『日本教科書大系　近代編　第一巻　修身（一）』講談社、一九六一年）五九六頁。

[24]　同右。

[25]　『明六雑誌』第三〇号（一八七五（明治八）年二月）。

[26]　『明六雑誌』第三三号（一八七五（明治八）年三月）。

[27]　中村正直「善良ナル母ヲ造ル説」（『明六雑誌』第三三号（前掲））一丁。

[28]　同右、一丁。

[29]　同右、二丁。

[30]　中村正直「人ノ教育ハ幼時ノ教育ニ在リ」（木平譲編輯『敬宇中村先生演説集』松井忠兵衛発行、一八八八年、七二頁所収）。

[31]　小川澄江はさらに、田中不二麿は明六社の発足当初の会員ではないが、「人民ノ性質ヲ改造スル説」や「善良ナル母ヲ造ル説」の演説が行われたときの明六社定例会に社員（格外員）として出席していることから、明六社が田中と中村正直を直接結ぶ場になったのではないかと推察している。小川澄江「東京女子師範学校附属幼稚園の創設と中村正直の幼児教育観（Ⅱ）――田中不二麿の東京女子師範学校附属幼稚園開設の建議から中村正直の東京女子師範学校附属幼稚園の創設へ」（『国学院大

学栃木短期大学紀要』第三五号、二〇〇〇年）五三—五八頁。
[32]　中村正直ら明六社メンバー七名は、D・マレーの勧めに従い、学士会院の設立に際し規則法案および選挙大意を作成し、それに対し田中不二麿が彼らを選挙しており、当時の文部官僚と明六社の一体型文教行政を窺うことができる。竹林熊彦「田中不二麻呂氏の帖描」（『教育』岩波書店、第五巻第三号、一九四三年）一〇七—一〇八頁。
[33]　竹林熊彦は、一八七六（明治九）年に田中不二麿がアメリカの博覧会視察に自分の夫人を同行させたことに対し、当時の週刊雑誌『近時評論』が「人或ハ人智ヲ開進セシムルハ、幼稚ノ時之ヲ教訓セサルヘカス、幼稚ノ教訓ハ母行ノ善悪如何ニ係ハルモノナレハ、女子ノ教育ハ最モ急ナルモノナリ」と中村正直の幼児教育・女性教育論を引き継いだうえで、田中の行動を「手ヲ拍テ之ヲ賞賛セサルヲ得サルナリ」と褒め称えていることを示し、田中の女子教育振興の功績について言及している。同右、一〇八頁。
[34]　中村正直「人ノ一生ハ幼児ノ教育ニ在ルヲ論ス」（『大日本教育会雑誌』大日本教育会事務所、第一四号、一八八四（明治一七）年一二月三一日）。
[35]　中村紀久二（前掲）『教科書の社会史』六頁。
[36]　斯邁爾斯著、中村敬太郎訳『西国立志編　原名自助論　第二冊』（雁金屋清吉、一八七一年）五—六丁。
[37]　同右、九丁。
[38]　同右、九—一〇丁。
[39]　同右、一〇丁。
[40]　同右、一三丁。
[41]　小川澄江『中村正直の教育思想』（私学研修福祉会平成一五年度研修成果、二〇〇五年）三三三頁。
[42]　中村正直に師事していた山川菊栄によれば、「覚えているかぎりでは『良妻賢母』という熟語は中村先生がはじめてつくられたもの」であるが、「この時代に女子の文盲に反対して教育、特に高等教育を与える意味の良妻賢母を主張したことは、

明治中期以後の、女子の高等教育に反対する意味の良妻賢母主義ではなく、そこに封建主義の文盲主義を打破しようとする積極的な意味がふくまれていることを見なければなりますまい」と述べている。山川菊栄「おんな二代の記」（『山川菊栄集9』岩波書店、一九八二年）三二頁。ここからは、よき母よき妻としての女性観だけではなく、自ら学び判断する女性観が表れているといえる。

［43］　山川菊栄（前掲）二九―三〇頁。

［44］　当時、女子教育については中村正直だけでなく福沢諭吉、森有礼などの啓蒙知識人らも同様に論じているが、彼らの女子教育論は必ずしも実践の裏づけを有していなかったのに対して、中村の場合は東京女子師範学校や幼稚園の開設などの実践を通じて、自ら女子教育を推進していた点に教育史的意味があるとされる。その意味では、〈西洋器械発明家図〉の配布は教育絵を通じた女子教育の実践といえるだろうし、中村にとっては直接の翻訳である『西国立志篇』よりも選択や改変が可能な本絵図は、より自身の教育観を反映した実践が可能であったといえるだろう。

［45］　こうした教育理念を包含した『西国立志篇』の絵画化は、当時「自助・自立」を説くものとしてベストセラーとなった同書が、どのように人々に普及・浸透したのか（あるいはさせられようとしていたのか）を知るうえでも重要である。鈴木眞理は、「『西国立志編』を、社会教育上の基本文献と位置づける際には、それが人々にどう読まれたかを検討することが最重要であろう」としたうえで、「口伝てに文字の読めない層にまで浸透していったともいわれる」『西国立志篇』が、「いわゆる立身出世のハウ・ツー物として受け容れられた背景には、原文の正確な理解の困難さや、それに起因する口伝えなどによるダイジェストの際の主旨の非明瞭化あるいは転換なども、ひとつの要因として存在したのではないか」と述べているが、〈西洋器械発明家図〉はそうした文字の読めない層も視野に入れた絵解き教材として捉えられることから、そこに込められた教育理念を読み解くことは『西国立志篇』の受容の実態を明らかにするうえでも意義のある作業であるといえるだろう。鈴木眞理「自発性と自助――『西国立志編』を読む」（鈴木眞理『ボランティア活動と集団　生涯学習・社会教育論的探求』学文社、二〇〇四年）二八二―二八三頁。ただし初出は、鈴木眞理「スマイルズ著・中村正直訳『西国立志編』」（碓井正久編『人間の教育を考

える・社会教育』講談社、一九八一年)。

[46] 中村正直訳稿「ドゥアイ氏幼稚園論ノ概旨」(『日々新聞雑報』明治九年一一月一八日、倉橋惣三・新庄よしこ(前掲)四五頁所収)。

[47] 『西国立志篇』の一三編目次には「習慣ハ第二ノ天性」「習慣ハ始ヲ慎シムベシ」「人ハ幼年ヨリ善キ習慣ニ長ゼシムベキ事」の項がある(斯邁爾斯著、中村敬太郎訳『西国立志編　原名自助論　第一冊』雁金屋清吉、一八七一年、一四丁)。

# 第三章　視覚教育メディアからみる学校と社会
## ――教育錦絵・学校用修身教材・教育幻燈の比較分析

本章では、明治政府による視覚教育メディアの利用状況を学校内外から総体的に把握する目的から、明治五―一〇年代から明治後期にかけての学校教材と文部省発行教育錦絵の比較分析を行う。ここまで述べてきたように、教育錦絵は小学校就学前の児童を対象にしたもので、将来小学校に進学した際、子どもたちがそこでの教育にスムーズに対応できるようにするという目的があった。したがって学校教科書と教育錦絵には、学校と学校外という教育の現場がどのように連動するものとして捉えられていたのかが表れていると考えられる。

全ての科目の教科書を分析することはできないため、明治後期の通俗教育への繋がりが推測されるという理由から、本章では道徳教育に関する絵図に焦点を絞り、学校用修身教材と〈教訓道徳図〉の比較を通して教育錦絵の位置づけを再確認するとともに、徳育政策における教育方法、教育現場の捉えられ方について考察する。

まず、明治前期に学校内外で用いられていた道徳教材について概観し、道徳教育政策としてどのようなメディアが選択されていたのか、そこでは挿絵や絵画がどのように扱われていたのかを確認する。続いて、具体的に道徳教材に描かれた内容の図像分析を通じて、学校・家庭・社会でどのような教育的価値が誰を対象として伝達されようとしていたのかを明らかにするとともに、「おとな」「こども」「教師」「生徒」といった教育をめぐる関係性について考察する。最後に、このような掛図、教育錦絵、教育幻燈といったメディアが、利用方法、内容などをめぐってどのように変化していったのかを追うなかで、教育する側がメディアの選択に込めた意図を明らかにしていきたい。

なお、具体的考察に入る前に、本章で行う図像分析という研究手法について確認しておく。掛図、教育錦絵、教育幻燈といった図像資料を分析するに当たっては、描かれた「内容（ソフト）」に注目してそこに何が描かれているのか、それが何を意味しているのかを読み解く方法と、図像が描かれた素材（紙、ガラス板など）や複製性（肉筆、木版、活版など）といった「物質性（ハード）」に注目して、それがどのように扱われたのか、制作・流通・受容などの過程においてどのような特質をもつのかを明らかにする方法、など多様なアプローチが考えられるが、とくに「内容（ソフト）」を読み解く方法に関しては多少の注意が必要であろう。

描かれた図像を読み解く方法としては、西洋美術史などで用いられるイコノグラフィー（図像学）の手法[1]のほか、日本史学や教育史学においても方法論が模索されている。たとえば、日本史学の分野では、絵巻などの絵画資料から日本史を記述する「絵画コード論」という方法論が黒田日出男らを中心に蓄積されている[2]。黒田は絵画資料に表された記号表現やイディオムを、モチーフの丹念な分析作業によって読み解き、時代と社会の変貌を示す諸情報を抽出していくことが歴史学において重要であることを主張している。また、教育学の分野では、たとえば石附実が「教育の比較文化史的究明」の目的から「教育図像学」の必要性を提唱し、佐藤秀夫は「学校文化」という文脈から絵画・教具・学校風俗などに注目したアプローチを試みている[3]。このような方法論は、隣接領域では近年は歴史社会学でその必要性が指摘されている。佐藤健二は、歴史社会学の領域で「図像というもうひとつの言語」は「言語という媒体の性質との関係において、さらに深く問われなければならない」として挿絵史や図像史の探究の必要性を説いている[4]。

他領域における図像分析法の教育史研究への援用、および教育学における形態・図像資料の分析方法は未だ確立しておらず、ここで明確な方法論を提示することはできない。本章では上記の先行研究を参照しつつ、「描かれた図像には当時の社会的規範、その他の政治的・文化的諸概念が表象されている」という認識のもと、そうした諸情報を、登場人物、人物のしぐさ、場、アングルなど、描かれた図像から捉えてゆくという方法的立場に立つものとする。

## 1　道徳教育における絵解き教材利用の変化

### (1)「学制」発布期の道徳教材——翻訳教科書時代（明治五—一〇年）

はじめに、「学制」発布直後の学校用道徳教材について概観しておく。一八七二（明治五）年に「学制」が発布された際に、教育の基本方針を宣言した太政官布告においては、実学の教授による立国が目指され、高尚な空論や古典注釈などの学問は実生活には役に立たないとして批判された。その結果、それまで学問の首座を占めていた漢学は旧時代の学問として排撃され、この潮流のなかで、『孝経』『小学』『四書五経』といった儒学の教材を用いて教授されていた道徳教育も、その教授方針を根本から改変することが迫られることとなった。

「学制」では、第二十七章で道徳教授として「修身 解意」を小学校の教科目として規定し、文部省は「小学教則」において教授方法として修身口授を施すよう指示した[5]。この修身口授において教師が使用する教科書は、その多くが当時輸入・翻訳されていた西欧倫理書であった。たとえば第一学年では青木輔清著『小学教諭 民家童蒙解』（明治七年刊）、福沢諭吉訳『童蒙教草』（明治五年刊）、第二学年前期は箕作麟祥訳『泰西 勧善訓蒙』（明治四年刊）、阿部泰蔵訳『修身論』（明治七年刊）、神田孝平訳『性法略』（明治四年刊）などが推薦教科書として掲げられていた。これらはいずれも一八七一（明治四）―七四（同七）年に刊行された、当時最新の西欧倫理書であった。『小学教諭 民家童蒙解』は東西の教訓書のなかから選択掲載されたもので、修身の初歩教材として編まれたものであるが、他の著作に関しては、『童蒙教草』がイギリス人チェンバース著『モラル・クラスブック』の訳、『泰西 勧善訓蒙』がフランスのボンヌの教訓書とアメリカのモラルブックの訳の合本、『修身論』がアメリカで道徳教科書として使用されていたウェーランドの『エレメンツ・オブ・モラルサイエンス』の訳、『性法略』がオランダの法学原論講義の記録、といったように、どれも高水準の各国の倫理書であり、小学校の幼童のために著されたものではない。

これら高度な内容の翻訳書が指示された理由は、「西欧の道徳を教える計画をたてたものの、欧米などに小学校用の教科書がなかったので、やむをえず倫理学書を訳して使用させることになったため」であり、当時は「こうした西欧翻訳書を消化して児童に話すことのできる教師も少なかった」という。[6] そのため、文部省は翌一八七三（明治六）年四月に『和語陰隲録』『勧孝迩言』『修身談』といった東洋古典の道徳書や江戸時代の教訓書などを修身教科書として追加して指示している。[7]

ここで注目されるのは、「学制」発布当初、①学校で用いる児童用修身教材というものが固有のものとして存在していなかったこと、②西欧の倫理書と東洋古典の教訓書が混在しているように、修身で教えるべき内容が統一されていなかったこと、③「小学教則」の修身口授の項に「民家童蒙解童蒙教草等ヲ以テ教師ノ口カラ縷々之ヲ説諭ス」とあるように、教授方法は教師による説諭（口授）であり、視覚教材による道徳教育は想定されていなかったこと、である。

一方、ほぼ同時期に学校外教材として制作されたのが文部省発行教育錦絵である。なかでも道徳教育に関するものとしては《幼童家庭教育用絵画》における〈教訓道徳図〉（図37―47）が挙げられる。では、学校で用いられた修身教材と学校外で用いられた《幼童家庭教育用絵画》とは、道徳教育に関する政策上、どのような関係にあったのだろうか。上記の①―③の特徴（①道徳教材としての非固有性、②東西の内容の混合、③視覚教材としての特質）に照らして《幼童家庭教育用絵画》を概観してみよう。

まず①に関しては、《幼童家庭教育用絵画》全体はとくに道徳教材として出されたものではないことから、一連の絵図全体を道徳教育固有の教材とみることはできないが、〈教訓道徳図〉に分類されている一〇枚の絵図は明らかに子どもを対象とした徳育を志向しており、その点で〈教訓道徳図〉は固有の道徳教材ということができるだろう。

②に関しては、〈教訓道徳図〉に記載されている表題は勧善懲悪を示すものがほとんどで、内容的には江戸時代から引き継いだ儒教的道徳観を呈していることから、東洋古典の教訓書に則するものといえる。一方で、《幼童家庭教育用絵画》のうち西洋の偉人の伝記を描いた〈西洋器械発明家図〉（図48―62）はイギリスの啓蒙書 *Self Help* を典拠としているが、*Self Help* の日本語訳『西国立志篇』が勤勉や忍耐を説く道徳教材として学校で用いられていたことから、さらに『西国立志篇』が小学校の読物の時間の道徳教材として掲げられていることから、〈西洋器械発明家図〉は西欧の倫理書に対応した道徳図ともいえよう。

東洋古典が道徳教材の教科書として追加指示されたのは一八七三（明治六）年四月、《幼童家庭教育用絵画》の制作に関する布達は同年一〇月であり、この東洋古典の追加指示が《幼童家庭教育用絵画》において、西洋倫理書（『西国立志篇』）に基づく〈西洋器械発明家図〉と、近世から続く勧善懲悪的な道徳図である〈教訓道徳図〉の両者を含ませることに影響を与えた可能性は大いにありうる。だとすれば、道徳的部分に関する《幼童家庭教育用絵画》の内容構成は、小学校の初期道徳教育にみられる、西洋と東洋の道徳教材の混合・併用と軌を一にするものといえよう。

③に関しては、小学校での道徳教育と《幼童家庭教育用絵画》との決定的に異なる点として注目される。師範学校制定小学校教則には口授の科目として、具体的には修身談と養生談とを合わせて週一―二回くらい授業する方針を指示したものが多く、各府県教則においても修身はまだ独立の科目とはならずに、口授・読物という総合した科目による学科計画のなかに含まれていた[8]。つまり、この時期にはまだ道徳を教える視覚的な教材は学校には存在しなかったのである。明治三〇年代になると小学校でも修身用の掛図が制作されるようになり、国家主義的イデオロギー教化の手段として盛んに利用されるようになっていくのだが、このことについては後述する。まずここでは、《幼童家庭教育用絵画》の〈教訓道徳図〉と〈西洋器械発明家図〉が学校教育よりも先行して文部省によって制作された道徳的な視覚教材であったことを確認しておきたい。

なお、当時の口授の授業では「小学生徒心得」を修身談の教材としている府県が多かったというが[9]、この内容は〈教訓道徳図〉や〈西洋器械発明家図〉とは趣を異にするものであったこともここで指摘しておきたい。「小学生徒心得」とは生徒の心得を一七条に分けて記したもので、文部省が口授の標準教科書として師範学校から出版した教科書である。その内容は、たとえば第一条に「毎朝早ク起キ顔ト手ヲ洗ヒ口ヲ漱ギ髪ヲ掻キ父母ニ礼ヲ述ヘ朝食終レハ学校ニ出ル用意ヲ為シ先ツ筆紙書物ヲ取揃ヘ置キテ取落シナキ様致ス可シ――但シ出ル時ト帰リタル時ニハ必ス父母ヘ挨拶ヲ為ス可シ」[10]とあるように登校前の心得に始まり、登校時刻を守ること、教師へ敬意を払うこと、席にきちんと座ること、質問するときの仕方、帰りに寄り道しないことなど、学校生活を中心とする日々の行儀作法や礼儀を説いたものとなっている。

これらの内容は、小学校という新しい制度におけるルールを子どもたちに理解させるためのものであり、親や教師を敬うといった孝行的な側面もみられるものの、〈教訓道徳図〉にみるような勧善懲悪的な道徳観や、〈西洋器械発明家図〉にあるような勤勉、忍耐が将来の成功に繋がるといった人生観はあまりみられない。初期の小学校では修身という科目はそれほど重要な位置を占めていなかったといわれるが[11]、たしかに「小学生徒心得」からは、注入すべき国家的イデオロギーや徳目といったものはそれほど強く感じられず、学校生活への適応が主要な達成課題とされていたように見受けられる。

このように、「学制」発布直後の学校における道徳教育教材と教育錦絵を比較してみると、教材の選定などに関しては、西欧翻訳書と東洋的教訓書の混合・併用といった相似関係がみられる一方で、教授方法や内容に関しては、文部省は視覚に訴える教材として学校に先駆けて学校外教材である道徳的絵図を制作していたこと、学校教育の修身科目では実際には学校生活への適応が重視され、〈教訓道徳図〉にあるような勧善懲悪といった徳目は前面に出されていないなどの差異がみられる。

### (2) 元田永孚の絵解き道徳教材への注目——儒教主義教科書時代（明治一〇年代）

学校における道徳教材と教育錦絵は、その後の教育勅語成立過程で内容・形態の点でどのように変化していったのだろうか。

一八七九（明治一二）年になると、明治天皇の侍講である元田永孚《ながざね》などから、「学制」下における文明開化を賞賛する洋化主義の教育政策に批判が起こり、また一方では自由民権運動が激化していった。これらに対応するため、明治政府は中央集権的干渉主義・復古主義の教育政策に転じ、教科書制度の統制を試みるようになり、教科書の内容も徳育（修身）が重視されるようになっていく。

こうした教育方針の転換の直接のきっかけは一八七六（明治九）—七八（同一一）年の天皇の地方巡幸である。天皇は各地の授業を天覧するなかで、西欧化教育が進められている実情に対して側近の人々に知識才芸の習得に偏った教育は改められなければならないと語り、道徳に基づく国民教育への転換を指示した。この「聖旨」を受けて侍講元田永孚が天皇に奉ったのが「教学聖旨」である。この文書は教育における道徳の優位を示すものであり、その後一八九〇（明治二三）年に下賜された教育勅語の出発点とみなされている文書である。

「教学聖旨」は、教学の基本方針を宣言した「教学大旨」の部分と、小学校における道徳教授について指示した「小学条目二件」の部分から成っている。「教学大旨」の初めには、

教学ノ要、仁義忠孝ヲ明カニシテ、智識才芸ヲ究メ以テ人道ヲ尽スハ、我祖訓国典ノ大旨、上下一般ノ教トスル所ナリ

とあり、「智識才芸」よりもまず「仁義忠孝」を教育の基本とする天皇の意向が反映されている。また、

祖宗ノ訓典ニ基ツキ、専ラ仁義忠孝ヲ明カニシ、道徳ノ学ハ孔子ヲ主トシテ、人々誠実品行ヲ尚ヒ、然ル上各科ノ学ハ其才器ニ随ヒテ益々長進シ、道徳才芸、本末全備シテ大中至正ノ教学天下ニ布満セシメハ、我邦独立ノ精神ニ於テ、宇内ニ耻ルコト無カル可シ

とあるように、道徳教育が他の科目の基本として位置づけられ、その内容は孔子を中心とする儒教による仁義忠孝によるものという方向性が明確に示されることとなった。

こうした基本方針に基づき、「小学条目 二項」では小学校の道徳教授についての指針を定めている。

仁義忠孝ノ心ハ人皆之有リ、然トモ其幼少ノ始ニ、其脳髄ニ感覚セシメテ培養スルニ非レハ、他ノ物事已ニ耳ニ入リ、先入主トナル時ハ、後奈何トモ為ス可カラス

ここでは、仁義忠孝といった道徳観は幼少のときに培われなければならないとして、道徳の早期教育を強調している。このなかで、教育方法について「脳髄ニ感覚セシメテ培養スル」という記述が含まれているが、児童への道徳観の浸透に関して、「小学条目 二項」では絵図を用いた教育方法を提唱している点が注目される。絵図による道徳教育について、元田は同二項のなかで次のように記している。

当世小学校ニテ絵図ノ設ケアルニ準シ、古今ノ忠臣義士孝士節婦ノ画像写真ヲ掲ケ、幼年生入校ノ始ニ先ツ此画像ヲ示シ、其行事ノ概略ヲ説諭シ、忠孝ノ大義ヲ第一ニ脳髄に感覚セシメンコトヲ要ス[12]

これは、他の学校用掛図と同様に、古今の忠君・義士・孝士・節婦といった人物の画像や写真を用いて小学校の初期段階で徳育教育をせよというものである。この提案からは当時の掛図の普及とその教育効果への期待が窺われる。この提案による修身掛図は当時すぐには実現しなかったが、学校教育における絵図による徳育教育への注目として捉えることができるだろう。と同時に、このことを前項での考察と合わせて考えるならば、学校教育に先駆けて制作された〈教訓道徳図〉は、まさに元田の提唱している視覚的な道徳教材を「教学聖旨」以前に実現させたものだといえる。

この「教学聖旨」は開国開明路線を進めてきた人々に強い動揺を与えた。時の内務卿である伊藤博文は、「教学聖

旨」を批判するものとして「教育議」を上奏し、維新以来の教育方針は改めるべきではないとして反対の意を示した。元田は天皇の内旨を受けて「教育議附議」においてさらにこれを批判し、「教学聖旨」の精神が誤っていないことを上申した。「教学聖旨」をめぐった、開明主義の伊藤と、儒教による伝統主義の元田とのこうした対立は、明治一〇年代後半に福沢諭吉、森有礼、加藤弘之、西村茂樹らも巻き込んだ徳育論争に発展していくこととなるが、この過程についてはここでは詳しく触れない[13]。

重要なのは、「教学聖旨」で示された道徳教育観が結果的に尊王愛国を基調とする教育勅語へと結実していったこと、またその過程で学校の修身教材が内容・形態の点で変化していったことである。「教学聖旨」を受けて、当時の文部卿であった寺島宗則は、一八七九（明治一二）年の小学校令で修身を独立科目として掲げ、翌一八八〇（同一三）年の教育令改正では修身を小学校教科目の首位に位置づけた。同時に、自由民権運動を警戒し、それまで刊行されてきた修身書のうち政治・政体について論じたもの、欧米の倫理書などを禁じ、新たに天皇・皇族に対する礼儀作法を含めた教科書を刊行して道徳教材の基準を示した。これは、それまでの学校制度に適応させる目的から、より尊王愛国の精神を強調するものとして、修身を捉えるように方針が転換されたものといえよう。

また宮内省では元田永孚が中心となり、文部省とは独立して幼童のための道徳書『幼学綱要』を一八八二（明治一五）年に編集・刊行している。この書は二〇の徳目（孝行・忠節・和順・友愛・信義・勧学・立志・誠実・仁慈・礼譲・倹素・忍耐・貞操・廉潔・敏智・剛勇・公平・度量・識断・勉職）によって編成され、各徳目の概要のあとに孝経・礼記・論語などの儒教古典から重要な句を引用し、続いて神武天皇・仁明天皇・平重盛ら八名の和漢の譬え話を挙げる構成となっている。

注目すべきはこれらの譬え話にいくつかの挿絵が掲げられていることであり、これは「教学聖旨」の「小学条目二項」に記されている方法をこの書で実現したものであるといえる（図116）。当時の修身では、必ずしも生徒に教科書を与えて教えるのではなく、その多くが口授であったから、『幼学綱要』も教師の口授用教材として使われ、生徒が所持して読むことはなかったようであるが、こうした格言・名句とその譬え話を挿絵入りで解説する児童用修身書は、その後文部省や民間からも多数刊行されることになり、その意味で『幼学綱要』は道徳教育が口授から絵入り教材を用いるようになる重要な契機となったと考えられる。

### （3）絵解き道徳教材の学校制度への組み込み——明治二〇—三〇年代

実際に文部省が制作した修身掛図が小学校で用いられるようになるのは、教育勅語の発布から一〇年以上も経た一九〇四（明治三七）年からである。これ以降は、『幼学綱要』以後刊行されてきた各種児童用修身書を用いずに掛図のみで道徳教育をすることとなった。その理由について、文部省の『小学修身書編纂趣意報告』では以下のように説明している。

尋常小学校第一学年ノ児童ニ教科書ヲ使用セシムルトセハ従来流布ノ教科書ノ如ク全篇殆ト絵画ノミヨリ成立セシムル外ナシ、然ルニ教授用掛図ヲ用フル時ハ別ニ教科書ヲ使用セシムルノ必要ヲ認メサルノミナラス之ヲ用フレハ教授上却テ不便ヲ来スノ虞アリ又之ヲ省クニヨリテ児童父兄ノ負担ヲ軽減スルノ益アリ　是レ尋常小学校第一学年ノ児童用書ヲ省キタル所以ナリ[14]

これは同じ一九〇四（明治三七）年から施行された国定教科書制度に即した動きであるが、掛図が「共通教材」として用いられるようになった背景には、ここで述べられているような保護者の経費負担軽減化のみならず、国体や国家意識の形成に深く関与するとされた修身教科において、国家が期待する方向へと確実に道徳指導が及ぶように教材を統一したいという政策意識があったのではないか。

子どもたちに感銘をもって教授内容を印象づけるために絵図による教授方法が最適なものとして選択されたこと、さらに小学校第一学年では掛図が補助教材ではなく児童書に代替する主教材として位置づけられたことは、政府により視覚メディアが強い意識のもとに利用されたことを示すものといえる。国定教科書が使用された時期の諸科目のうち、修身科は五回に及ぶ全面改訂がなされた唯一の科目であるが、その都度改訂に応じた掛図が編纂刊行されていることからも、時代に応じた社会的馴化としての修身科の重要性と、絵解きメディアの有効性に対する、政府の意識の高さを窺い知ることができよう。

ここで教材の内容と形態に注目して学校内外の教育状況の相違を振り返ってみると、「学制」発布当初、小学校では成人向けの西欧倫理書と東洋の訓戒書が教材として推薦されていたが、教師の力量や内容の難解さなどの理由で、実際には学校生活に適応させるための礼儀やルールに関する諭しが口授によって行われていた。

一方、学校外では就学前児童を対象に、学校用教科書と一部典拠を同じくする道徳教材が分かりやすい絵解き教材として文部省により頒布されていた。その後「教学聖旨」を契機として、絵解きによる道徳教授法が注目されるようになると、就学児童を対象とした挿絵入りの修身書が制作されるようになり、そこでの内容も儒教的な色彩が濃くなっていく。明治後期に入ると尊王愛国のイデオロギーを注入する目的で改めて絵図による教育が重要性を増し、統一した道徳指導を施す目的で学校用修身掛図が制作されるようになる。

以上のような教材の変遷は、絵解きによる道徳教育の現場が、学校制度の整備が進むに従って学校外から学校内へと移行していく状況を示すものとして捉えられる。元田永孚らが《幼童家庭教育用絵画》の存在をどれほど意識していたのかは定かでないが、結果として、本絵図は学校教育で重視されるようになった絵解きによる徳育の源流として位置づけることができるだろう。

## 2　道徳教育における教育主体――〈教訓道徳図〉と学校用修身掛図の描写比較

《幼童家庭教育用絵画》から学校用修身掛図へと至る流れは、学校外教材から学校内教材という教育現場の変化を示すに留まらない。学校用修身掛図と〈教訓道徳図〉の描写内容を比較すると、道徳教育の担い手に対する期待もまた変化していることが読み取れる。ここでは、両絵図における「こども」と「おとな」の描かれ方を比較することで、道徳に関する教育を施す主体・客体およびその関係の変化を明らかにしてゆく。

### （1）〈教訓道徳図〉における「おとな」と「こども」

まず〈教訓道徳図〉（図37―47）で示されている「こども」と「おとな」の関係性について考えてみよう。図表3－1にあるように、〈教訓道徳図〉には「○○する（である）□□」という簡単な表題とともに、日々の社会生活における規範が〝模範例〟と〝悪い例〟を示すことによって説かれている（原画に表題が付されているものは「　」、内容に基づいた名称は〈　〉で示した）。

具体的に説かれている徳目は、模範例については掃除や勉学の姿を示すことで勤勉を説くもの、悪い例については子どもの悪戯や暴力を示して誠実・慈愛・節度を説くものなど、伝統的な儒教的道徳観に沿ったものとなっている。

図表 3-1 〈教訓道徳図〉の表題・例示法・徳目

| 絵図の表題 | 例示法 | 徳目 | 図版番号 |
| --- | --- | --- | --- |
| 〈朝掃除する者〉 | 模範例 | 勤勉 | 図37 |
| ［勉強する童男］ | 模範例 | 勤勉 | 図38 |
| ［勉強する家内］ | 模範例 | 勤勉 | 図39 |
| ［出精する家内］ | 模範例 | 勤勉 | 図40 |
| ［心切なる童女］ | 模範例 | 慈愛 | 図41 |
| ［小盗する童者］ | 悪い例 | 誠実・正直 | 図42 |
| ［狡戯をなす童男］ | 悪い例 | 節度 | 図43 |
| ［争闘を好む童男］ | 悪い例 | 友愛 | 図44 |
| ［粗暴の童男］ | 悪い例 | 寛容・柔和 | 図45 |
| ［難渋者ヲ侮辱ムル童男］ | 悪い例 | 仁慈 | 図46 |
| ［疎漏より出来する怪我］ | 悪い例 | 識断 | 図47 |

ほとんどの絵図には「おとな」と「こども」が同時に描かれているが、ここで注目されるのは、「おとな」の「こども」に対する視線の投げかけ方である。「勉強する童男」図では通りがかりの男性が、「勉強する家内」図および「出精する家内」図では母親とおぼしき女性が子どもの勉強姿に視線を向けている（図114）。一方で、「小盗する童者」図、「狡戯をなす童男」図、「粗暴の童男」図、「難渋者ヲ侮辱ムル童男」図においては、良くない行いをする子どものことを、簾や格子窓越しにじっと見つめる存在として「おとな」たちが描かれている（図115）。ここでは、「おとな」の視線の先にある「こども」の態度や行いを、奨励されるべきものか戒められるべきものかによって区別し、前者すなわち模範例における絵図では、良き行いをする子どもを「見守る視線」、後者すなわち悪い例における絵図では、悪い行いをする子どもを「監視する視線」として捉えることとする。これらの視線は、「おとな」と「こども」における教育上の関係を示すものといえよう。

さらに、文部省がこうした一方向的な意識関係として「おとな」と「こども」を描かせたことは、「こども」および「おとな」に対する教育観を示すものとして注目される。というのも、以上の描写からは、「良い行いも悪い行いも大人は皆お見通しなのだから、常にいい子でいなさい」という「こども」に対する教育観、および「両親をはじめ、子どもを取り巻く大人たちは、常に彼らの様子を見て良い方向に導いていかなければならない」という「おとな」に対する教育観、という二方向のパノプティコン的教育観が読み取れるからである。描かれた「おとな」たちは、「こども」を教育する主体であると同時に、良き教育者であることを説かれる客体でもある。ここでは「おとな」は国家にまなざされつつ「こども」をまなざす、すなわち自らを規律しつつ他者を規律するという二重の役割を担っていることになる。

江戸時代の浮世絵においても「おとな」と「こども」を同時に描いた錦絵は多数存在するが、そこでの両者の関係は、子を愛しむ母の姿（図117）や、共に遊ぶ母子の姿（図118）といったものが多く、「こどもを遠巻きに監視するおとな」を描いたものは現時点では筆者は確認できていない。また、同じ子どもの悪戯を描いたものとして、たとえば〈江戸名勝道化尽《どうけづくし》　十一　下谷御成道《したやおなりみち》〉（図119）を見てみると、武士に水鉄砲を浴びせた「こども」を取り巻く「おとな」たちは口に手をあててクスクス笑う様子として描かれている（図120）。このように、江戸時代のこどもの悪戯を題材とした錦絵は、子どもの無邪気さを利用して当時の階級社会などを滑稽に風刺したものが多く、大人たちにとってそうした錦絵は笑い飛ばす娯楽的存在であった。〈教訓道徳図〉はとくに「おとな」を教育主体として意識して描いている点で近世浮世絵などに描かれた「おとな」の描写とは一線を画しており、明治政府の教育対象者意識が反映された錦絵であるといえるだろう。

## （2）修身掛図における「おとな」と「こども」

続いて、小学校で最初に用いられた文部省制作の学校用修身掛図[15]（図121―149）における「おとな」と「こども」の描かれ方についてみてゆく。この掛図は一九〇四（明治三七）年から使用されたいわゆる国定第一期修身教科書の第一学年用として二九枚制作されたものである。就学前児童と年齢の近い第一学年の児童用修身掛図であるため、〈教訓道徳図〉との比較に適している。

この掛図の構成については、『編纂趣意報告』に以下のように説明されている。

尋常小学校修身第一学年用書ニアリテハ最初八課ニ亘リテ学校ニ於ケル心得ヲ授ク是レ始メテ学校ニ入リタル児童ニ最モ必要ナレハナリ　次ニ家庭及社会ニ於ケル心得ト個人トシテノ心得トヲ授ク　国民トシテノ心得ハ未タ此時期ノ児童ニハ適切ナラサルカ故ニ「天皇陛下」ノ一課ヲ置キ其教授時期ヲ天長節ニ近カラシメ主トシテ天皇陛下ニ関スル御事柄ヲ知ラシメ忠君ノ志気ヲ鼓舞センコトヲ期セリ[16]

教授する徳目分類としては、まず「学校ニ於ケル心得」、続いて「家庭及社会ニ於ケル心得」、さらに「個人トシテノ心得」および「国民トシテノ心得」とあるように、学校・家庭・社会といった生活空間ごとの他者との関わり、自己の道徳倫理、および天皇への「忠君」という基準から絵図が構成されていた。図表3－2は、掛図の表題を以上の五種（「学校」「家庭」「社会」「個人」「国民」）の徳目ごとに分類するとともに、そこに描かれた「おとな」の描写をまとめたものである。[17]

この表から分かるように、学校用修身掛図に登場する「おとな」は、主に「教師」「父母（家族）」「社会のおとな」の三種類に分けられる。〈教訓道徳図〉には登場しなかった「教師」が多く描かれているのは、本掛図が就学児童を対象にした学校用掛図であることから当然であるといえるが、「教師」「父母（家族）」「社会のおとな」はそれぞれ、先の『編纂趣意報告』の徳目分類で挙げられた「学校」「家庭」「社会」という三区分における「おとな」の役割に対応したものであるとみることができるだろう。

表題で説かれている徳目は、「天皇陛下」など一部で国家主義的な色彩が強まっていることを除けば、勤勉・正

**図表 3-2　学校用修身掛図における徳目分類と「おとな」の描写**

| 掛図の表題 | 徳目分類 | 「おとな」の描写 | 図版番号 |
|---|---|---|---|
| 1 学校 | 学校ニ於ケル心得 | 教師 | 図121 |
| 2 教師 | 同上 | 教師 | 図122 |
| 3 姿勢(甲)(乙) | 同上 | — | 図123，124 |
| 4 整頓(甲)(乙) | 同上 | 教師(甲)，母(乙) | 図125，126 |
| 5 時刻を守れ | 同上 | — | 図127 |
| 6 勉強 | 同上 | 男性 | 図128 |
| 7 教室と運動場(甲)(乙) | 同上 | 教師 | 図129，130 |
| 8 あそび | 同上 | 教師 | 図131 |
| 9 おとうさんとおかあさん | 家庭ニ於ケル心得 | 父母 | 図132 |
| 10 孝行 | 同上 | — | 図133 |
| 11 きょーだい | 同上 | — | 図134 |
| 12 家庭の楽 | 同上 | 父母，祖父母 | 図135 |
| 13 友だち | 社会ニ於ケル心得 | — | 図136 |
| 14 天皇陛下 | 国民トシテノ心得 | 天皇，群集 | 図137 |
| 15 からだ | 個人ニ於ケル心得 | 母 | 図138 |
| 16 元気よくあれ | 同上 | — | 図139 |
| 17 行儀 | 同上 | 父，客人 | 図140 |
| 18 けんかをするな | 社会ニ於ケル心得 | 母 | 図141 |
| 19 うそをいふな | 同上 | — | 図142 |
| 20 過をかくすな | 個人ニ於ケル心得 | 婦人 | 図143 |
| 21 人の妨をするな | 社会ニ於ケル心得 | 老人 | 図144 |
| 22 自分の物と人の物 | 同上 | 母 | 図145 |
| 23 生き物 | 個人ニ於ケル心得 | — | 図146 |
| 24 近所の人 | 社会ニ於ケル心得 | 男性 | 図147 |
| 25 人に迷惑をかけるな | 同上 | 老婆 | 図148 |
| 26 よい子供 | 総括 | 教師 | 図149 |

直・誠実・友愛など、〈教訓道徳図〉と重なるものが多い。しかし具体的な描写をみてみると、学校用掛図では同じ徳目が〈教訓道徳図〉とは異なる描かれ方をしている。たとえば「学校ニ於ケル心得」の絵図では、各徳目が「教師」と「こども」の関係のなかで説かれている。これは図画を用いて小学校の初期段階で徳育教育をせよとした「教学聖旨」の指針に従い、徳育の場および教育主体における学校の比重が増したことを示しているといえるだろう。さらに、「教師」と「こども」の関係性を両者の視線に注目してみてみると、「教師」の視線は常に多数の生徒に向けられている（図150）。こうした〈単：多〉の視線構造は、一斉授業をはじめ、「こども」たちをまとめて同じ方向へと教え導く教育主体としての「教師」への期待が表象されたものと捉

えられる。

一方、「教師」以外の家庭や社会における「おとな」も父母を中心に多く描かれているが、そこでの「おとな」と「こども」の視線は、図151にみるようにお互いに直接視線が交わされる双方向的な関係として描かれている。これは前節でみた〈教訓道徳図〉の一方向的視線とは決定的に異なる点である。〈教訓道徳図〉ではこどもに「見守る視線」「監視する視線」を投げかける存在として「おとな」が描かれていたが、学校用掛図では、より直接的に「向き合い」「教え諭す」存在として「おとな」が描かれている。

このような相違は、道徳教育をめぐる「こども」の主体意識を、国家がどう捉えているかに関係していると考えられる。学校用修身掛図においては、修身の時間にこの掛図を使って道徳教育が施されたことからも明らかなように、「こども」自身が道徳を教授されることに意識的である。したがって自らの行動とそれを導く「おとな」との関係も互いに意識化されるため、そこで描かれる両者の関係も対話的・双方向的なものとなって表される。一方、〈教訓道徳図〉では「見守る視線（図114）」にせよ「監視する視線（図115）」にせよ、視線の先の「こども」は「おとな」が見ていることに気付いておらず、「おとな」のほうも善行を褒めたり悪行を諭したりするところまでは描写されていない。これは対象としての「こども」が就学前児であり、徳目を理解するところまでは期待されていないことを示しているとも考えられる。とすれば〈教訓道徳図〉は、それを直接用いて「こども」に道徳を説くことよりも、そうした道徳を説く主体としての「おとな」をより強調したものであるといえるだろう。このように、学校用修身掛図の描写をみることで、逆に〈教訓道徳図〉における、「おとな」に対する絵解き的性格が浮き彫りになるのである。

## 3　道徳教育におけるメディア変遷

〈教訓道徳図〉から学校用修身掛図への変遷は、明治後期に「おとな」を対象とした道徳的視覚教育がなされなくなったことを意味するわけではない。明治後期になると、教育幻燈会と呼ばれる視覚教育が各地で流行し、そこでは風俗改良を目的とした道徳的視覚教育が実施されることになる。以下では、そうした教育幻燈の内容を検討し、明治期における視覚的な教育メディアを用いた道徳教育の変遷について、「学校内」と「学校外」という軸から捉えなおすとともに、〈教訓道徳図〉を社会教育教材として位置づけることを試みる。

### (1)　学校外におけるもうひとつの視覚教育メディア――教育幻燈

教育錦絵を、明治後期における社会教育（通俗教育）との繋がりのなかで捉えるために、ここでは学校外の視覚教育として機能し、明治中期に導入されるようになった幻燈について触れる。幻燈については、社会教育史研究においても通俗教育期の社会改良政策として、「一般民衆の鼓吹宣伝[18]」や「民衆の風俗矯正[19]」といった表現でしばしば言及される。また、明治後期の通俗教育調査委員会において「視聴覚のメディアについて統制が加えられるようになった[20]」例として紹介されることもある。しかしこれらの多くはそうした幻燈会が通俗教育期に盛んに行われた事実を指摘するに留まり[21]、具体的に幻燈に映し出された映像にまで踏み込んだ考察は社会教育の領域ではなされていない。そこで、ここでは幻燈に具体的に何が映し出されていたのかを確認していくとともに、明治中期以降に普及した視覚教育メディアである幻燈と本書の対象である教育錦絵との関連性を探っていくこととする。

ここでいう「幻燈」とは、明治初期に海外から持ち込まれた西洋幻燈と呼ばれる映写機のことを指す。そもそも絵画や写真を透過光を用いて拡大映写する幻燈器械は江戸時代の安永年間（一七七二―八一年）にオランダから日本に流入し、「写し絵（錦影絵）」と呼ばれる日本型の幻燈見世物として発達していた。一方「幻燈」は一八七四（明治七）年にアメリカに留学した手島精一が持ち帰った幻燈機およびスライドから発達した映写器械である。明治期の幻燈は写し絵とは異なり、文明開化を象徴する視覚メディアとして、演説・啓蒙・訓話・説法・社会情報・科学知識・歴史や地理の教育など様々な場面で利用され、その報道的効果は日清・日露戦争下では国家意識の自覚や国民意識の高揚を訴えるメディアとして注目されることとなっていった。

明治期の幻燈が文部官吏の手島精一によって持ち込まれたことからも明らかなように、写し絵が純粋に見世物としての娯楽物であったのに対し幻燈は娯楽を兼ね備えた教育メディアとして広められた。幻燈がいつごろ普及したのかについては、一八八〇（明治一三）年刊行の『幻燈写影講義』が最も早い幻燈関係書として指摘されていることから明治一〇年代に普及し始めたと考えられるが、器械が高価なこともあり、実際に広く利用されるようになったのは明治二〇年代からのようである[23]。

では、幻燈では実際にはどのような映像が映されていたのだろうか。岩本憲児によれば、文部省から依頼されて幻燈制作を行った鶴淵初蔵がスライド販売用に作成したカタログ『教育学術　改良幻燈器械及映画定価表』（鶴淵幻燈舗、明治二五年ごろ）には以下のような内容のスライドが販売品として記されていたという[24]（図表3－3、3－4）。

これらのスライドの内容は、天文・物理・医学・生物といった学問を解説するもの、国内外の地理・歴史・風俗を紹介するもの、修身関係のものなどに分類でき、主に「文明開化」の新知識を伝達する啓蒙的内容と、倫理道徳を説く教化的内容の二本柱で内容が構成されていたことが分かる。これらは学校教育で教授する内容と重複する部分が多く、とくにこのなかに「幼学綱要」が含まれていることからは、当時の学校教育における修身教授との関連が注目さ

**図表 3-3　『教育学術 改良幻燈器械及映画定価表』における幻燈スライド品目 1**

| | |
|---|---|
| **組物** | 天文，物理，自然現象，人身解剖，妊娠解剖，衛生，各国動物，植物，蚕桑病理，蚕体生理，幼学綱要，神代歴史，教学要語，釈迦一代記，曹洞開祖承陽大師之伝 |
| **バラ売り** | 修身，古今歴史，仏教，草花，各国有名人物，万国風俗，古人肖像，日本貴顕，内外婦人肖像，外国著名建築，内外国地理，尾濃震災実況，北海道一般状況，教育衛生修身狂画 |

**図表 3-4　『教育学術 改良幻燈器械及映画定価表』における幻燈スライド品目 2**

| |
|---|
| 地理歴史教育，地文地理修身，修身談，欧米教育大家史伝，善悪自動原因結果，家庭教育，子供ノ教へ方，感化余談，飲酒ノ弊害，庭訓三人娘，教訓実録美談，護国美談元寇之役 |

**図表 3-5　『理化学器械正価表』における幻燈スライド品目**

| |
|---|
| 赤穂義士伝，本邦歴史，本邦地理，風俗，肖像，帝国軍艦，活動狂画，高輪御殿教訓画，教育勅語三大節，貧富両道，通俗衛生，衛生狂画，狂画虎列刺《コレラ》退治，二宮尊徳報徳譚，本朝賢父母伝，通俗農事，蚕桑一斑，楠公一代記，孟母，孝子勘七伝，教訓喩話，実業立志伝，軍人勅諭，女子教育，就学勧誘，内地雑居 |

れる。文部省の依頼を受けて制作したという性格上、これらが学校で使用された可能性も推測されるが、いずれにせよ、それまで紙媒体で教授されていた内容がそのまま幻燈という新しいメディアに移行・拡大している様子を確かめることができる。

以上に挙げたスライドの品目は解説書の付かないスライドであったが、鶴淵初蔵のカタログには、続いて「説明書付き」スライドとして図表3－4のような題材が掲げられている[25]。

こちらは、修身的な内容が大部分を占め、映像とともに言葉による解説で道徳教育が施されていたといえる。「家庭教育」「子供ノ教方」といった親を対象としたものや「飲酒ノ弊害」など明確に大人を対象とした題材が見られ、「おとな」への絵解きが錦絵から継続して幻燈へ引き継がれている様子が確認できる。また、当時の幻燈の内容を示した双六絵として「教育必要幻燈振分双六」（一八八九（明治二二）年、図152）があり、ここには「鶴淵初蔵案」とあることから、以上に掲げたスライドリストの図様の一端を窺うことができる。同絵の下部分には幻燈会の風景も描かれているが、スライドの解説者の背景に掲げられた幻燈リストには「家庭教育」「教育一斑（一般）」の文字が見えることから、やはり「おとな」が対象とされていたとみてよいであろう。

さらに、ほぼ同時期に名古屋で刊行されたとされる『理化学器械正価表』にも、図表3－5のように通俗的な教訓を説く内容が多く見受けられる。[26]

ここでも、英雄や偉人の伝記物や教訓話、歴史や地理の解説、衛生対策、産業紹介、教育奨励など多様な内容を含んでいる様子が確認できる。岩本はこれら初期の幻燈目録には写し絵にみるような物語やフィクションの類がないことに注目し、「むろん史実とは異なる歴史物語や英雄譚もスライド化されてはいるが、それは教訓や道徳（とくに「忠孝」の観念）をはっきりと教えるためであり、それも含めて明治期の幻燈は科学・教育・生活の実利追求型だった」[27]と指摘している。実際に、写し絵（図153）と幻燈で用いられたスライド（図154）とを比較してみても、前者が滑稽なポンチ絵であるのに対し後者は明らかに道徳教育絵図であり、その内容の差は明白である。[28]

このように、明治中期に流行した幻燈は、写し絵とは異なる教育性・実利性・社会性を特徴とする内容をもっていることが明らかになったが、これらの幻燈の内容は、《幼童家庭教育用絵画》に描かれている内容と比較すると、志向する方向性は同じであるといえる。第二章で確認したように、《幼童家庭教育用絵画》における絵解きの内容は職業・産業・数理・力学・道徳といったものであったが、これらもまた教育性・実利性・社会性を特徴とする内容であり、啓蒙的知識の普及と通俗的な教化という点で幻燈と軌を一にするものである。

すなわち、教育錦絵も幻燈もメディアそのものは従来から存在していた錦絵や映写機であるが、そこに政府が「教育」という要素を付加することによってそれぞれ教育錦絵や幻燈という新しい教育メディアが改めて誕生したのだということができよう。[29]また、教育錦絵の制作の布達が一八七三（明治六）年に行われた後、その後継続した教育錦絵の制作布達は出されていないこと、幻燈の普及が明治二〇年代であることから、視覚メディアを用いた政府の教育政策として「教育錦絵→教育幻燈」という系譜を想定することが可能であろう。

## （2）道徳教育メディアの変遷と〈教訓道徳図〉の位置づけ

以上、明治政府による学校外の道徳教育政策においては、視覚メディアの有効性が意識され、初期においては教育錦絵が、幻燈機器の普及後は教育幻燈が、それぞれ教育メディアとして利用されてきた様子を確認してきた。これに、先に考察した教育錦絵と学校用修身掛図の関係を加えて、明治初期から中後期にかけての徳育メディアの変遷を図式化すれば図表3－6のようになる。

すなわち、明治初期に学校外における視覚教材として制作された〈教訓道徳図〉の絵解き法は、口授（聴覚）中心だった学校の修身に取り入れられて修身掛図としてその後の学校教育における道徳教育の中心的教材に位置づけられていき、一方で学校外の教育メディアとして幻燈機器が輸入されると、政府は教育錦絵に描いていた内容を幻燈へと移しながら、その後の通俗教育へと繋がる流れを継承していったといえる。したがって、〈教訓道徳図〉、文部省修身掛図、教育幻燈の関係については、図表3－6にあるように、〈教訓道徳図〉から文部省修身掛図へは紙媒体の絵図による教育という点でそのメディア性が踏襲され、〈教訓道徳図〉から教育幻燈へは、メディア自体は異なるものの、教育性・実利性・社会性を特徴とした教育内容が踏襲されるという二方向の系譜を想定することができるだろう。

また、教育対象に関しては、「〈教訓道徳図〉→文部省修身掛図」の系譜においてはもっぱら初等教育の児童へと対象が絞られていくのに対し、「〈教訓道徳図〉→教育幻燈」の系譜においては子どもや両親を含め、広く一般大衆を対象にするようになることから、こちらでは逆に対象者の拡大過程として捉えることが可能である。これは、教育幻燈が教育メディアとして利用されつつ、メディアの特性として江戸時代の写し絵から続く娯楽的要素を含んでいたから

**図表 3-6　明治初期から中期の徳育におけるメディアの変遷**

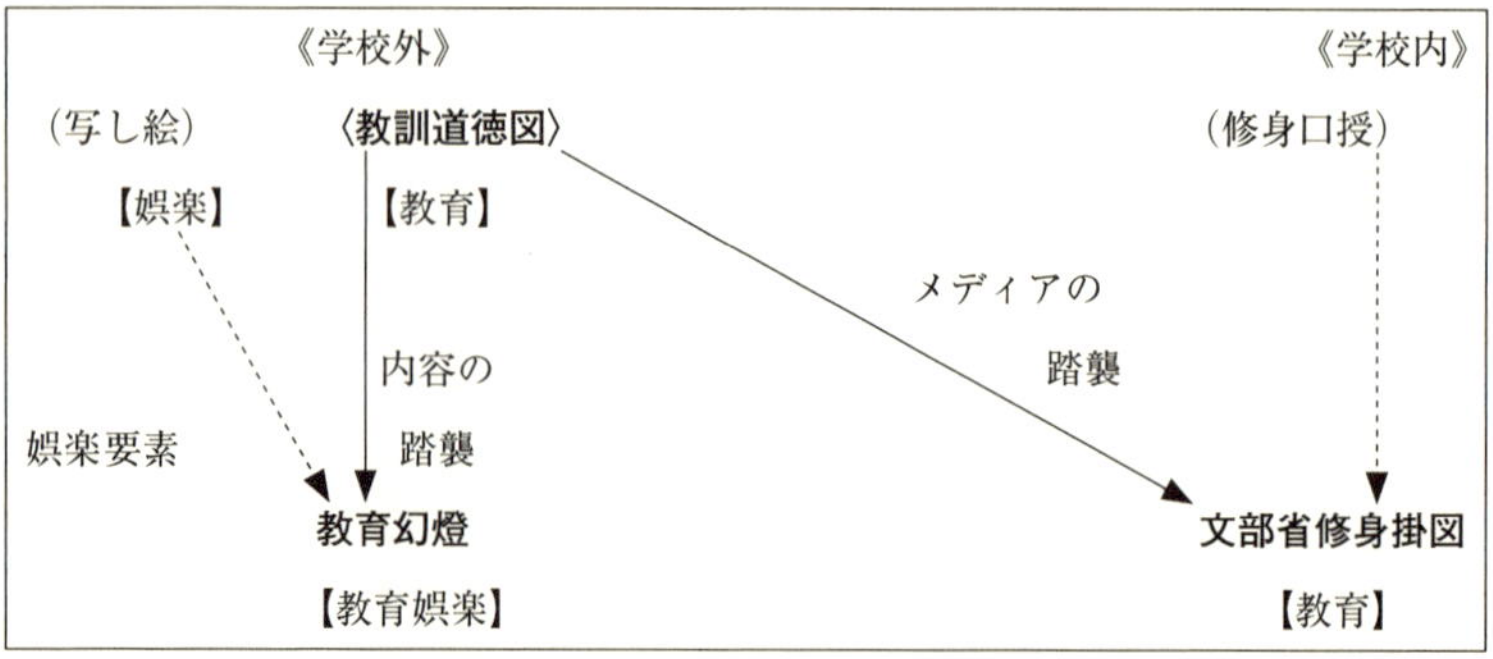


であり、その意味で教育幻燈は、図表3－6で示したように、〈教訓道徳図〉からの系譜に「写し絵」の娯楽的要素を取り入れた、「教育娯楽メディア」と位置づけることができよう。

こうした「教育娯楽」という特性こそ、政府が通俗教育方法として注目した点であり、実際に民衆の間で幻燈が流行した理由であるといえる。逆にいえば、そうした写し絵との連続性を巧みに利用することで、教育と娯楽が混在した通俗教育が実現したのだといえよう。

明治後期に教育幻燈会や通俗講演会を積極的に推進しようとしていた小松原英太郎文相は、「社会一般に必要なる知識」を通俗的に伝えるためには「目と耳とに併せ訴ふるを得るを以て、方法其宜しきを得ば、比較的に其効果を挙げ易し」[30]と述べているが、この言葉が示すように、視覚・聴覚に訴えるメディアの特性はその後も教育の場で巧妙に利用されていくこととなる。この意味でも、明治前期の教育錦絵はその後の視聴覚メディアを利用した通俗教育の初期形態、あるいは模索期と位置づけることができるだろう。

以上、学校用修身教材、教育錦絵、教育幻燈の比較を通じて、明治初期の学校内外の道徳教育メディアの利用のされ方、およびその変遷について検討してきた。ここでは教育メディアとしての教科書、錦絵、幻燈などが、内容・方法の点で継承されながら発展していく様子が浮き彫りになった。このことは、これまで社会教育史において語られてきた通俗教育期の幻燈教育が、明治初期からの通俗的な視覚教育の延長上に置かれるものであることを示している。

また、〈教訓道徳図〉と学校用修身掛図の比較分析からは、描かれた「こども」と「おとな」の関係性が、学校・家庭・社会という区分を意識したものであること、学校用修身掛図がもっぱら「こども」への絵解きであったのに対し、〈教訓道徳図〉は「おとな」への絵解き的性格が強かったことが明らかになった。

ここでは道徳教育に関するものに焦点を絞って論じてきたが、こうしたメディア利用はあらゆる教育の領域で行われていたはずである。本章ではその一例を示したにすぎない。日本の近代教育成立過程におけるメディア教育政策の全体像を明らかにするためには、今後こうしたメディア分析を一層積み重ねていく必要があるだろう。

［1］　イコノグラフィーは擬人像、寓意、象徴再現の表現などから描かれた図像の意味を読み解く絵画分析の方法論である。イコノグラフィーの理論と実践については、たとえばストラーテン・ルーロフ・ファン著、鯨井秀伸訳『イコノグラフィー入門』（ブリュッケ、二〇〇二年）を参照。

［2］　黒田日出男『絵画史料で歴史を読む』（筑摩書房、二〇〇四年）。なお、この方法論による研究成果として、たとえば同「絵巻のなかの鬼――吉備大臣入唐絵巻の外交」（『歴史を読みなおす5』朝日新聞社、一九九四年）、同「絵画に中世の静岡を読む――『一遍聖絵』を史料として」（『静岡県史研究』第一四号、一九九七年）。

［3］　石附実『教育の比較文化誌』（玉川大学出版部、一九九五年）、石附実編著『近代日本の学校文化誌』（思想閣出版、一九九二年）、佐藤秀夫『教育の文化史　二　学校の文化』（阿吽社、二〇〇五年）。

［4］　佐藤健二『歴史社会学の作法――戦後社会科学批判』（現代社会学選書、岩波書店、二〇〇一年）一九〇―一九一頁。

[5]「小学教則」（文部省布達番外、一八七二（明治五）年九月七日）。
[6] 東京教育研究所『教育研究シリーズ3　道徳教材の100年』（東京教育研究所、一九六七年）一七頁。
[7]『和語陰隲禄』は明国の袁了凡の原著を和訳したもの、『勧孝迩言』は上羽勝衛による孝道を説いた教訓書、『修身談』は石井光致が東洋古典から道徳を説いた文を選んで編集した修身書である。『和語陰隲禄』および『修身談』は内容が高度で子ども向きではなかったとされる。また、『勧孝迩言』は江戸時代の教訓書『六諭衍義大意』のうち孝道の部を子どもに理解できるように改め、譬え話を加えたものであったが、そこでは道徳はまず親に対する孝にあるという考えが幼童のうちに立てられなければならない旨が記されているという。同右、一八頁。
[8] 同右、二〇頁。
[9] 同右。
[10] 文部省『小学生徒心得』（師範学校、一八七三年六月）一丁。
[11] 唐沢富太郎『教科書の歴史——教科書と日本人の形成』（創文社、一九五六年）五五頁。
[12] 国民精神文化研究所編『教育勅語渙発関係資料集』第一巻（国民精神文化研究所、一九三八年）三—四頁。
[13] この時期の一連の徳育論争については、景山昇「明治10年代前半期の徳育施策と福沢諭吉の徳育論」（『愛媛大学教育学部紀要　第1部　教育科学』第二二巻、一九七五年）一—一六頁を参照のこと。
[14]『小学修身書編纂趣意報告』（仲新・稲垣忠彦・佐藤秀夫編『近代日本教科書教授法資料集成　第一一巻　編纂趣意書』東京書籍、一九八三年、五一—五二頁所収）。
[15] 本掛図制作の以前から、学校では民間による刊行の修身掛図が用いられることがあったが、ここでは明治政府が期待する教育主体としての「おとな」像について〈教訓道徳図〉と比較することが目的であるため、文部省刊行の掛図に限定して考察を進めることとする。
[16]『小学修身書編纂趣意報告』（仲新・稲垣忠彦・佐藤秀夫編『近代日本教科書教授法資料集成　第一一巻　編纂趣意書』（前

掲）四八―四九頁所収）。

[17]　徳目分類については、佐藤秀夫「修身掛図 解題」（『文部省掛図総覧　三 修身掛図Ⅰ』東京書籍、一九八六年）五頁の分類に従った。

[18]　岡木正平『社会教育講義』（南窓社、一九七八年）四六頁。

[19]　蛭田道治「明治期社会教育の特質」（岡本包治・山本恒夫編『社会教育の理論と歴史』社会教育講座第一巻、第一法規出版、一九七九年）一六五頁。

[20]　岸本幸次郎「社会教育方法の歴史的潮流」（辻功・岸本幸次郎編『社会教育の方法』社会教育講座第五巻、第一法規出版、一九七九年）二八頁。

[21]　幻燈に関して踏み込んで考察したものとしては、小松原英太郎文相や新聞ジャーナリズムと通俗教育調査委員会の関係から、幻燈が講演や通俗図書とならんで通俗教育の主な方法として重視されるようになる過程について言及した倉内史郎の考証がある。倉内史郎『明治末期社会教育観の研究』（日本教育史基本文献・史料叢書一八、野間教育研究所紀要第二〇輯、大空社、一九九二年）。また、松田武雄は父母たちに就学奨励を説く手段として幻燈が意識されていたことを指摘し、学校と家庭の情報手段としての幻燈の役割について詳細に検討している。松田武雄『近代日本社会教育の成立』（九州大学出版会、二〇〇四年）一一六―一二二頁。

[22]　岩本憲児『幻燈の世紀――映画前夜の視覚文化史』（森話社、二〇〇二年）一三八頁。

[23]　たとえば小宮豊隆編『明治文化史10　趣味娯楽編』（洋々社、一九五五年、四一八―四一九頁）には、「幻燈は明治二十年代なかばごろから、比較的安易に手に入るようになって、ついで少年のために、父兄が買い与えるに至った」、「巖谷漣山人の「幻燈会」という本の出版された一八九四年（明治二十七年）ころから三十年ころまでが全盛時代だったようである」という記述がある。

[24]　岩本憲児（前掲）一四一頁。

［25］　同右、一四二頁。
［26］　同右、一四三頁。また、岩本憲児によると『理化学器械正価表』は非売品で、発行は「医科機会舗　八神幸助　名古屋京町二丁目」とあるものの発行年は記されておらず不明であるが、目録内容から推測して鶴淵店の冊子よりややのち、一八九七（明治三〇）年前後のものであるという。
［27］　同右、一四四頁。
［28］　なお、ここに挙げた幻燈用スライドのうち、「黄金万能」「成金紳士」「厭世観」には「社会教育」と記されており、これらのスライドが明確に社会教育的意図をもって制作・受容されていたことが分かる。
［29］　もちろん、江戸時代においても錦絵や写し絵を通じて通俗的な教訓を説くものは存在したが、明治期の幻燈や文部省発行教育錦絵は日本政府という「国家」による教育的価値の付与であり、教育の「近代性」という点から前者とは明確に性格を異にするものであるといえる。
［30］　「文相の教育談」（『教育時論』第八五五号、明治四二年一月一五日付）。

# 第四章　明治期の博覧会を通じた〈教育〉概念の普及

## ――教育錦絵の展示の変遷を手がかりに

本章では、これまで検討してきた文部省発行教育錦絵がどのように人々の目に触れ、どのように受け止められたのかを知る手がかりとして、明治期の博覧会での展示のされ方を検討し、近代教育制度の揺籃期において何が「教育なるもの」として分類され、人々に認識されてきたかを考察することで、個々の教育理念のみならず、近代社会における「教育とはいかなるものか（＝〈教育〉概念）」がどのように民衆に普及することとなったのか、その一端を明らかにすることを目指す。

ある事物が「教育」であると分類されるプロセスは、「教育なるもの」が「そうでないもの」と線引きをされながら秩序立てられていくプロセスでもある。フーコーは『言葉と物』において、博物学が自然界の事物を可視的な特徴によって分類する行為を、自然界そのものを秩序立てていくプロセスとして捉え、分類や名づけによる記号の体系が知の枠組み（エピステーメー）を形成するとした[1]。明治期日本の博覧会における物品の分類は、まさにこうした分類と名づけによる知の体系化の試みだったといえる。当時の博覧会において何が「教育」のカテゴリに分類されていたのかを知ることは、当時の人々の認識枠組みのなかで「教育」がどのように体系化されていたのかを知ることでもある。

フーコーによれば、近代のエピステーメーは同一性と相違性による体系化（表象と語の関係）から、要素間の相互関係による体系化（語と語の関係）へと移行するとされる。これはたとえばある錦絵が、表象された内容によってあるときは教科書に近いものとして「教育」に分類され、あるときは遊び絵に近いものとして「娯楽」に分類されていた時代から、「教育」「娯楽」という語に内在する本質的な機能に着目して両者の概念が精緻化されていく時代への移行ということもできよう。本章で行う作業はこのプロセスを博覧会・博物館での展示を事例に考察することであり、知の枠組みが近代化していく過渡期の一断面を描く試みでもある。

## 1　教育錦絵と博覧会・博物館

近世以来、一般的に錦絵は版元により制作され絵草子屋で販売されるというルートで人々に受容されてきたが、本章で取り上げている教育錦絵は文部省による制作・刊行という性質上、他の錦絵とは当然制作・流通ルート・利用状況が異なってくる。

教育錦絵の流通・利用状況については、文部省により各府県に数部ずつ無料配布されたという記録があること、一八八一（明治一四）年の第二回内国勧業博覧会で文部省出版図書として出品された「錦絵」の項が、今回検討する教育錦絵に含まれる《幼童家庭教育用絵画》を指すのではないかということを中村紀久二が指摘している[2]。また、佐藤秀夫は「家庭教材として編まれたといっても、元小学校資料中から見出されることも少なくないので、当時小学校においてか、もしくは小学校を通じてかはともかく、学校と何らかの係わりをもって扱われたと推測しうる[3]」と述べている。しかし、《幼童家庭教育用絵画》の翻刻状況・流通・利用状況に関する調査・研究はその後はなされておらず、これらの教育錦絵の受容の実態に関しては現時点では明らかにされていない。

限られた史料のなかで当時の教育錦絵の流通・利用の実態を把握することは容易ではないが、中村および佐藤の指摘を引き継いで教育錦絵の受容状況を明らかにしようとするならば、地方教育史まで掘り下げた学校関係史料の検討や、各種博覧会出品物の詳細な調査が必要となろう。

今回は学校外教育の場、すなわち明治初期に「視覚による啓蒙の場」としても捉えられていた博覧会、さらに教材・教具の展示場として設立された教育博物館に焦点を合わせ、当時の出品目録の検討を通じて教育錦絵の受容過程の一部を明らかにするとともに、〈教育〉概念を普及するためのメディアとして博覧会・博物館が果たした役割について考えていきたい。

## 2　万国博覧会における教材の展示

### (1)　視覚教育の場としての博覧会・博物館への注目

博覧会・博物館における教育錦絵の受容状況を検討するに当たって、まずは博覧会・博物館制度の日本への導入背景について確認しておく。明治期に日本に導入された西洋の諸制度のひとつである博覧会・博物館は、政治・産業・軍事・文化など様々な側面で明治の日本に影響を与えたが、教育的視点からは視覚教育の場としての意義がまず指摘できる。

「博物館」「博覧会」の語を日本に紹介した書物として福沢諭吉の『西洋事情』（一八六六（慶応二）年）は有名で

あるが、福沢は同書のなかで「博物館」を「世界中ノ物産、古物、珍物、ヲ集メテ人ニ示シ、見聞ヲ博クスル為メニ設ルモノナリ」と紹介し、「博覧会」については「西洋ノ大都会ニハ、数年毎ニ産物ノ大会ヲ設ケ、世界中ニ布告シテ各々其国ノ名産、便利ノ器械、古物奇品ヲ集メ、万国ノ人ニ示スコトアリ」と説明したうえで、「博覧会ハ元ト相教へ相学ブノ趣意ニテ、互ニ他ノ長所ヲ取テ己ノ利トナス　之ヲ譬ヘバ智力工夫ノ交易ヲ行フガ如シ　又各国古今ノ品物ヲ見レバ、其国ノ沿革風俗、人物ノ智愚ヲモ察知ス可キガ故ニ、愚者ハ自カラ励ミ智者ハ自ラ戒メ、以テ世ノ文明ヲ助クルコト少ナカラズト云フ」とその意義について記述している[4]。

どちらも様々なモノを「集メ」「示ス」場であること、また「見聞ヲ博クスル」「相教へ相学ブ」といった啓蒙・教育的な意義を有することが認識されていたといえる。両者の関係は石井研堂が「本邦の博物館は、博覧会と同身一体の発展なり[5]」と指摘しているように、同時進行的に制度受容がなされ、視覚教育の場として補完関係にあった。

また、パリやウィーンの博覧会に派遣され、博覧会理事官を務めた佐野常民は博物館の主旨について以下のように述べている。

> 博物館ノ主旨ハ、眼目ノ教ニヨリテ人ノ智巧技芸ヲ開進セシムルニ在リ　夫人心ノ事物ニ触レ其感動識別ヲ生スルハ眼視ノ力ニ由ル者最多ク且大ナリトス　国ノ言語相異リ人ノ情意相通セサル者モ、手様ヲ以テスレハ其大概ヲ解知スへク物ノ妍媸《けんし》美醜ヲ別ツテ愛憎好悪ノ情ヲ発スルト其形質体状ニヨリテ製式用法ヲ了解スルト悉ク眼視ノ力ニ頼ラサルナシ　古人云フアリ百聞一見ニ如カスト　人智ヲ開キ工芸ヲ進マシムルノ最捷径最易方ハ此眼目ノ教ニ在ルノミ[6]

佐野常民は「人ノ智巧技芸ヲ開進セシムル」方法として、「眼視ノ力」すなわち視覚による物事の「識別」能力が重要であるとして、そうした「眼目ノ教」を施す場として博物館の教育的意義を主張している。ここにも福沢の指摘と同様に、モノを「見る・見せる」行為を通して人々が知識を広め、自ら良し悪しを識別判断できるよう学んでゆく場としての博物館・博覧会観が現れている。

佐野はフィラデルフィア博覧会後に日本国内でも国家的な博覧会を開催することを提案し、その意義について「其益タルヤ十アリ」として以下の一〇項目を列挙している[7]。

(1)　坐シテ天下ノ所産ヲ一場ニ集致スルヲ得
(2)　皆奮然興起シ名誉ヲ博シ営利ヲ獲ントシテ其技術ヲ研精改良スル
(3)　内国ノ人未タ嘗テ見知セサルノ物品ト其利用トヲ検閲会識スルヲ得
(4)　内外ノ物品ヲ比較シ互ニ其得失良否ヲ察シ（中略）短ヲ捨テ長ヲ取リ旧ヲ変シテ新ニ換へ（中略）以テ国家ノ利源ニ資益スル
(5)　機械ノ術頓ニ開クノ機ヲ得
(6)　外国人ヲシテ我国ノ所産ヲ観テ或ハ交換シ（中略）其利便ヲ謀ル
(7)　内国ノ進歩ヲナシ輸出ノ額ヲ増ス
(8)　物品中適要ナル者ヲ撰以テ博物本館及支館ノ列品ニ充ツ
(9)　各国土壌ノ肥瘠物産ノ異同多寡ヲ知ルへキ
(10)　風俗ノ美悪ヲ察シ開化ノ優劣ヲ観ルへキ

ここには、「天下ノ所産ヲ一場ニ集致」することで、新しい知識や技術を人々が「比較」し、その良し悪しを自ら判断できるようになること、そうした知識や鑑識を身に付けた国民が「技術ヲ研精改良」していくことで「内国ノ進歩」や「輸出」といった産業隆盛に結びつくこと、結果として「国家ノ利源ニ資益スル」に帰結する、といった産業と教育を一体に捉える視点が見出せる。

とくに「眼目ノ教」を強調していた佐野にとって、博覧会・博物館の視覚教育的側面は殖産興業や富国強兵といった明治政府の近代化政策を支える格好の場として受け取られたことであろう。吉見俊哉は、佐野常民が「夫《それ》博覧会ハ、博物館トソノ主旨ヲ同クスルモノニシテ、（中略）大博覧会ハ博物館ヲ拡充拡張シ、之ヲ一時ニ施行スルニ過キス」[8]と発言していることに着目し、彼のなかで博覧会と博物館は表裏一体のものとして捉えられていたとしたうえで、当時の博覧会・博物館は「秩序付けられた空間を巡覧」し見比べることを通じて人々が学んでゆく「新しいまなざしの空間」として捉えられており、佐野常民にとって博覧会・博物館は「眼目ノ教」を通じた「民衆教化の装置」として意識されていたと指摘している。[9]

以上のように、明治初期の博物館・博覧会制度は、「文明開化」「殖産興業」を実現するための、視覚を通じた民衆教育の場として捉えられていたのであり、その意味で博覧会・博物館も教育錦絵と同様に、視覚に訴える教育媒体としての効用が期待されていたといえよう。

また、教育錦絵が静的に「内容」を媒介させるメディアであるとすれば、博覧会・博物館は民衆が集まり、展示品と直接出会い、視覚や聴覚も含めた身体的行為を動的に媒介させるメディア空間であるともいえる。後述するように、博覧会・博物館では教材の展示を通じた民衆教育が実践されたが、そのことは①博物館・博覧会という視覚教育の「空間」を体験しながら、②教材の内容を受け取る、という二重の教育体験がなされていたと捉えられる。[10]

ここでは、教育錦絵のように直接教育内容を提示するものを「モノ」としての教育メディア、そうした「モノ」としての教育メディアを受容する場を提供する博覧会や博物館といったものを「空間」としての教育メディアとして捉え、前者を受容する場として後者が機能したという視点から、教育錦絵の受容の一形態として博物館・博覧会における教材の展示に注目してゆくこととする。

以上の枠組みに沿って、以下では明治初期に海外で開催された万国博覧会および海外の博物館における教育用品の展示、および日本の出品状況などを通じ、まずは博覧会・博物館における教材展示が日本にどのように移入されたのかについて検討する。

### （2）海外の万国博覧会への参加を通じた「教育」概念の移入

明治政府が初めて正式に参加した博覧会は、教育錦絵制作の布達と同年の一八七三（明治六）年に開催されたウィーン万国博覧会である。この博覧会は日本が初めて政府事業として国家的に参加した博覧会であり、大隈重信を博覧会事務局総裁としてこれに臨んだ。前年の一八七二（明治五）年一月に正院に博覧会事務局が設置され、文部大丞町田久成と編輯権助田中芳男が御用掛となり、出品や展示などの事務処理に当たった。この博覧会については太政官が「学術工芸ノ進歩・理世経済ノ要旨ヲ著シ、人生互相交易資益スル通義ヲ拡メテ、益利用厚生ノ道ヲ尽ス」との達しを出しているように、産業発展の見地からその益が認識されており、「名聞ヲ弘メテ国益ヲ計ル」という国威発揚の一環としての参加であった。

以上の意識は日本の出品資料からも窺える。『墺国博覧会出品手続』には出品資料が二六区に分けて記されているが、図表4－1のように概して産業上の製造物、器械類、美術工芸品が多かった。

教育関係のものには第一四区の「学問ニ関係スル器械ノ事」および第二六区の「少年ノ養育ト教授ト成人ノ徒修学

**図表 4-1　ウィーン万国博覧会における出品資料区分**[11]

| | |
|---|---|
| 第1区 | 鉱山ヲ開ク業ト金属ヲ製スル術ノ事 |
| 第2区 | 農圃ノ業ト林木ヲ養フ術ノ事 |
| 第3区 | 化学ニ基キシ工作ノ事 |
| 第4区 | 人作ニテ成リシ食物飲料ノ事 |
| 第5区 | 組織衣服品製造ノ事 |
| 第6区 | 皮革並カウチョク・ゴムノ類工作ノ事 |
| 第7，8区 | 金属品、木器品製造ノ事 |
| 第9区 | 石器土器硝子品物ノ事 |
| 第10区 | 細小品ノ事 |
| 第11区 | 紙楮類製造ノ事 |
| 第12区 | 書画並図取ノ事 |
| 第13区 | 機関及物品ヲ運送スル器械ノ事 |
| 第14区 | 学問ニ関係スル器械ノ事 |
| 第15区 | 楽器ノ事 |
| 第16，17区 | 陸軍，海軍ニ付テノ事 |
| 第18区 | 工業ノ事 |
| 第19区 | 都市ノ人民ノ住居其内部ノ模様飾物器品家具ノ事 |
| 第20区 | 田舎人ノ住居並其附属ノ建物及内部ノ模様器品家具ノ事 |
| 第21区 | 各国ノ家ノ内部ノ用ノ為ニ出来セン器品ノ事 |
| 第22区 | 美術博覧場ヲ工作ノ為ニ用フル事 |
| 第23区 | 神祭ニ関係スル術業ノ事 |
| 第24区 | 古書ノ美術ト其工作ノ物品ヲ美術ヲ好ム人並古実家展覧会へ出ス事 |
| 第25区 | 今世ノ美術ノ事 |
| 第26区 | 少年ノ養育ト教授ト成人ノ徒修学ノ事 |

ノ事」があるが（下線部分）、当時の出品物をみても主要品目は織物類、美術工芸品、細工物などとなっており[12]、「学問ニ関スル器械」とは動物の剝製や蛔虫類の液浸標本を指していたと思われる。このように、国内からの出品資料は日本を代表する産物や工芸品が中心に選定されており、博覧会参加目的について「国土之豊穣ト人工ノ巧妙ヲ以テ、御国ノ誉栄ヲ海外ニ揚候[13]」と述べている佐野常民の意見にもあるように、日本における天産物・人造物の出品による国威発揚を重視する立場から、産業関係の物品に比重が置かれていたといえる。あるいは展示するにふさわしい教育資料が満足に蒐集できなかった事情があったためとも考えられるが、結果的に教育資料の展示は副次的な位置に置かれている。

一方、ウィーン博覧会では海外の教育品や制度の紹介が積極的に行われた。佐野常民はウィーン博覧会で見聞した海外の教育事情について『墺国博覧会報告書』としてまとめた。一八七五（明治八）年に墺国博覧会事務局から刊行された同報告書では、博覧会部、博物館部などと並んで、一七部九六巻に及ぶ報告書のうち二巻にわたって教育部が設けられ、オーストリア、ドイツ、イギリスの教育制度が報告されている。このようにウィーン博覧会では、産業に副次するものでありながらも教材の海外出品が開始され、海外の教育制度や教具の紹介や情報交換が積極的に行われていた。

ウィーン博覧会の三年後に開催されたフィラデルフィア博覧会では、展示の柱に科学技術の進歩と教育の普及が位置づけられたこともあり、諸外国間との教育に関する国際交流はより積極さを増してゆく。アメリカ建国百年を記念するイベントとして開催され、参加国三八カ国、来場者一〇〇〇万人という大規模なものであったこの博覧会では、中心館で教育の制度・統計、幼児・初等・中等・高等教育、工・商・理・法・医などの各種専門教育、女子教育、障害者教育、学校建築と各般の教材・教具、図書館、博物館、美術館など、あらゆる教育関係の展示が行われ、まさに「各国の教育事情とモノを主体とする教育情報の国際的な出会いと触れ合いの場として、この博覧会は、世界の近代教育史の流れの上でも多大の意義があった」[14]ものであったという。

D・マレーはフィラデルフィア博覧会の報告書として『慕迩矣稟報《もるれいりんぽう》』（一八七七（明治一〇）年三月）を刊行し、田中不二磨も同博覧会で視察した教育状況を『米国百年期博覧会教育報告』（同年一月）四巻として刊行している。これはこの博覧会の教育部に各国が出品した内容を紹介し、日本の出品についてのアメリカの新聞雑誌の批評を訳出して掲載したものである。こうしたことからも、海外の教育制度や状況を調査し、積極的に取り入れようとする政府の姿勢が窺える。

フィラデルフィア博覧会の展示品の分類は大きく七つの部から成り、教育は「教育及知学」として、「鉱業冶金術」「製造物」「美術」「機械」「農業」「園芸」と並んで区分されている。これらのうち、教育関係資料はさらに図表

**図表 4-2　フィラデルフィア博覧会における教育関係資料**[16]

第七大区　知識ヲ増シ及ヒ弘ムル諸道具及ヒ方法
　第七〇中区　教育ノ道具及ヒ方法
　　少年ノ教育及ヒ遊戯玩弄ノ諸物／学校ノ什物及ヒ付属品／試験及ヒ講義需用ノ学校諸道具／掛図及ヒ海図等／模範レリイフマップ／画図及ヒ画図教導ノ器／習字書／順筆写画ノ目標ニ供スル法式模型／試験の手順及ヒ方法／学校ノ規則
　第七一中区　知識ヲ蓄ヘ及ヒ弘ムル事ヲ助クル出版物
　　学校及ヒ経書類／字典，博物字書，目録／論文／新聞紙／日記／定時出版物／想像時様ノ諸書
　第七二中区　海図地図及ヒ精写書画
　第七三中区　伝信機器及ヒ方法
　第七四中区　精細ノ器具及ヒ実体ノ鑿知経験及ヒ講義ノ機器
　第七五中区　現象物ノ器具及ヒ機器
　第七六中区　機器ノ計算及ヒ現象機器ニ外ナル指示及ヒ書記ノ機器
　第七七中区　錘尺規及ヒ銭重量尺度ヲ量ル機器
　第七八中区　時辰諸機器
　第七九中区　楽器及ヒ聲音ノ機器

4－2のように分類されている。[15]

フィラデルフィア博覧会の出品資料区分は小区まで含めると一〇九四と細かく、全ての物品の区分をここに示すことは避けるが、これらのほかにも、第一〇大区「人ノ身体知識道義ノ情勢ノ進ミヲ表スル諸物」のなかには「育嬰所及ヒ其附属品、体操野遊及ヒ許多ノ遊戯」といった幼児教育用教材、第一〇大区第一〇五中区「教授」には「初学ノ教授幼稚学校、一般学校ノ法式、大学校ノ教授、工芸ノ教授、廃人ノ教授、教導ノタメニ政府ノ扶助」といった各種学校の教授項目があるなど、教材関連の品目がみられる。[17]

これを前掲のウィーン博覧会における出品資料区分と比較すると、第七大区では一般的な教具、書籍など出版物、各種機器など区分の基準がかなり細分化され、いくつかの教具は複数の大区分に分散して分類されているものの、教育関連品目の分類基準が体系化されてきていることが分かる。この展示内容の部門別内訳に関して、石附実は「アメリカ側から示された、言わば参加・出展にあたっての参考資料を、日本側で翻訳・整理したものであろう」[18]と指摘しているが、こうした万国博覧会への参加・出品を通じて、海外の教材区分に触れるなかで、体系的な教育分類概念が日本に移入されていった。

このように、明治初期の万国博覧会への参加経験は、日本に海外の教育制度を紹介するのみならず、教材というモノの分類を通じて体系化された教育概念を移入する契機にもなっていたといえよう。そしてさらにこれらの概念を日本に持ち帰り、分類された教材を博覧会・博物館で展示することが、翻って体系的な教育の概念を国内に普及させる役割を果たしたと考えられる。教育錦絵の受容について考えるならば、それらが人々にどのような教育的事物として受け取られていたのかを知ることは重要であるが、前述してきた万国博覧会への参加は、そうした教育的事物を布置する枠組みを整える「素地」として機能したと捉えることができるだろう。

次節では明治前期の国内博覧会の出品分類の変遷を追ってゆき、そこで教育関係資料がどのように分類・展示されているのかを確認してゆくなかで、以上の「素地」が日本でどのように形成され定着していくのかについて明らかにしていきたい。

## 3　府県博覧会・内国勧業博覧会における教材の出品

### (1) 明治初期府県博覧会における教材の出品

一八七二(明治五)年に文部省が湯島聖堂で博覧会を開催してから、地方でも各地で博覧会が大流行した[19]。ここでは教材の初期の出品の場として明治初期府県博覧会に注目し、まずはそこで教育資料がどのように扱われているのかを確認する。

今回は、東京文化財研究所美術部編『明治期府県博覧会出品目録』(東京文化財研究所、二〇〇四年)を用いて、

**図表 4-3　明治初期博覧会における教育関係・玩具関係の出品状況例**

| | | | |
|---|---|---|---|
| 1874(明治7)年 | 伊勢山田博覧会 | 西洋絵手本　六冊 | 蜷川式胤 |
| | | 究理図解并植学図解掛物　十一幅 | 田中芳男 |
| 1874(明治7)年 | 東京山下門内博物館博覧会 | 組立手遊　砲台戦争ノ図　独逸製　三十一個一揃 | |
| | | 兵卒人形手遊　法国製　四十七個 | |
| | | 数学ニ用ル木毬　墺国製　一葉 | 田中芳男 |
| | | 理学并植学ヲ示ス図 | 田中芳男 |
| | | 地学稽古ノ図　文字ナキ者　博覧会教育品ノ部へ出スモノ　三十五枚入一帖 | |
| | | 網物教育雛形　墺国維那府製 | |
| | | 各国人物ヲ教ユル玩具　墺国維那府製 | |
| | | 児童ノ遊ガテラニ有毒草木ヲ覚ヘシムル絵合セ | |
| 1874(明治7)年 | 飯田博覧会 | 西洋錦絵 | |
| 1874(明治7)年 | 松本博覧会 | 文部省御製幼童見所絵図早指南 | 蜷川式胤 |
| 1874(明治7)年 | 名古屋博覧会 | 小学校懸ケ図　十四枚 | 愛知県庁 |
| 1875(明治8)年 | 京都博覧会 | 禽獣会動物図　十枚 | 博覧会社 |
| 1875(明治8)年 | 長野博覧会 | 英国飯理学及植学ヲ示ス図　十壱軸 | 東京博物館 |
| | | 哺乳獣剝製品 | 東京博物館 |
| 1876(明治9)年 | 富山展覧会 | 幼稚園　一組本一冊付　文部省 | 金沢博物館 |

一八七一（明治四）—七六（同九）年に全国の府県で開催された博覧会のうち、出品目録の所在が判明した四二件の博覧会の出品目録を検討した[20]。図表4－3は、これらの博覧会出品物のうち、幼児用玩具、教育用掛図など視覚教材に関する品目を抜き出して示したものである。

これらの博覧会の多くは一八七二（明治五）年に文部省主宰で開催された湯島聖堂博覧会を踏襲し、古器旧物が展示の中心となっており、教具関係・玩具関係の物品はそうした物品のなかにわずかに紛れ込んでいるにすぎない。また、目録の書かれ方をみても分かるように（図155、156）、当時の出品目録には品目の区分はなく、出品者と出品物が羅列して記されている。ここからは、陳列品を体系づけて分類する姿勢は窺えない。教具関係・玩具関係の物品の出品者をみてみると博物館やその関係者らが多い。これらは旧態然とした地方博覧会において少しでも新しい物品を展示しようとする博物館関係者の教育普及の痕跡とみることができるだろう。

このなかで、東京山下門内博物館博覧会は目録の前書に「昨年墺国博覧会ニ於テ買収セシ数多ノ物伊豆沖ニ於テ沈没シ無難ニ来着ノ品甚少シ、因テ当局従来ノ品及ヒ緒家ノ出品ト共ニ併列シテ来観ノ人ニ示ス」[21]とあるように、ウィーン博覧会での購入品を展示することを目的に掲げているため、外国製玩具などの品目が比較的多くみられる。しかし、同目録ではこれらの物品の分類はなされておらず、様々な「舶来品」が雑然と列挙されているに留まっている。

以上のように、ウィーン博覧会参加前後の国内博覧会における教具関係・玩具関係資料の展示は、一部の博物館関係者らの出品物が古器旧物などの間にわずかに混入しているにすぎず、教材を分類・展示するという意識そのものが希薄であったと推測される。

## (2) 内国勧業博覧会における教材の出品

続いて、内国勧業博覧会における教育資料の分類・展示について確認する。内国勧業博覧会は、ウィーン博覧会やフィラデルフィア博覧会などへの参加経験を通して、博覧会が勧業・貿易の振興に寄与することが大きいことが認識されたことから開催された国家規模の博覧会である。同博覧会は当時勧業政策を強力に推し進めていた内務卿大久保利通の首唱によって一八七七（明治一〇）年に第一回が開催され、以後一九〇三（明治三六）年まで五回にわたって継続的に開催されてゆく。一連の博覧会は回を重ねるごとに主催や興行的性格に変化もみられるが、本書の主旨に照らしてここでは詳しい沿革などには触れず、教育関係の出品資料の分類および内容に焦点を合わせ内国勧業博覧会の変遷を追っていくことにする[22]。

### 第一回内国勧業博覧会（一八七七（明治一〇）年）

まず第一回内国勧業博覧会における出品区分をみてみよう。

**図表4-4　第1回内国勧業博覧会とフィラデルフィア博覧会における資料区分**[24]

| 第1回内国勧業博覧会の資料区分 | フィラデルフィア博覧会の資料区分 |
|---|---|
| 第一区　鉱業冶金術 | 第一部　鉱業冶金術 |
| 第二区　製造物 | 第二部　製造物 |
| 第三区　美術 | 第三部　教育及知学 |
| 第四区　機械 | 第四部　美術 |
| 第五区　農業 | 第五部　機械 |
| 第六区　園芸 | 第六部　農業 |
| | 第七部　園芸 |

第一回内国勧業博覧会では計画、施設など全般に関して、一八七三（明治六）年のウィーン博覧会を模範にしたという指摘があるが[23]、図表4－4をみても分かるように、同博覧会では、資料の区分について前年に参加したフィラデルフィア博覧会を参考にしていると思われる。

しかし両者を比較してみると、他の六つの主要区分はそのままフィラデルフィア博覧会の区分を踏襲しているにもかかわらず、教育部門に関しては、フィラデルフィア博覧会では教育関係資料が「教育及知学」として主要な部の一つを占めていたのに対して（図表4－4下線部分）、内国勧業博覧会では第二区「製造物」のなかの第十六類に「教育ノ器具」として教育関係資料が位置づけられており、他の部に比べて一段下位の区分として分類されている。これは、前述したようにフィラデルフィア博覧会では「教育」が展示の主要な柱であったのに対し、第一回内国勧業博覧会では、まだ「教育」が展示区分においてはそれほど重要な地位を得ていなかったことを示しているといえよう。

しかし、第二区「製造物」のなかの第十六類「教育ノ器具」の品目を具体的にみてみると、それまでの府県博覧会とは違い、明確に教育品目と意識された物品が展示されるようになったことが分かる。

文部省からは同省出版物や学校教育用教科書、教材などが出品されている（図表4－5）。視覚教材としては「単語図」「連語図」「博物図」など学校用掛図がみられる。注目されるのは、「教訓錦絵」「替り絵」という品目がみられることである（図表4－5下線部

**図表 4-5　第 1 回内国勧業博覧会における教育用品の出品状況例**

| | |
|---|---|
| **文部省** | 文部省布達全書，仏国学制，理事功程，小児養育談，各国統計一覧，修身口授，物理階梯，化学日記，植学略解，日本略史，小学読本，百科全書，単語図，連語図，博物図，地球暗射図，教訓錦絵，替り絵，智慧の環，地球儀，噴水器，排気機，習字手本 |
| **内務省** | 書籍，教草，動物画図，草木図説図 |
| **東京府** | 地球儀，石盤，東京名勝図絵，農家必読，小学修身論，日本物産字引，童蒙教ノ道，女訓百人一首教鑑，絵入子供育草，東京日日新聞，磁石，眼鏡，琴，琵琶 |
| **愛媛県** | 愛媛新聞，掛捨時計，学事統計表，農業得益便 |
| **岐阜県** | 図方木，鯨骨尺，穀量，千本天秤，分胴 |
| **長野県** | 長野新聞，石筆，乾湿計，掛時計，眼鏡 |
| **愛知県** | 幼学人体問答，洋算早見表，土佐日記，尾張明細図，北斎画譜，記簿法独学，習字大全，玉勝間，地球儀，鏡，琴，楽太鼓 |

分）。「教訓錦絵」の項には「政紙半切木版摺彩色錦絵文部省」とあり、「替り絵」の項にも「政紙木版摺彩色絵」とあるが、これは《幼童家庭教育用絵画》の〈教訓道徳図〉〈着せ替え図〉をそれぞれ指していると思われる。内務省からは教草が出品されている。このように、掛図や教育錦絵といった絵図を中心とする視覚教育メディアは、内国勧業博覧会の時期に至ってようやく、博覧会という場で人々に受容されるようになっていたことが分かる。

各府県の出品物をみてみると、学校教育の教科書、教材、楽器や測量機器のほか、各地方の絵図、地方新聞、といった府県の特色をもつ品目などがみられる。なかには現在からみれば教育用品といえるのか怪しいものも含まれているが、展示分類において「教育」というカテゴリが意識されるようになったことは、それまでの府県博覧会との大きな違いである。

### 第二回内国勧業博覧会（一八八一（明治一四）年）

第二回内国勧業博覧会は、第一回が開催された当初、太政官布告において「内国勧業博覧会は本年の開設を以て第一回とし爾後五年目毎に之を開設するものとす」と定められたように、継続的な博覧会として一八八一（明治一四）年に開催された。そのため、開設事務は前回の内務省から内

**図表 4-6　第 2 回内国勧業博覧会における教育用品の出品状況例**

| | |
|---|---|
| **内務省** | 大日本全図，日本地誌提要，気象網図，各種骨格標本（蝙蝠，狐，鳩，鯉等），各種植物標本 |
| **東京府** | いろハ新聞，東京絵入新聞，教育新誌，啓蒙数学骨碑及盤，小学作文階梯，明治新国史略，開化新題歌集，東京絵図，写真額，琴，三弦，懐中時計，コンパス，教育物理器，運動発具器，磁石，算盤，眼鏡，顕微鏡，動物剝製 |
| **兵庫県** | 勧業報告，公私立学校統計表，七一雑報，算盤，尺度，湯染木綿 |
| **埼玉県** | 小学生徒作文，学校生徒写生図，尺度，一斗枡，化石 |
| **愛知県** | 有用植物，石盤，家長心得，尾張名所図絵，算盤，写真 |
| **静岡県** | 書，裁縫，作文，拡徳算法，静岡新聞，化石，尺度，月琴 |

務・大蔵両省の共同所管となるなど管轄上の変化はあったが、出品部類は第一回の六つの区分がそのまま踏襲された。したがって、ここでは改めて出品区分を示すことはしない。展示における「教育」の捉えられ方にも大きな変化はみられないとみてよいだろう。教育用品は第二区「製造品」のなかの第十四類に「教育及学術ノ器具」として分類されている。

各府県の出品内容は、学校教具、新聞、地方絵図、楽器、各種機器など、第一回とほぼ変わらない。ただし、第二回からは生徒の作文、習字などといった学校での学習成果を展示する傾向がみられるようになる（図表4－6）。

教育錦絵の展示に関しては、筆者が調べた目録には該当する記載は見当たらなかったが、中村紀久二は同博覧会の『文部省教育品陳列場出品目録』に「文部省出版図書」として「錦絵　八十枚　金二十五銭五厘　替り絵　十枚　金九銭八厘」とあることを指摘し、これらが《幼童家庭教育用絵画》を指すと解されると述べていることから、第一回に引き続いて、第二回でも教育錦絵が展示されていたとみてよいだろう[25]。

第一回および第二回内国勧業博覧会の目録における教育錦絵の記載は、教育錦絵が博覧会で直接人々の目に触れていたことを示すと同時に、それらが単なる錦絵ではなく「教育資料」として認識されていたことを示すものであったといえる。

第三回内国勧業博覧会（一八九〇（明治二三）年）

第三回内国勧業博覧会は、先の太政官布告に従えば一八八五（明治一八）年に開催されるはずであったが、九〇（同二三）年が紀元二五五〇年であったことなども関係して同年に延期されて開催された。第三回内国勧業博覧会では図表4－7のように主要な出品分類に「教育」が加えられた点が注目される。

また、陳列方法に関しても、それまでは府県別のもとに各部順に資料を陳列していたが、第三回からは部別のもとに各府県順に資料が陳列されることとなり、各部の品目が一覧しやすくなった。このことは府県の区分よりも資料分類の区分のほうを一層際立たせる展示に移行したものと捉えることができる。すなわち、それまでは各府県ごとの特産品の特徴を見比べることが重視されていたのに対して、第三回からは各部の概念や特徴を把握することが前面に押し出されることとなったといえよう。そうした転換の時期に「教育及学芸」の部が新設されたことからは、「教育なるもの」とは何かを人々に明確に認識せしめようとする政府の意向が窺われる。

では、「教育及学芸」の部には具体的にどのような品目が陳列されていたのだろうか。次頁の図表4－8は「教育及学芸」における陳列品のうち主な品目を府県別に例示したものである。

陳列目録の主区分に「教育」が設けられるようにはなったが、具体的な出品品目は第二回までと大きく異なるものではない。第二回までと違うことといえば、幻燈器械、双六、玩具、細工物など、が加わったことである。幻燈器械に関してはこの時期にようやく普及してきたため展示に加えられたと考えられるが、双六、玩具、細工物といった以前からあるものがここで展示されるようになったことは、これらが教育資料であるという認識が広まったためと考えられる。したが

**図表4-7　第3回内国勧業博覧会における資料区分**

| | |
|---|---|
| 第一部　工業 | 第五部　教育及学芸 |
| 第二部　美術 | 第六部　鉱業及冶金 |
| 第三部　農業山林及園芸 | 第七部　機械 |
| 第四部　水産 | |

**図表 4-8　第 3 回内国勧業博覧会における教育関係の出品状況**

| | |
|---|---|
| **東京府** | 動物画，植物画，幻燈器械，学校用兵式体操器具，小学校建築図案，楽器，剝製，標本，習字，作文，算盤 |
| **大阪府** | 算盤，英語教授盤，組立日本地図，小学校模型，置文字玩器，各種図画 |
| **神奈川県** | 手工遊戯，童蒙教育双六，学校沿革，学校建築図案 |
| **兵庫県** | 電気作用玩具，測量器械，画額，算盤 |
| **埼玉県** | 地球儀，押画額，習字，生徒成蹟物 |
| **愛知県** | 教育指数器，鳥類図，地図，単語教授法，授業教案，修身掛図 |
| **静岡県** | 小学校用机，暗算加留多，生徒試問答案 |
| **秋田県** | 学校日誌，作文，道具箱 |
| **石川県** | 時計台，試験管，尋常科図画，繭，硯，夜具，素縫指教図 |
| **富山県** | 習字，作文，折紙細工，直角定木，立方体，学事一覧表，動物標本，答案 |
| **岡山県** | 教育用連絡図，教授用図解，小学校建築図案，暗射地図，体操遊戯図，紙細工教授図，簡易教具，幼稚保育場幼児手工品額 |
| **広島県** | 皇教教育考案表，子守改良方法，植物標本，斗量，尺度 |

って、この時期には教育資料の概念の幅が広がっていったということができるだろう。

また、府県により出品の量や質に差があるのは相変わらずであるが、総じて「習字」「作文」といった品目が増え、さらに「試問答案」「学校日誌」などの品目もみられるようになることから、同博覧会が教育の「成果」を教育資料に組み込んでいった様子が推測される。

**第四回内国勧業博覧会（一八九五（明治二八）年）**

第四回内国勧業博覧会は一八九五（明治二八）年、それまでの東京・上野公園から京都に会場を移して開催された。同博覧会では、多少名称が変化するものの第三回における七種の部類が踏襲され、教育関係の出品物は第五部に「教育及学術」として設けられた。ただし、第四回では以下のように「教育及学術」の内訳としてさらに、家庭教育・各種学校教育・社会教育における教育の場ごとの教育物品を展示する「教育」の類、学問の内容ごとに専門の用品や機器を展示する「学芸」の類、実験・医学系機器を展示する「医学及衛生」の類、各種組合や協会の規定や管理法、営業の統計資料を展示

**図表 4-9　第 4 回内国勧業博覧会における「教育及学術」部の区分内訳**

第五部　教育及学術
　第三十八類　教育
　　其一　家庭教育ノ用品及方法
　　其二　幼稚園及小学校ノ設計，用品，器械及教育法
　　其三　徒弟学校，実業補修学校，盲唖学校其他各種学校ノ設計，用品，器械及教育法
　　其四　中等学校ノ設計，用品，器械及教育法
　　其五　高等学校，技芸学校及実業学校ノ設計，用品，器械及教育法
　　其六　図書館及博物館ノ設計，用品，及器械
　　其七　学事ニ関スル法案，成績及統計類
　第三十九類　学芸
　　其一　動物学，植物学及人類学ニ関スル用品及器械
　　其二　物理学，化学，地学，地震学及気象学ニ関スル用品及器械
　　其三　数学，星学，航海術及測量ニ関スル用品及器械
　　其四　書画ニ関スル用品（文房具ハ其六）
　　其五　時計，晴雨計，寒暖計其他精測器
　　其六　望遠鏡，顕微鏡其他視学器
　第四十類　医学及衛生
　　其一～其八（略）
　第四十一類　営業ノ機関及統計
　　其一～其四（略）

**図表 4-10　第 4 回内国勧業博覧会における「教育」類の出品例**

| | |
|---|---|
| **東京府** | 木紙金属製教育用果実蔬菜模型，邦語綴字書額，ランドセル，小学校庶物標本，図案画帖 |
| **京都府** | 習字教授用白色塗板，農業補習学校設計書，紙製人体骨格，算盤 |
| **大阪府** | 石盤，紙製果物，修身科図画，学校用小児玩弄品，習字図画用具 |
| **兵庫県** | 教授用木材標本，算盤，作文帳，麦稈細工家庭用恩物 |
| **徳島県** | 算術教授用具，尋常師範学校生徒人物技能各郡優劣表，小学修身作法掛図，折方教授掛図，いろは教授器械，家庭教育法案，生徒賞罰日誌表式，修身教授法，遊戯用仮名かるた，家庭教育用貯蓄金方法，おこなひのかゞみ，遊戯器械，歴史図 |
| **高知県** | 校舎図面，校舎写真，保育用豆細工船，教授及保育用標本絵折本，動植物標本，クス玉 |
| **大分県** | 小学校沿革史，乗数九々初歩実物掛図，生徒出席計，定期試験成績表，幼稚園規則，勅語図解表，遊戯法雛形，生徒用机腰掛図，教育幻燈映画，教育品展覧会記載書，修身教授方案，村内小組別教育上ノ比較表，就学奨励法 |

**図表 4-11　第 5 回内国勧業博覧会における資料区分**

| | | | |
|---|---|---|---|
| 第一部 | 農業及園芸 | 第六部 | 工業 |
| 第二部 | 林業 | 第七部 | 染織工業 |
| 第三部 | 水産 | 第八部 | 製作工業 |
| 第四部 | 採鉱及冶金 | 第九部 | 教育学術，衛生及経済 |
| 第五部 | 化学 | 第十部 | 美術及美術工芸 |

する「営業ノ機関及統計」の類の四種に分類され、各類も図表4－9のようにより細かく体系立てて分類されることとなった。

三十八類「教育」の区分における各府県の出品状況例をみてみると図表4－10のようになる。内国勧業博覧会も四回目ということもあり、教育資料の概念もほぼ定まってきたといってよいだろう。第一回から継続して出品されてきた学校用教材、第三回からみられるようになってきた幻燈、幼児用玩具の品目も引き継がれている。第四回にみられる特徴としては、「修身科図画」「修身教授法」「おこなひのかゞみ」などといった道徳教材が目に付くようになってきたことが挙げられる。これは明治二〇年代に入り、教育政策のなかで徳育が注目されるようになってきた状況を反映したものであろう。

### 第五回内国勧業博覧会（一九〇三（明治三六）年）

第五回内国勧業博覧会は、太政官布告に従えば一八九九（明治三二）年開催の予定であったが、政府は翌年のパリ万博への参加準備に忙しく、結局一九〇三（同三六）年に延期して大阪で開催されることとなった。同博覧会では以下のように出品部類が一〇部に拡大され、教育部門は第九部に「教育学術、衛生及経済」として位置づけられることとなった（図表4－11）。また、第五回では出品陳列館として教育館が初めて独立して設立されることとなった。

第九部「教育学術、衛生及経済」は、第四回のときよりもさらに細かく、図4－12のように内訳が区分された。

**図表 4-12　第 5 回内国勧業博覧会における「教育学術，衛生及経済」部の区分内訳**

第九部　教育学術，衛生及経済
　第四十九類　教育
　　　其一　家庭用品ノ方法及用品
　　　其二　幼稚園，小学校及盲唖学校ノ設計，教育ノ方法，器具及用品
　　　其三　中学校，高等女学校其他中等教育ノ学校ノ設計，教育ノ方法，器具及用品
　　　其四　師範学校ノ設計，教育ノ方法，器具及用品
　　　其五　各種実業学校及講習所ノ設計，教育ノ方法，器具，用品及成績品
　　　其六　各種高等ノ学校ノ設計，教育ノ方法，器具及用品
　　　其七　図書館及博物館ノ設計，管理法，器具及用品
　　　其八　通俗教育ニ関スル方法
　第五十類　学術
　　　其一　初等中等教育ニ於ケル修身教授用品及図画
　　　其二　初等中等教育ニ於ケル理学科教授用ノ器械，標本，模型及図画
　　　其三　初等中等教育ニ於ケル歴史，地理其他文学科教授用ノ器械，標本，模型及図画
　　　其四　実業教育用ノ器械，標本，模型及図画
　　　其五　数学及力学器械，器具，模型及図画
　　　其六　音響学器械，器具，模型及図画
　　　其七　光学器械，器具，模型及図画
　　　其八　電気学及磁気学器械，器具，模型及図画
　　　其九　化学器械，器具，模型及図画
　　　其十　博物学器械，器具，模型及図画
　　　其十一　各種学術器械，器具，模型及図画
　　　其十二　絵画，彫塑及製図用器械器具及用品
　　　其十三　楽器及其付属品
　第五十一類　医学及衛生
　　　其一～其六(略)
　第五十二類　測定器
　第五十三類　写真及印刷
　　　其一～其七(略)
　第五十四類　建築及土木
　第五十五類　統計及経済

**図表 4-13　第5回内国勧業博覧会における「教育」類の出品例**

| | |
|---|---|
| **家庭教育ノ方法及用品** | 家庭注意事項，児童ノ勤倹貯蓄心ヲ養成スル方法，家庭教育ニ関スル意見，紙製玩具犬，家庭用玩具，子守教育方法，改良俚言かるた，貝あわせ，家庭精神，幼年徳育画，教育的玩具，教育双六，玩具絵合セ，家庭教育方法書，教育玩具やまとけしき，模型獣類，教育玩弄軍艦ノ模型，家庭教育用遊嬉机 |
| **幼稚園，小学校，中学校，高等女学校，師範学校，実業学校，高等ノ学校ノ方法，器具及用品** | 計数器，学校用机腰掛，各種写生図，試験成績表，各科適用教具教案，水入，筆洗，学校平面図，学校規則，黒板，唱歌用掛図，図案教授法，色ノ図，乗算九々図，地図，算盤，我ガ理想ノ国民養成方法表，簡易実業補習教育法概要表，女生徒衣服模型，カバン，実業教育勧農すごろく，聖旨道徳具体図，盲人用新案点字速記器，傘棚，改良習字用紙，幼稚園教授法，動植物標本 |
| **図書館及博物館ノ設計，管理法，器具及用品** | 通俗図書館建設法案，青年社会矯風方法，図書館設計案 |
| **通俗教育ニ関スル方法** | 保護者学校参観方法，通俗教育方法，俗謡改良ノ法案，行為教育法，附属掛図，巡廻精神教育器械，工手教育教授細目 |
| **初等中等教育ニ於ケル修身教授用品及図画** | 征清戦史，帝国年代図，日本歴史地図，紙造果物蔬菜模型，報時器模型，徳育唱歌軸，地理説明図，昆虫標本，動物標本，算数教授用具，勅語俗諺解，便所模型，地球儀，計数器 |

「教育」の部分では，家庭・学校・社会が明確に意識された分類区分になっている。出品陳列の方法は第三回内国勧業博覧会以来，部別のもとに府県別を採用する陳列方法としていたが，出品品目の増大と細分化が進んだことで，部別陳列だと同種の物品を各地出品ごとに通覧対比することが困難となったことから，第五回では類別のもとに府県別陳列をなす方針が採られた。このことで，出品品目の分類はさらに意識的になされるようになったといえる。

出品されているもの自体は第四回までのものと重複する部分が多いが，それまでよりも細かく分類されることで，各類の特徴がより明確に区別できるようになった。一方，第五回からは「通俗教育ニ関スル方法」や「修身教授用品及図画」といった項目が新設されたことが注目される（図表4－13）。通俗教育の類には「保護者学校参観方法」など大人向けの教育資料が展示されているが，これらは明治後期になって通俗教育概念が明確化する過程が博覧会にも反映しているものと捉えられる。ちなみに，ここでは通俗教育を説く方法書が中心で，通俗教育で利用された幻燈や映写機などは「写真及印刷」の類にまとめて展示されている。また、「修身」が区分項目として新設されていることは、教育勅語以降の道徳教育重視の教育政策が反映されたものとみてよいだろう。

ただ、家庭・小学校・中等学校・図書館・博物館など、それまで目録上では品目を区分していたが実際に品目を列挙する際には区別していなかったものも、第五回以降は別々に記載されることになったため、分類における混乱も見受けられる。たとえば、「学校の器具」の部類にも「我ガ理想ノ国民養成方法表」や「聖旨道徳具体図」といった修身教授用品とみられる資料が記載されていたり、「修身教授用品」の部類に「動物標本」「算数教授用具」が含まれていたりする。これらは分類の曖昧さとも受け取れるが、逆に当時の人々がどのような用品をどのような概念で捉えていたかを知る指標になるともいえる。

以上、第一回から第五回まで内国勧業博覧会における教育品目の展示および分類の変遷を追ってきたが、ここでは、海外の博覧会から取り入れた「教育の展示」という手法が回を重ねるごとに発展していく様子を、教育部の区分の変遷や、部類内の細目などから確認することができた。博覧会におけるこうした区分方法や出品品目は、当時の主催者が教育をどのようなものとしてみせようとしていたか、当時の観覧者が教育をどのようなものとして受け止めていたかを知るうえで重要な情報を提供してくれる。ここで、第一回と第二回内国勧業博覧会に教育錦絵が展示されていたことは、こうした資料を「教育なるもの」として捉え始めた初期の段階において、教育錦絵もまた「教育なるもの」として人々の目に触れていたことを示すものである。

また、博覧会を重ねるごとに教育に関する項目が細分化・体系化していくことは、当時の人々が考える「教育なるもの」=〈教育〉概念の体系化を映し出しているものと考えられる。通俗教育や修身教具の項目が増設されたことなども、当時の教育事情を如実に反映したものと捉えられる。博覧会における教育展示は、当時の社会における教育認識を視覚的に提示するメディアとしての役割を果たしていたといえるだろう。

## 4　教育博物館構想と教育メディアの展示

ここでは内国勧業博覧会に続いて、海外の万国博覧会での教育展示を参考にして設立された教育博物館における教材展示の検討を通じて、教育錦絵およびそれに準ずる視覚教材の受容の一形態を明らかにする。

### (1) フィラデルフィア博覧会から教育博物館構想へ

教育博物館は、教育上に必要な物品を収集・展示する目的で構想され、一八七七（明治一〇）年八月上野公園に開館した。同博物館の起源は、一八七二（明治五）年に文部省が湯島の旧昌平校内の大成殿に博物局観覧場を設立したことに遡る。翌年のウィーン万国博覧会への出品物などを加えた後、一八七三（明治六）年三月に博覧会事務局の管轄、七五（同八）年二月に再び文部省の管轄になるなどの変遷を経て、東京博物館となる。さらに収集品の増加により翌一八七六（明治九）年に拡張計画があがり、七七年三月に教育博物館として完成した[26]。

こうした教材展示場としての教育博物館が構想される直接の契機となったのは一八七三年のウィーン万国博覧会および七六年のフィラデルフィア万国博覧会への参加であるとされる[27]。日本はウィーン博覧会に引き続き、殖産興業・貿易促進・国威発揚などの目的からフィラデルフィア博覧会にも積極的に参加するが、とくに教育部門での参加には意欲的で、参加の窓口として設置された米国博覧会事務局（総裁：大久保利通、副総裁：西郷従道）の代表団のほかに、文部省からも独自に派遣団を組織して海外の教育調査に当たっている。派遣団のメンバーは、団長の田中不二麿、顧問役の学監D・マレーを筆頭に、畠山義成、阿部泰蔵、手島精一、出浦力雄らであった。帰国後、田中は『米国百年期博覧会教育報告』（一八七七（明治一〇）年一月、文部省刊）を、マレーは『慕迩矢稟報《もるれいりんぽう》』（同年三月）を報告書としてまとめ、博覧会での教育関係の展示を通してみた各国の教育事情を紹介しているが、そこでは教育の博物館についての言及もみられ、日本における教育博物館の必要性が強調されるようになっていった。とくにマレーは『慕迩矢稟報』のなかで教育博物館を以下のように高く評価している。

> 学校什具《じゅうぐ》ノ最良ナル模範装置ヲ備ヘ並ニ良好ノ学校ニハ欠ク可ラサル学術ニ関セル物品ヲ集メ設ケタル模型学室ハ之ヲ教育博物館ニ備ヘ置カハ利益少ナカラサル可ク且是ハ学校用諸器什ヲ展示スルカ為ニモ学校吏員教官等カ模擬スル規矩《きく》トモナル可ク思量セラル〔28〕

ここでは、学校の教育関係者らが模擬する手本として、「最良ナル模範装置」「学術ニ関スル物品」を教育博物館に収集・展示することが奨励されている。先述したように、この報告書の出版の前年から東京博物館を拡張して「学術博物館」とする計画は立ち上がっていたが、当初「学術博物館」設置の計画は、東京博物館で増加した収蔵品と、マレーがアメリカで収集した物品の収蔵スペースが手狭になったことが理由であったのであり、教育専門の博物館としての構想が明確に具体化される契機としては、マレーや博覧会派遣団の海外の教育博物館に関する報告の影響が大きかったといえよう。

教育博物館は一八七七年三月末に竣工し、八月一八日東京上野に開館した。開会式の演説で田中不二麿はこの博物館の目的と役割について以下のように述べている。

教育いっさいの品を排置し、その得失を比較し、博く世人の選用に供するは、これ教育博物館の主義なり。けだし教育多数の事業を挙げて、親しくこれを実際に施為するは、もとより政府の本意にあらず、ただし世人の模倣演繹すべき中外各標本を公示し、以て指点開引の具となし、各自の需要に随い左右に取りてその源に逢うの地をなすにすぎざるのみ。故にその標本となすべきものは、精粗を問わず細大を論ぜず一場の下に臚列し、あまねく世人のこの館に就てその標本の良否を査覆し、これを実施に試み文運隆旺の効を呈し、いよいよ教育のその真価あるを証するに至らば、この館を称して諸会の光輝を収蔵する一大宝庫と謂うもまた可ならずや。[29]

ここで田中が述べている、陳列品の「得失」を比較して「世人の選用に供する」という主旨は、博物館を「眼目ノ教」と捉えていた佐野常民の理念と通底するものがあり、博覧会・博物館構想に通底する教育概念として注目される。この教育博物館開館式の田中の演説には、佐野常民が述べているような産業と教育を直接結びつける発言はみられないが、「教育いっさいの品を排置し、その得失を比較し、博く世人の選用に供する」といった「見比べ学ぶ」ことへの注目、標本を「一場の下に臚列し、あまねく世人のこの館に就てその標本の良否を査覆」するといった鑑識眼を身に付けることへの期待を窺わせる発言からは、佐野と同様に視覚教育の場として博物館に期待していたことが読み取れる。

教育博物館開館から三日後、同じ上野では第一回内国勧業博覧会が開幕することとなるが、教育に特化するか勧業を前面に押し出すかの違いはあれ、両者は視覚教育という点では同一線上の施策と捉えられる。こうした政府主導による視覚教育施設およびイベントがほぼ同時に同じ場所でスタートしたことは、当時の学校外教育政策のなかで、いかに視覚による民衆教化が重視されていたかを示すものであるといえよう。

## （2）教育博物館の構造および幼稚教育具の展示状況

教育博物館の建物は図表4－14にみるように、玄関入り口をはさんで両翼対称形の二階建て洋風建築の構造をとり、一階は第一室の幼稚教育具から、数学・地学・物理学・星学・化学・書画学といった各分野の器械器具を経て、専修学科教具、不具者《ママ》教具、体操器具、教場用具、生徒製作品の第七室まで、二階は魚類、鳥類、哺乳類などの動物植物の標本および鉱物、地質学用具や古生物模造類の資料などが第十三室まで続く構成となっている。

具体的な展示物の内容については、一八八一（明治一四）年六月に発行された『教育博物館案内』（同館刊行）に開館後四年経ってからの陳列内容が紹介されており、「此書に説く所は本館列品百中の一にして僅に其一隅を示すもの」[30]とはあるものの、当時の展示状況をある程度把握することができる。同案内によると、教育博物館での収集内容は玩具、恩物、机、椅子、各種学校教具、標本、模型、器械器具、幻燈など広範囲にわたり、国内だけでなく西欧各国の物品が多数含まれている。

これら外国物品はフィラデルフィア博覧会（一八七六（明治九）年）、パリ博覧会（一八七八（同一一）年）など万国博覧会を通じて入手したものが多かったようである。こうした内外の物品の収集・展示を通じて、教育博物館は当時の学校をはじめとする教育制度を普及・進展させるための情報を提供する役割を果たしていたといえる。

教育錦絵の受容状況を明らかにするために、ここで第一室の幼稚教育具の資料品目をもう少し詳しくみてみる。『教育博物館案内』には第一室の陳列品に関して「此室には教育玩具、幼稚園恩物、実物教授用標本、および掲図などを排列す」[31]とあり、図表4－15のような資料を挙げて解説を付している。

主に家庭で用いる玩具類、幼稚園で用いるフレーベル主義教材、その他実物教育用教材という三種に大別されるが、

**図表 4-14　東京教育博物館の展示区分**(1879(明治 12)年)[32]

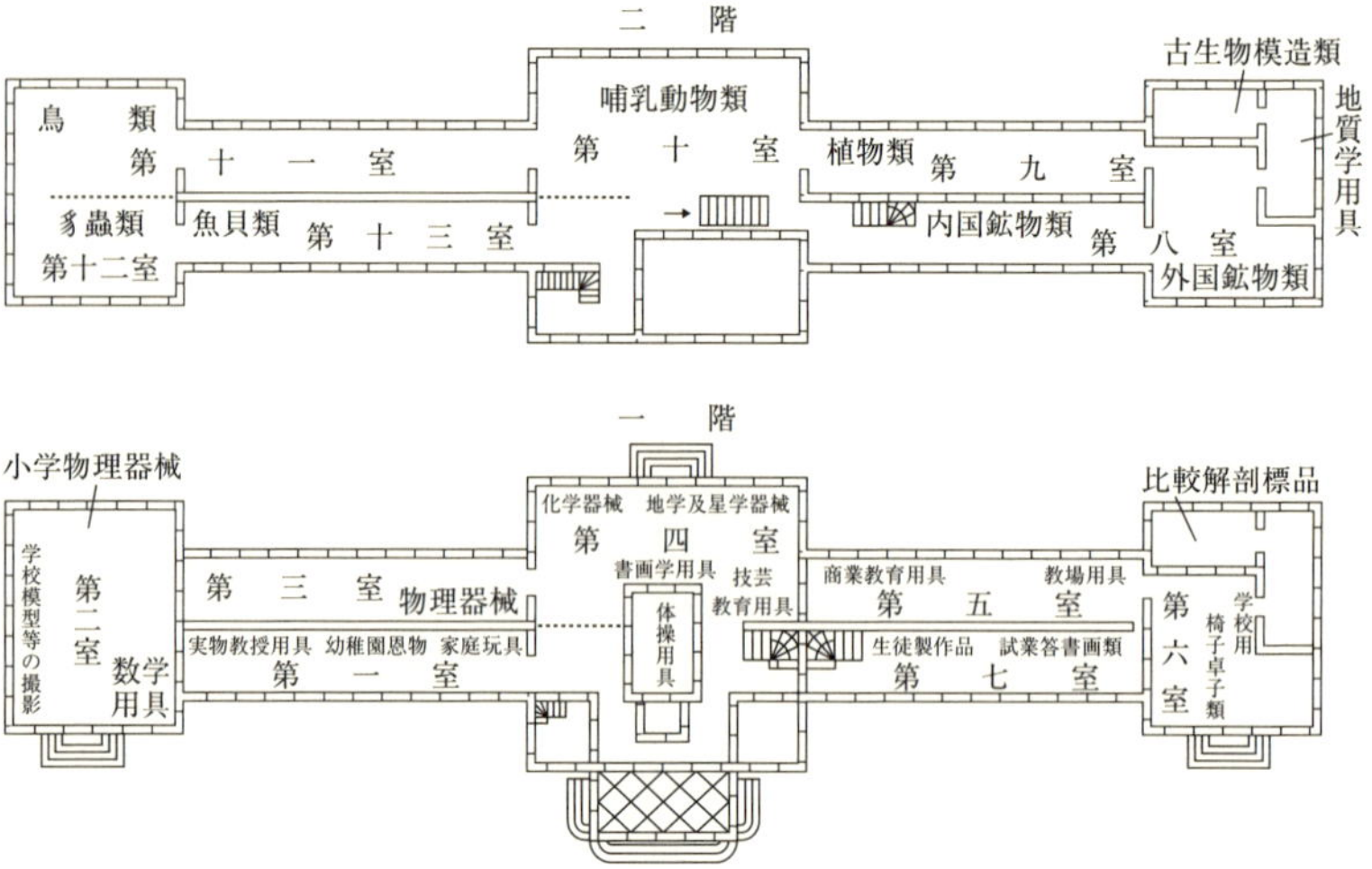


**図表 4-15　第一室 幼稚教育具の資料品目**

| | |
|---|---|
| **家庭用玩具類** | 切抜絵，手形の図，双六，智慧の環，博物図解，鞠類，風琴 |
| **幼稚園教授用具類** | フレーベル肖像，幼稚園恩物 |
| **実物教授用標本，掲図類** | 扁額，博物局出版の農事図解及び教草，独国の諸職業用具，綴字具，仏国製度量衡，博物局動物標本，麻布，金石，幻燈 |

いずれも幼児期における感覚教育・実物教育を意識して設けられた展示室であるといえよう。《幼童家庭教育用絵画》には組立絵や切抜絵が含まれていることから，このなかでは家庭用玩具類に分類されると考えられるが，『教育博物館案内』には直接《幼童家庭教育用絵画》を示すと思われる記載は見当たらない。

同案内では，掲図類に関して「独国及び英国の印行に係る実物教授の図にして，或は四季の風景，諸工匠の業に就くの状，及び人間に有用なる動物等を示せるものの類」という解説があったり，外国製の家庭玩具類には組立絵，組立地図，切抜細工，家屋組立木，縫取細工，針画，綴字具などがあると記されたりしているように，これらの展示品には外国製品が多数を占めていた様子が窺える。

先述した但書きにもあるように，『教育博物館案内』で解説されているのは展示物のごく一部であり、国内製造品よりも海外の物品解説に紙幅が割かれる傾向にあるため、《幼童家庭教育用絵画》の出品の有無をここのみから判断することはできないが、同絵図を含め明治初期に発行された錦絵教材の模範となる海外の絵図、教具類が展示されていたことは確認できるため、同種の視覚教材が多くの観覧者の目に触れていたことは間違いないだろう。

実際、この博物館には教育関係者だけでなく、広く一般の人々が訪れていたようである。一八七七（明治一〇）年の八月から十二月までの四カ月半の入場者は一七万六〇〇〇人[33]、入場が無料であったことから一般の見物人も増加し、混雑を防ぐために翌年からは入場料を取るようにしたほどであったという[34]。この数値は、同時期に開催された第一回内国勧業博覧会（四五万人）には及ばないが、教育博物館開館の翌年に開かれた第七回京都博覧会（一六万人）を超える入場者数であり、同博物館が博覧会とは異なり常設展示施設であったことを考慮すると、いかに多くの人々の目に触れた展示であったかが窺える。

## 5　〈教育〉の展示にみるメディア戦略

以上、本章では教育錦絵の受容のされ方について、主に《幼童家庭教育用絵画》を例に博覧会・博物館における展示状況から考察してきた。その結果、初期府県博覧会・内国勧業博覧会・教育博物館での展示を通じ、教育錦絵を含む種々の品々が「教育」というカテゴリのもとで秩序立てられていく過程を明らかにした。

《幼童家庭教育用絵画》およびその他の文部省発行教育錦絵が教育博物館の展示資料にどの程度含まれていたのかを明確に把握するには、今後さらなる史料調査が必要であるが、ここでは個々の列品項目よりもむしろ、教育博物館の第一室に幼稚教育具という展示室が設けられたことの意味について考えてみたい。

図表4-14の各展示室区分をみてみると、一階の器械器具を展示する部屋は数学・物理・化学といった学問領域による区分、二階の標本を展示する部屋は魚介類・鳥類・植物類・鉱物類といった標本内容による区分といったように、それぞれの教具を用いて教授する「内容」を基準に展示室が区分されている。これに対し、家庭玩具や幼稚園恩物を展示する第一室や教場用具や学校用椅子・机を展示する第五・六室などは、教育対象者別の教具の紹介、あるいは「教育方法」の展示という観点から区分・設定された部屋であるといえる。

こうした区分基準の違いは、展示を見せる対象者の教育意図の違いを反映していると考えられる。たとえば、植物標本展示室では観覧者が標本から植物そのものの知識を得ることが想定されていたかもしれないが、幼稚教育具の展示室では大人が幼児に家庭用玩具を用いてその場で教育することは想定されておらず、そうした玩具を教育品として認識することが期待されていたと考えられるのである。すなわち、教育博物館では「教育内容（何を教育すべきか）」の提示に留まらず「教育方法（どう教育すべきか）」の提示が重視されていたといえる。したがって、幼児教具として海外の玩具や国内の双六絵などを展示することは、そうした「玩具」を「教具」として認識させる作業、言い換えれば展示品を教育媒体として意識化させる作業であるといえよう。すなわち、こうした視覚教材を展示することは、その教材のもつメディア的側面を提示することになるのである。

実際、この時期の教育錦絵の展示や幼稚園恩物の普及などにより、「その後、明治三六年前後になると、東京における玩具問屋はたいていその販売広告に「教育」の二字を冠するほど」になり、「その頃には玩具の生産者も需要者も「少なくとも玩具は教育的でなければならぬことを観念づけられるに至った」といわれるように、子どもの玩具や遊戯と教育が同じ土壌で論じられるようになった」ことを高田文子は指摘している[35]。この意味では、博覧会・博物館における展示を通じて、内容のみならず媒体についてもあらゆるものが「教育」的視点から転換されねばならないことが示されたのであり、近代国家にふさわしい教育とは何か（＝〈教育〉概念）を民衆に自覚させようとする政府のメディア戦略は大いに成功したといえよう。

教材を媒体とした〈教育〉概念の普及は、博物館の展示品の貸し出し活動にもみることができる。教育博物館では単に内外の教育用品を展示するのみならず、遅れていた国内の教育用機器の製造技術の向上、教育用品製造業者の育成と教育品の普及を目的として、館の収蔵品を貸し出したり払い下げたりする活動も行っていた[36]。たとえば幻燈器械なども館による制作が行われていたが、その後この幻燈は民間制作会社により多数製造され流行し、明治二〇年代には通俗教育の有力な道具として利用されることとなる。このような社会全体の教育環境の向上を期待した教育博物館の展示品貸し出し活動は、教育内容と教育媒体の二重の普及活動となり、幻燈をはじめとする諸機器を教育メディアとして認知させてゆく契機となったといえる。

ここから教育錦絵の受容について考えるならば、錦絵に描かれた教育的内容の受容と、錦絵というメディアのもつ教育的側面の受容の両者について検討する必要があろう。たとえば、養蚕や稲作など明治初期日本の農産業の工程を図示した《教草》（図107）は、産業の部に展示されれば国内産業の「内容」を示すものとして受容されるが、教育博物館では実物教授用具類として展示されており（図表4－15）、ここでは絵図が視覚教育機能をもつ媒体として人々に受容されることとなる。本章では教育博物館における教材の展示状況を検討してきたが、以上の受容の二重性についていえば、これは後者に関する教育錦絵の受容の一断面を探る作業として位置づけられる。

こうしたメディアとしての教材の展示は、東京教育博物館を起点に地方や民間機関にも波及し、当時の具体的な教育理念を広く普及する役割も果たした。たとえば一八七八（明治一一）年四月に地方博覧会の後を受けて開館した大阪府教育博物館では、博物標本・絵図・理化学器械・地図・幼稚園や小学校の教具・生徒の作品など東京教育博物館と同様の各種教材を展示するとともに、小学校教員を対象とする講習会なども開かれていた[37]。さらに場内には美術館・能舞台・茶室・馬場なども併設し、民衆に対する実物教育と娯楽の機能を併せもつ施設として大いに拡張したという[38]。

また、明治一〇―二〇年代には常設の教育品陳列場ではなくても、教育共進会・教育品展覧会・学芸品展覧会などの名を冠して、各地方で教育関係の展示会が開かれた。これらの展覧会は学校を会場にして開かれたり、教具メーカーが主催して幻燈会と合わせて開催されたりしていたことから、社会教育と学校教育の融合、あるいは官製教育と民間教育の連携、ともいえるような独特の教育形態を呈していたといえよう[39]。石附実は、「この種の催しは、親やおとなたちにとって学校に対する理解の輪を広げさせる絶好の機会ともなった」と述べ、「学校相互のあいだの情報交流の場となり、地域社会に対しては学校教育の意義を認識させるのに一役かったこの種の教育展覧会は、何よりも、教育の普及と進歩に向けての大きな刺戟となった」と指摘している[40]。

教材がもつ内容的側面と媒体的側面に注目するならば、これらの教育展覧会は教育媒体の展示でありつつも、幻燈会や講習会の同時開催などにより教育内容についても浸透・普及が図られていたといえる。また、明治後期以降、通俗教育の場として盛んに開催された通俗講談会は、開催地として学校が利用されることが多かったこと、同時に講談会や幻燈会を開くなどしていた点が教育展覧会と共通しており、両者の関連に注目した社会教育史の検討が今後も必要であろう。

[1]　ミシェル・フーコー著、渡辺一民・佐々木明訳『言葉と物――人文科学の考古学』(新潮社、一九七四年)。

[2]《幼童家庭教育用絵画》と玩具は、文部省により東京府には七部、他の府県には各一部が無料配布されたという。中村紀久二「幼童家庭教育用絵画 解題」（佐藤秀夫・中村紀久二編『文部省掛図総覧2』東京書籍、一九八六年）三頁。

[3] 佐藤秀夫「総説――掛図の研究・序説」（佐藤秀夫・中村紀久二編『文部省掛図総覧1』東京書籍、一九八六年）七頁。

[4] 福澤諭吉纂輯『西洋事情』初編巻之一（岡田屋嘉七、一八六六年）。

[5] 石井研堂『明治事物起源4』（ちくま学芸文庫、一九九七年）。

[6] 佐野常民「博覧会創立ノ報告書」（佐野常民『墺国博覧会報告書　博物館部』一八七五年）一丁。

[7] 同右、六―七丁。

[8] 同右、六丁。

[9] 吉見俊哉『博覧会の政治学』（中公新書、一九九二年）一二一頁。

[10] こうしたイベントとしての博覧会とそこでのメディアの受容に関しては、吉見俊哉が〈メディア・イベント〉という概念を提起している。吉見はメディアとイベントの有機的結合として〈メディア・イベント〉という語を捉え、互いの関係について、第一に「メディア資本によって主催されるイベント」、第二に「メディアによって大規模に中継・報道されるイベント」、第三に「メディアによってイベント化された社会的事件」の三つの層があると整理し、博覧会・美術展などは第一の層に分類されるとしている（吉見俊哉『メディア時代の文化社会学』新曜社、一九九四年、一二八頁）。

ここでいうメディアとはいわゆるマスメディアを指し、吉見は新聞社や放送局といった民間マスメディアが主催事業を通じてイベント文化を形成してきた過程に注目しているが、これは国家主催の明治期の博覧会にも敷衍することができよう。すなわち、内国勧業博覧会をはじめとする明治期の各種博覧会は、国家が出品物というメディアを通じて諸概念を普及・浸透させるイベントとして機能したと捉えることができるだろう。

[11]『墺国博覧会出品手続』（博覧会事務局、一八七二年）より作成。

[12] 東京国立博物館編『東京国立博物館百年史』（東京国立博物館、一九七三年）六六―六九頁。

［13］　同右、六三―六四頁。
［14］　石附実『教育博物館と明治の子ども』（異文化接触と日本の教育①、福村出版、一九八六年）一五九頁。
［15］　なお、ここでは煩雑になることを防ぐため、第七大区の品目のうち、第七二中区―第七九中区における小区分類品目は省略して示している。
［16］　田中芳男編『米国博覧会』（出版者不明、一八七六年）五九―七一頁。
［17］　同右、八二―九〇頁。
［18］　石附実「フィラデルフィア博覧会と日本の教育」（吉田光邦編『十九世紀日本の情報と社会変動』京都大学人文科学研究所、一九八五年）四二九頁。
［19］　石井研堂は、一八七二（明治五）年から七七（同一〇）年ごろにかけて、博覧会は文明開化のシンボルとして各地で盛んに開催されたと紹介している。石井研堂『明治事物起源』（明治文化全集別巻、日本評論社、一九二九年）一〇一八頁。
［20］　検討対象とした博覧会は次のとおり。
一八七一（明治四）年　大学南校物産会、京都博覧会
一八七二（明治五）年　文部省博覧会、第一回京都博覧会、和歌山博覧会、厳島博覧会、徳島旧城展覧会、金沢博覧会
一八七三（明治六）年　第二回京都博覧会、伊勢山田博覧会、大宰府博覧会、金比羅宮博覧会、東京山下門内博物館博覧会
一八七四（明治七）年　伊勢山田博覧会、第三回京都博覧会、東京山下門内博物館博覧会、飯田博覧会、松本博覧会、聖堂書画大展観、名古屋博覧会、伊賀上野博覧会、高島博覧会、新潟博覧会、金沢博覧会、大町博覧会、高遠博覧会、木曽福島博覧会、大宰府博覧会
一八七五（明治八）年　東京・吉原博覧会、第四回京都博覧会、熊本博覧会、第一回奈良博覧会、京都・本願寺博覧会、長野博覧会、飯田博覧会、大分展覧会

**図表 4-16　第 1-5 回内国勧業博覧会概要**

| | 開催期日 | 開催地 | 入場者数 | 出品人数 | 出品点数 |
|---|---|---|---|---|---|
| 第 1 回 | 1877(明治 10)年 8/21-11/30 | 東京，上野公園 | 454,168 人 | 10,640 人 | 84,352 点 |
| 第 2 回 | 1881(明治 14)年 3/1-6/30 | 東京，上野公園 | 823,094 人 | 31,239 人 | 331,166 点 |
| 第 3 回 | 1890(明治 23)年 4/1-7/31 | 東京，上野公園 | 1,023,693 人 | 77,432 人 | 167,016 点 |
| 第 4 回 | 1895(明治 28)年 4/1-7/31 | 京都，岡崎公園 | 1,136,695 人 | 73,781 人 | 169,098 点 |
| 第 5 回 | 1903(明治 36)年 3/1-7/31 | 大阪，天王寺今宮 | 4,350,693 人 | — | — |

一八七六（明治九）年　大阪博物場大会、第二回奈良博覧会、第五回京都博覧会、長野博覧会、彦根城博覧会、富山展覧会

ここでは《幼童家庭教育用絵画》の受容という観点から、これらの出品物のうち明らかに幼児用玩具・教具、視覚教材に準ずるもの、あるいは博物局関係者による視覚教材出品物のみを取り上げたが、動物植物標本や絵図類、外国製器械などはどの博覧会でも多数出品されている。教材の展示の実態を明らかにするためには、こうした品目の特定も含め、より詳細な検討が必要である。

[21] 東京文化財研究所美術部編『明治期府県博覧会出品目録』（東京文化財研究所、二〇〇四年）三〇八頁。

[22] 各内国勧業博覧会の沿革の詳細については、永山定富『内外博覧会総説　併に我国に於ける万国博覧会の問題』（水明書院、一九三三年）を参照のこと。なお、第一－五回の内国勧業博覧会に関する概要については図表4－16に示すとおりである（データ出典は、橋爪紳也『日本の博覧会　寺下勍コレクション』別冊太陽日本のこころ一三三、平凡社、二〇〇五年）。

[23] 永山定富（前掲）三四―三五頁。

[24] 「区類略表」（『明治十年内国勧業博覧会出品目録』内国勧業博覧会事務局、一八七七年）。

[25] 中村紀久二「幼童家庭教育用絵画　解題」（佐藤秀夫・中村紀久二編『文部省掛図総覧2』（前掲））五頁。なお、文部省発行の絵図としては学校用掛図も考えられるが、たいてい学校用掛図は目録で「掛図類」と示されていることから、こ

こで指摘されている「錦絵」が《幼童家庭教育用絵画》を指している可能性は高いといえよう。

[26]　拡張の際には「学術博物館」という名称も考えられたが、一八七七（明治一〇）年一月に「教育博物館」と改称された。なお、教育博物館の設立過程および変遷については、国立科学博物館編『国立科学博物館百年史』（第一法規出版、一九七七年）の第三章「教育博物館の設立と展開」に詳しい。

[27]　石附実『教育博物館と明治の子ども』（前掲）一四九頁。

[28]　D・マレー『慕迩矣稟報』（文部省、一八七七年三月）。

[29]　田中不二麿「教育博物館開館式の田中文部大輔の演説」明治一〇年八月一三日（東京日日新聞社、明治ニュース事典編纂委員会『明治ニュース事典　第一巻』毎日コミュニケーションズ、一九八三年）五六四頁。

[30]　『教育博物館案内』（教育博物館、一八八一年）序文。

[31]　同右、一頁。

[32]　図版典拠：国立科学博物館編『国立科学博物館百年史』（前掲）一〇三頁。

[33]　『朝野新聞』明治一一年一月一一日付（中山泰昌編著、中山八郎監修『新聞集成　明治編年史』第三巻、財政経済学会、一九七二年）。

[34]　石附実『教育博物館と明治の子ども』（前掲）一七一頁。

[35]　高田文子「子どもの生活と遊び」（奥田眞丈編『東京都教育史　通史編一』東京都立教育研究所、一九九四年）一六〇頁。なお、高田文子は「教育玩具」という感覚が芽生えることとなった背景として、大久保利通の教育的玩具の製造奨励、関信三訳『幼稚園法二十遊戯』の刊行（一八七九（明治一二）年）と合わせて、一八七三（明治六）年に「内務省が教育用の錦絵を刊行したこと」を挙げているが、これは本章で取り上げている文部省発行の《幼童家庭教育用絵画》であると思われ、「内務省」とあるのは「文部省」の間違いであろう。

[36]　教育博物館における資料の貸し出しは、一八七七（明治一〇）年八月制定の「教育博物館規則」第五条「館内物品中、学

校等ニ適応ノモノヲ模造セン為メ該品ヲ拝受セント要スルモノハ時宜ニヨリ其貸与ヲナス事アルベシ」に基づき、館の主要業務のひとつとして実施された。貸し出し状況の詳細については、国立科学博物館編『国立科学博物館百年史』（前掲）一二三頁を参照のこと。

［37］「大阪府教育博物館規則」（一九七八年三月）。

［38］石附実『教育博物館と明治の子ども』（前掲）一八八頁。

［39］石附実によると、『教育時論』の発行元で教材・掛図などの販売もしていた出版社である開発社は一八九〇（明治二三）年五月末に大日本教育会の大会に合わせて「教育者秘蔵品蒐集」展という展示会を開いており、九一（同二四）年の鹿児島県教育品展覧会では学校教材の展示のほかに教具メーカーの出品やデモンストレーションが行われていたという。同右、一九〇—一九一頁。

［40］同右、一九二—一九三頁。

# 第Ⅱ部への課題提起

ここでは第Ⅰ部から第Ⅱ部へと繋がる研究課題について、分析の視点や対象とする具体的資料も含めて大まかな方向性を見定めるとともに、メディア史研究のもつ広がりについて、その可能性を示しておきたい。そのうえで、第Ⅱ部の考察内容について簡単に整理をしておくこととする。

## 1　メディアにおける「官」と「民」をめぐる課題

第Ⅰ部では、視覚教育メディアの国家的利用意図とその受容形態の一端を解明するという問題意識から、文部省制作の教育錦絵に焦点を合わせて論じてきた。しかし、錦絵をはじめとする図像メディアは元来民衆の生活文化に深く浸透しているものであり、文部省が制作したもの以外にも多数存在する視覚的教育メディアは、むしろ公的なものよりも民衆に与えた影響は大きかったといえよう。

よって、民間出版の錦絵や幻燈、映画など、より民衆の生活文化に即した視覚メディアを検討することが、序章でも取り上げた「今日の社会教育史研究の時代区分に現れ難い近代以前の民衆の社会教育的営為をどのように跡付け、それを史的に構成していくか」[1]という社会教育史研究において認識されている課題に応えていくためにも重要であると考える。

幻燈に関して、文部省が民間業者に幻燈の制作を委託するといった「官」と「民」の関わりについては第Ⅰ部でも多少触れたが、民間組織における教育メディアの制作については、「官」が「民」に委ねる、「民」が積極的にその役を担うといった動きがみられ、そこには従来の社会教育史で語られるような「対立構造」とは異なる「官」と「民」の関係のあり方が探れるように思われる。

従来、明治期社会教育における「官」と「民」の関係については、報徳会をはじめとする「半官半民性」を有する教化団体に関する研究が蓄積されてきたが[2]、教育錦絵や幻燈会における民間の出版組織や制作会社と政府との関わりからは、そうした教化団体とは異なる「官」と「民」の教育活動が想定できるのではないだろうか。小川利夫らは近代日本の教化団体の「半官半民性」について、「表面的には民間団体の形をとりながら、実質的には官僚によって統制指導されてきたこと、そして国家権力の要請する道徳を国民に浸透させる役割を果たしてきたこと[3]」とその性格の特質を述べているが、この点からいえば、教育錦絵や幻燈会も制作や流通の過程で「半官半民性」を有していたといえる。

だが両者の結びつき方については、「官僚が民間団体に結びついた理由、その教化を国民に浸透させる具体的な方法、又逆に、民間人が教化運動に自発的に参加する事情及びそうした事情と国民の町村における具体的な生活のありかたとの関連が問題とされなければならない[4]」と小川らも述べているように、「官」と「民」がどのように結びつき、お互いがどのような役割を果たしていたのか、その内実にまで踏み込んで吟味する必要があろう。

たとえば、錦絵や幻燈は娯楽的要素も兼ね備えているため、受容者としての民衆の嗜好を反映し、「官」の「統制」ないし「教化」とは離れた独自の文化活動として発展する可能性を含んでいるといえる。ここでは、「民」の要求と「官」の要求は単純な「対立」ないし一方的な指導による「統制」といった関係にあるのではなく、両者の要求が様々な媒体を通じてそれぞれに入り混じってゆくメディエーション（調停）のプロセスとして、さらには両者の相互作用のなかで発展してゆく動的形態として捉えられるのではないか。

この点において注目したい対象として、明治期に民間娯楽として親しまれていた教育双六がある。錦絵についてはここまで文部省制作の教育錦絵に絞って論じてきたが、当時は民間においても教育双六と呼ばれる玩具絵の一種が大量に制作されていた[5]。こうした教育的要素を含む民間制作の娯楽品は、民衆の教育意識が直接反映されるものであるため、そこに表れた意識を読み解くことは重要であると考えられる。

明治期の教育双六には、文部省教科書を双六に仕立てたもの（図157、158）や、教授内容を題材にしたもの（図159）、また学問を奨励して若者の上昇志向を表した出世双六（図160）、徳育的な内容を説く礼儀双六（図161）などがある[6]。このような、政府の学校制度を宣伝したり、文部省発行教育錦絵の民間版ともいえる内容を示したりする教育双六は、当時の民衆の教育に対する意識を明らかにするうえで、また教育と娯楽、学校と社会、国家と民衆といったものの関係を探るうえで重要であると思われる。

## 2　メディアにおける「身体」をめぐる課題

これまで、教育錦絵を視覚教育メディアと捉えて考察を進めてきたが、メディアがどのように体験されたかを厳密に考えれば、教育錦絵を純粋な「視覚メディア」と捉えてよいかどうかについては疑問が残る。というのも、江戸時代の錦絵が音読を前提に受容されていたように、教育錦絵も何らかの「コトバ」とともに受容されていた可能性があるからである。その場合、教育錦絵は単純な視覚メディアのみならず、聴覚メディアとして捉えられる側面をもつ。たとえば幻燈を人々がどのように体験していたのかに関して、岩本憲児は「幻燈の観客は映写像を一つ一つの完成した絵として鑑賞するよりも、説明者の説明内容に合わせた挿絵の一種、共同体のイメージを読み取る視覚的記号として受け取りながら、その像を暗闇や薄暗がりの幻想的空間へ融解させ、知と情の複合的な体験を味わったのだろう」[7]と述べているが、教育錦絵に関しても、それが人々に実際にどのように受容されたのかをより明らかにするためには、錦絵を視覚体験・聴覚体験・空間体験といったものを総合した複合メディアとして捉えていくことが有効であろう。

この点に関して、メディアを身体的受容との関連で捉えた佐々木英和の「メディア経験」[8]という視点は示唆的である。佐々木は、自己形成的な文脈においてメディアは媒体としてのみならず主体に自己の変容をもたらす契機となるものであるとの認識に立ち、メディアと人間の関わりを「身体論—行為論」における関係から捉え、その視点においてはメディアの形態よりも「人間がそれらのメディアを通じていかなる体験をするのかということを個別具体的に考えていくことのほうがより優先されるべきである」[9]と主張している。

教育錦絵の「メディア経験」に関しては、江戸時代における人々の錦絵をめぐる視覚体験・聴覚体験・空間体験が、明治期にどのように変化したのかにも注意を払う必要がある。たとえば、江戸期の大衆的な絵入りの書籍である草双紙は、「「読み物」であるだけでなく「見る物」すなわち工芸品としての価値を強く持っていた」[10]とされるように、挿絵を楽しむ視覚メディアであると同時に、「江戸時代の書物は基本的に声を出して読まれるものであり、書物の物語は「語り」として耳で聞くものであった」[11]とされ、この意味では聴覚メディアでもあったといえる。すなわち、江戸時代の書籍は挿絵の視覚的受容と語りの聴覚的受容とを同時に経験する複合メディアであったのであり、もっぱら文字を黙読するという行為によって成り立つ近代以降の「読書」とは異なる経験をしていたといえる。[12]したがって、メディアの経験の仕方において草双紙は書籍よりも教育錦絵や幻燈に近似したメディアであったと捉えられ、錦絵・幻燈の民衆における受容に関しては、近世の草双紙との関連についても考察する必要があるだろう。

以上の論点を踏まえ、第Ⅱ部では序章で示した課題軸2「「教育」概念を所与のものとする歴史観の再検討」、および課題軸3「国家による民衆統制という一方向的歴史観の再検討」に対応する考察として、主に民衆に親しまれていたいくつかの娯楽のなかから双六絵、写し絵、活動写真などに焦点を合わせ、「娯楽」と「教育」の相互利用関係について検討する。第Ⅰ部では文部省など国家側が明確な意図をもって制作・準備したメディア（文部省発行教育錦絵、教育幻燈、博覧会）が分析対象であったのに対し、双六絵、写し絵、活動写真は教育政策とは離れたところで発生・発展してきた民衆娯楽であり、そこに国家側がどのような教育的まなざしを注いでいたのかをみてゆくことで、視覚メディアをめぐる「教育」と「娯楽」の相克のあり様がより鮮明に浮かび上がるのではないかと考える。

第五章ではまず、娯楽として愉しまれていた双六絵のなかから教育双六を取り上げ、「振り出し」から「上がり」へと向かう双六遊びがもつ意味論に当時の立身出世観を支えていた「上昇志向」がどのように入り込んできたのかを考察することで、個別メディアにおける「娯楽」と「教育」の相互利用関係を確認する。

続いて第六章、第七章では、戦前期の娯楽と教育を取り巻く映像メディアの系譜として写し絵、幻燈、活動写真を位置づけたうえで、これらの映像メディアをめぐって教育的まなざしと娯楽的まなざしがどのように交錯していたのかを分析する。とくに社会教育行政成立期における行政官の「娯楽」観、および民衆娯楽論者の「教育」観を検討することを通じて、娯楽との関係を意識しながらどのように近代的社会教育観が醸成されることとなったのかを考察する。これにより、アプリオリな概念としての「教育」や「娯楽」があり、国家がメディアを活用して概念普及をしたのではなく、メディアの普及の過程で「娯楽」や「教育」といった概念が相互に影響を及ぼしながらどのように精緻化されていったのかを明らかにすることを目指す。

第八章では、上述したメディア体験における複合性に配慮しつつ、活動写真を聴覚メディアの側面から捉えることで、民衆教育と民衆娯楽の双方の側面から視覚の近代化を促した活動写真の特質をより立体的に描出することを目指す。具体的には、大正期に活動写真の「声」を担う存在として活躍した弁士にも焦点を合わせ、「近世的な声」としてスタートした弁士の語りが、国家や社会からどのように「近代的な声」を要請されることになったのか、その背景にある「近代的人間観」とはどのようなものであったかを考察してゆく。

［1］　日本社会教育学会編『現代社会教育の創造——社会教育研究三〇年の成果と課題』（東洋館出版社、一九八八年）七七頁。

［2］　半官半民的性格に注目し、明治期教化団体の主流として報徳会を取り上げたものとしては、小川利夫・橋口菊・大蔵隆雄・磯野昌蔵「わが国社会教育の成立とその本質に関する一考察（二）——地方自治と社会教育」（『教育学研究』第二四巻第六号、一九五七年）二九—三七頁、などがある。

［3］　同右、二九頁。

［4］　同右。

［5］　半澤敏郎『童遊文化史』（東京書籍、一九八〇年）には、江戸中期から大正末までの双六の図版が六〇〇点近く紹介されているが、なかでも明治期のものは点数が多く、種類も豊富である。

［6］　題目のみをここにいくつか例示すると、学校用教科書や掛図を双六に仕立てたものとして〈小学教授出寿語六〉（明治二

〇年代〉、教科内容を示したものとして〈教訓小学寿語六〉（明治一五年）・〈諳誦双六〉（明治八年）・〈リードル英語双六〉（明治二〇年）、出世双六として〈開化黒白出世双六〉（明治一一年）・〈新版開花勉強出世双六〉（年代未詳）・〈教育《おしえ》の名誉《ほまれ》〉（明治二一年）・〈男子教育出世双六〉（明治二三年）、教訓道徳的な双六として〈女今川教訓双六〉（明治初期）・〈教育勅語双六〉（明治二四年）などがある。これらの双六の例については、増川宏一『すごろくⅡ』（ものと人間の文化史七九—Ⅱ、法政大学出版局、一九九五年）および半澤敏郎（前掲）一四六—三一三頁を参照のこと。

[7] 岩本憲児『幻燈の世紀——映画前夜の視覚文化史』（森話社、二〇〇二年）一六〇頁。

[8] 佐々木英和「メディア経験と自己形成的契機」（『東京大学大学院教育学研究科紀要』第三六巻、一九九六年）。

[9] 同右、四七七頁。

[10] 李孝徳『表象空間の近代——明治「日本」のメディア編制』（新曜社、一九九六年）一四四頁。

[11] 同右、一四四頁。

[12] 言葉の受容に関しては、「話し言葉」から「書き言葉」への文化的変容を印刷技術の変遷から歴史的に考証したオングの論考が参考になる。Walter J. Ong, *Orality and Literacy, The Technologizing of the Word*, London: New York: Methuen, 1982（W・J・オング著、桜井直文・林正寛・糟谷啓介訳『声の文化と文字の文化』藤原書店、一九九一年）.

# 第Ⅱ部　視覚メディアをめぐる「教育」と「娯楽」の相克

# 第五章　双六玩具の教育利用と立身出世主義
## ——教育双六における「上がり」の意味論的考察

本章は、明治期に子どもの娯楽として親しまれていた双六遊びのうち、とくに近代学校教育制度と馴染みの深いものとして教育双六を取り上げ、遊びに組み込まれた教育価値の伝達作用に着目し、「教育のメディア史」研究の視点から双六を教育史に位置づけ直すことを目的とする。

これまで、教育史における双六の扱いは、日本の児童文化の資料としてその存在は知られている[1]ものの、他の玩具とともに博物品として列挙されるか、当時の風俗を知る手がかりとして一部の図像が引用されるに留まってきた。また、双六の成り立ちや諸外国との玩具の比較、絵双六の美術史的価値などについての丁寧な考証[2]はあるが、双六独自の教育的側面に注目した研究の蓄積は、十分なされてきたとはいいがたい。

子どもを取り巻く「モノ」と教育・学習との関係史については、佐藤秀夫による学習具や学校建築などの一連の学校文化史研究[3]などが挙げられる。これらは、教育・学習の物的側面と教育内容とを相互に連関するものとして捉える視点を提示する重要な先行研究であるが、その視点は学校教育のみならず、より広範な学校外の生活一般にも向けられる必要があるだろう。

小学校就学前の子どもや児童の日常生活において、「遊び」のもつ意味は大きい。遊びの道具だてとしての玩具に込められた教育的意図に着目した先行研究・実践としては、明治期に幼稚園教育で導入された恩物による教育実践、教育玩具による保育を展開した倉橋惣三の幼児教育論[4]などが指摘できるが、教育的意図をどのように「モノ」化するのか、という視点だけではなく、「モノ」がどのように意味を伝えていたのか、という視点もまた重要であろう。

本章では以上のような問題関心のもと、双六という遊戯のもつ特質＝「振り出し」から「上がり」への移動を競うという娯楽的特質と、双六に描かれた教育的主題とが結びつくことで、人々が双六というメディアを受容するコンテクストがどのように変化していったのかを探ることを目的としている。後述するように、教育双六のなかでも出世双六と呼ばれる双六は、学問に基づき身を立てていくことを目指す明治期の立身出世観と、振り出しから上がりへと向かう上昇移動を競う娯楽的要素とが重なることで、教育的価値と娯楽的価値とが交錯する場（トポス）でもあった。すなわち、双六が単に教育的メッセージを伝達するメディアであるということに留まらず、双六遊びのなかで人々が娯楽的要素のなかに教育的価値を持ち込みながら、教育的価値の認識変容も促されていくという意味で、双六は両者を調停していくメディエーション機能も果たしていたといえるのである。

本章では、以下の手順で考察を進める。はじめに、本書で考察の対象とする双六の範疇を確認したうえで、「教育」的要素が双六の娯楽的特質にどのように組み込まれていたのかを確認する。次に、双六のなかでもとくに出世双六に焦点を絞り、まず、当時の立身出世観が図像化されていることを確認したうえで、続いて、人々を立身出世に駆り立てた他のメディアとして、少年少女による作文雑誌である『穎才新誌』と比較し、作文（文字メディア）と双六（遊戯・図像メディア）とで、メディア受容のコンテクストにどのような違いがあるのかを検討する。最後に、分析のまとめと今後の課題について述べることとする。

なお、上記の課題意識に基づき、ここでは双六に描かれた図像の分析よりも（もちろんその分析も必要であるが）、双六遊びという体験を通じて、双六の主題と娯楽的特質がどのように教育メディアにおける「受容のコンテクスト」に影響してくるのかという点に焦点を合わせていく[5]。

## 1　教育メディアとしての双六

### (1) 双六の種類と分類

サイコロを振り、出た目の数に従ってコマを進め、早く「上がり」に到達することを競う双六遊びは日本に古くから存在し、その起源については諸説あるが、中世から近世初期にかけて仏法を説く目的で普及した浄土双六を嚆矢とし、その後、賭博や遊戯の要素を取り込みながら、多様な主題を描く絵双六として発展してきた流れが確認されている[6]。また、江戸時代に開発された浮世絵技術は様々な図柄と彩り鮮やかな印刷による絵双六の制作を可能にし、江戸時代の半ばには双六は民衆の正月遊びの定番として親しまれるようになったとされる。今でこそ幼児の玩具として扱われている双六であるが、江戸時代から明治期にかけては、大人も含め、民衆娯楽として大きな位置を占めるものであったといえる。

双六の種類については、仏教の教えを説きつつ極楽へと向かう「浄土双六」、旅を主題とした「道中双六」、人生の浮き沈みを歩む「出世双六」など、これまで主に描かれた図柄の主題による分類がなされてきた。分類のしかたとしては、たとえば図表5－1のような例が挙げられるが、分類の基準についてはどの論者も明確ではなく、列挙的な印象が否めない。分類項目の多さをみても、また「雑双六」といった項目があることからも、題材の多様さのなかで、

**図表 5-1　双六の分類例**

| | |
|---|---|
| **有坂与太郎**[7] | 道中双六／名所双六／役者双六／出世双六／子ども遊び双六／江戸遊興双六／正月双六／文芸双六／仏法双六／宣伝双六／官位双六／教育双六／文明開化双六／時事双六（14 種） |
| **高橋順二**[8] | 教訓（仏法・浄土）双六／道中双六／芝居双六／出世双六／歴史双六／名所双六／遊芸双六／文芸双六／開化双六／教育双六／女双六／戦争双六／探検旅行双六／宣伝双六／子供双六／漫画双六／雑双六（17 種） |
| **山本正勝**[9] | 道中双六／名所双六／役者・芝居双六／風俗双六／広告双六／合戦武者双六／開化双六／教育双六／のりもの双六／運動・体操・遊戯双六／漫画・滑稽双六／戦争双六（12 種） |

双六を主題により分類すること自体の困難さが窺えよう。

これらの分類のなかで「教育双六」という項目は、いずれの分類においても取り上げられていることにも示されるように、双六の代表的なジャンルであるといえるが、ここで「教育双六」と分類される基準は、双六の題に「学校」「教育」「教授」「勉強」「生徒」など、「学制」施行以降の学校教育に深く馴染みのある用語が含まれているかどうかによるもののようである。事実、「教育」という名称を掲げた双六が盛んに制作されるようになるのは「学制」施行後の明治初期ごろからである。新奇なものを好んで題材に取り上げていた当時の絵師たちにとっては、「近代的なるもの」を象徴的に表象できるという意味で、学校建築・学校用教材などの学校風俗は格好の題材であったのだろう。つまり、これまで「教育双六」として分類されてきた双六とは、「近代学校教育を直接のモチーフとした双六」と捉えられる。

一方で、双六のもつ情報伝達としての機能に着目するならば、双六自体が教育的なメディアとしても捉えられる。たとえば、開化双六は遊びながら明治開化期の新物を伝えるという意味では教育的機能を果たしたといえるだろうし、「戦争双六」は戦時下での総動員体制への組み込みを意図して制作されたとすれば教化的であるといえる。さらに、遊びを成立させるルールの遵守や遊戯者どうしのやりとりなど、遊戯メディアが本来的にもつ社会馴化特性にまで目を向ければ、どのような双六にも「教育的」側面を見出すことも可能となり、あらゆる双六は「教育双六」であるともいえる。

以上のように、描かれた内容、遊ばれ方など、様々な視点から「教育双六」を定義づけることは可能であるが、本章では、日本の近代教育成立過程において人々が教育の近代化を内面化し、認識を変容させていく際に双六が及ぼした影響を考察する目的から、とくに、「振り出し」から「上がり」へと向かう双六の娯楽的特質に注目して本章で対象とする双六の範疇を設定してゆきたい。

双六を「振り出し」から「上がり」へと向かうマス目の特徴で分類すると、「上がり」までのマス目が同質のものであるか、マス目を進めるに従って、価値や段階が上昇していくものか、といった移動の特徴によって分けることができる。前者の双六としては「道中双六」や「名所双六」、後者の双六としては、地獄から極楽へと向かう浄土双六や、学校への入学から卒業を経て身を立てていく「出世双六」などが分かりやすい例であろう。「出世双六」は、そのマス目の価値上昇的特徴から、当時の価値基準や価値の序列を双六遊びを通じて遊び手に認識させる機能をもつ。双六のもつメディア特性が教育的影響をもつという意味では、「出世双六」は教育メディアとしての双六を検討するうえで欠かせない考察対象といえる。

したがって、本章では日本の近代学校教育制度における「教育」観が双六にどのように反映されているかという視点に立ち、双六という遊戯メディアのもつ社会馴化機能を前提としたうえで、検討する双六を、①従来の分類である「教育双六」に加え、②「出世双六」のなかで学校教育と馴染みの深い主題のもの、と設定する。主に①では、双六においてどのような内容が「教育」として図像化されたのか、②では、双六の遊びを通じて教育の近代化に関してどのような価値（序列）が伝達されたのかについて焦点を合わせて考察してゆく。なお、本章においては以後、①と②を合わせたものを〈教育双六〉と表記する（ただし、従来の分類を用いたほうが分かりやすい場合には、適宜「教育双六」「出世双六」という分類も用いていく）。

**図表 5-2　教育双六の整理**

| | マス目の価値が同質 | マス目の価値が上昇 |
|---|---|---|
| **内容教授的** | a 学校教材を双六に仕立てたもの | c 徳目を掲げるもの |
| **状況描写的** | b 学校風俗を図示したもの | d 出世のための勉強を説くもの |

さて、以上の基準により対象とされた〈教育双六〉を改めて整理してみよう。他の双六同様、実に様々なものが描かれている〈教育双六〉だが、描かれた図柄やマス目をみていくと、形式と内容の特徴からさらに以下のように整理できる。すなわち、描かれた図柄が、歴史・国語・道徳など学校教育で教授する内容をそのままマス目に配したものか、学校や勉強を取り巻く生活・風俗などをマス目に配したものかという内容的特徴、また、マス目の移動の特徴として、マス目が同質か価値上昇的かという形式的特徴によって、図表５－２のように四種に分けられる。

ａは学校教材を双六に仕立てたもので、〈小学校教授双六〉（明治期、図157）、〈単語の図寿古呂久〉（明治期、図158）、〈改正小学入門双録〉（明治九年）、〈改正単語指教図双六〉（明治一六年）などが挙げられる。これらは一八七二（明治五）年の「学制」施行後まもなくの時期に多く出されたもので、当時の小学校で用いられていた掛図などの教材（図97―105）を、そのままマス目に配する形で制作された双六である（図162、163）。教育の普及、および遊びながら教授内容を学べる形となっている。

ｂは学校風俗を図示したもので、〈小学教科双六〉（明治期、図164）、〈生徒東京小学校教授双六〉（明治一〇年、図165）などがある。学校建築や学校生活風景をマス目に配したもので、従来分類されてきた「教育双六」のなかでも最も典型的な題材である。擬洋風建築の校舎や、掛図を用いた一斉授業の光景などは、他の開化錦絵とともに好んで絵画化された。

ｃは徳目を掲げるもので、〈教育勅語双六〉（明治二四年、図166）、〈教訓日本歴史双六〉（明治三二年）などがある。道徳的内容の用語をマス目に配するものなどで、江戸時代からの勧善懲悪観に基づく「善悪双六」の伝統を踏襲したものである。

dはいわゆる「出世双六」に分類されてきたもので、出世のための勉強を説く内容となっており、〈新版開花勉強出世双六〉（明治期、図167）、〈女子教育出世双六〉（明治期、図168）などに特徴的である。学問を奨励して若者の上昇志向を示すもので、明治期に多く制作された題材のひとつである。明治期に制作された「出世」をタイトルに冠する双六は、当時の立身出世ブームの影響を強く受けており、これについては以下に詳しくみていく。

## （2）双六における移動──「振り出し」から「上がり」へ

双六遊びにおける、「振り出し」から「上がり」までに至るプロセスには、上述してきたように、①等価値のマス目を進む場合と、②マス目を進むにつれて価値が上がっていく場合の二種類がある。たとえば、〈単語の図寿古呂久〉では、マスに配されている単語の項目には優劣はなく、振り出し直後のマス（例・「糸・犬」）と、上がりのマス（例・「金魚・鰻」）は交換可能な同質のものである。一方、たとえば〈新版開花勉強出世双六〉は、「振り出し」が小学校での授業風景で始まり、「中学校」「若者」「試験」などのマスを経て、「洋行」「大学」「官員」などのマスから「恩賜」の「上がり」へと進む構成になっており、双六の参加者は時間的経過だけでなく、社会的な「上昇移動」を体験することとなる。図表5－2のa～dについていえば、前者はａｂ、後者はｃｄに特徴的である。とくにｃｄにおける「振り出し」から「上がり」へと向かう上昇移動のプロセスからは、ゲームにおける価値序列と、現実世界の価値秩序の巧みな重ね合わせを読み取ることができる。以下、上昇移動のプロセスをより詳しくみていこう。

### 出世を志向する双六

「出世双六」は、当時の出世観や成功観が視覚的に示され、コマを進めるごとに上昇移動していき「上がり」という人生の目標へと到達するという意味で、単なる遊びを超えた価値観の形成・共有が読み取れる。

先ほどの〈新版開花勉強出世双六〉において、振り出しが「小学校」から始まり、「中学校」「試験」「洋行」「大学校」「官員」などのコマを経ながら「恩賜」で上がるというルートは、封建的な身分制度が撤廃され、勉学による立身出世を目指すことが可能になった当時の時代精神の表象と捉えることができる。『西国立志篇』をはじめとする立身出世のサクセスストーリーに影響を受けた若者たちの思いを視覚化するとともに、学問による出世観が世の中の価値観として共有される過程として、「出世双六」の果たした役割は大きかったといえよう。若者の上昇志向を表した双六には、ほかにも〈開花白黒出世双六〉（明治一一年）、〈官員商人振分出世双六〉（明治一三年）、〈一代出世双六〉（明治二一年）など様々あるが、これらの双六を比較してみると、共通点とともに、「上がり」の直前に位置づけられる「大臣」「大将」「公吏」「代議士」などの職業地位や出世ルートの変化が窺える。また、留学を示す「洋行」は、「軍人」「行政官」「学者」などへのエリートコースとして常に上位のマスに位置づけられている。

一方、双六には「成功」への上昇移動とともに、「没落」へと転落するルートも用意されている。〈教育出世双六〉（明治二四年）では、小学校卒業を振り出しとしているが、「書生」「奉公」などとともに「我儘」「怠惰」などのルートが用意され、「責罰」「再三罰せられて監獄」「家風を守らずして貧困」などの結末が待っている。救済ルートとしては「奮発して勉学」「悔悟して書生」などやはり勤勉・勉学が強調されている。

このように、「出世双六」からは、現実世界の職業観の変遷と、「成功」と「没落」のルートを読み取ることができるのだが、ここで重要なことは、双六を楽しむ子どもたちは、コマを進めるプロセスで現実世界の職業の序列や、「成功」や「没落」といった人生を「疑似体験」するということである。「振り出し」から「上がり」へと移動するなかで、コマと自分を重ね合わせることで「成功」や「没落」を「疑似体験」しながら、子どもたちは遊び仲間と上昇への価値を共有する。この意味で、「出世双六」は子どもたちが遊びを通じて当時の教育的価値を共有する「体験教育メディア」であったといえるだろう。

徳目を説く双六

道徳的価値を説くタイプの典型的な双六としては、〈教育勅語双六〉（図166）を挙げることができる。〈教育勅語双六〉は「教育勅語拝読式」を振り出しとして天照大神が描かれた上がりまで、以下のような一七のマスが配されている。

父母ニ孝ニ（第一）／父母ニ孝ニ（第二）／朋友相信シ（第一）／朋友相信シ（第二）／夫婦相和シ／兄弟ニ友ニ（第一）／兄弟ニ友ニ（第二）／世務ヲ開キ／恭倹己レヲ持シ（第一）／恭倹己レヲ持シ（第二）／義勇公ニ奉シ／業ヲ習ヒ／公益ヲ広メ／学ヲ修メ／常ニ国憲ヲ重シ／博愛衆ニ及ホシ／教育勅語

振り出しからは、サイコロの目に合わせて「父母ニ孝ニ（第一）」「朋友相信シ（第一）」「夫婦相和シ」「兄弟ニ友ニ（第二）」「勅語」「朋友相信シ（第二）」に進めるようになっている。また上がりには「常ニ国憲ヲ重シ」「世務ヲ開キ」「公益ヲ広メ」「義勇公ニ奉シ」「勅語」からのみ辿り着くことができる。

振り出しから進めるマスを「第一段階」、途中のマスを「第二段階」、上がりに通じるマスを「第三段階」とすると、〈教育勅語双六〉は図表5－3のような構成にまとめることができる。

振り出しから直接進める第一段階には、「父母」「友」「夫婦」といった日常生活での身近な徳目が挙げられている。第二段階での修学や実践を経て、第三段階では「国憲」「公益」「奉公」など、より高次の徳目が挙げられている。

**図表 5-3　〈教育勅語双六〉構成図**

〔上がり〕　天照大神

↑

第三段階　「常ニ国憲ヲ重シ」「世務ヲ開キ」「公益ヲ広メ」「義勇公ニ奉シ」「勅語」

↑

第二段階　「業ヲ習ヒ」「学ヲ修メ」「恭倹己レヲ持シ（第一）」
「恭倹己レヲ持シ（第二）」「博愛衆ニ及ホシ」

↑

第一段階　「父母ニ孝ニ（第一）」「朋友相信シ（第一）」「夫婦相和シ」
「兄弟ニ友ニ（第二）」「勅語」「朋友相信シ（第二）」

↑

〔振り出し〕　教育勅語拝読式

「勅語」のマス目には、「此の所に来るものは必ず勅語を通読すへし　読み誤れは一回休み　誤らされは褒美あるべきものと定む」と書かれた石柱が描かれている（図168）。

このように、遊びながら自然と教育勅語の理念を浸透させようとする〈教育勅語双六〉は、教育的意図が強く表出されている例であるが、双六の上昇移動と道徳的価値の秩序を重ね合わせ、遊びの体験に教育作用を盛り込もうとする点において、双六の特質を巧みに利用した教育メディアであるといえよう。

## 2　立身出世主義を支えたメディア
### ——教育雑誌『穎才新誌』との比較

### （1）『穎才新誌』にみる立身出世観

福沢諭吉の『学問のすすめ』や中村正直の『西国立志篇』のベストセラーを契機とした明治初期の立身出世主義ブームのなかで、「出世双六」が「成功」と「没落」の「疑似体験」を通じて学問の奨励を促したことは前述したが、人々の立身出世への情熱を掻きたてたメディアは「出世双六」にかぎらない。

竹内洋は、『明治立志篇』『日本立志篇』といった『西国立志篇』の類似本や、立身出世モラルを説いた教科書だけでなく、『穎才新誌』などの少年・少女向け教育雑誌における言説が、立身や出世の欲望を社会のなかに焚きつけるモーターとして機能したと指摘している。[10] 竹内によれば、『穎才新誌』の投稿には『学問のすゝめ』や『西国立志篇』に呼応した作文が充満しており、勉強すれば「貧賤」の身でも「富貴」になれるが、勉強を怠れば「愚人」「卑賤ノ身」になると綴る作文からは、没落や落伍への不安や恐怖の深層心理が読み取れ、試験や勉強を生存競争と関連させる「社会ダーウィニズム」的感情が胚胎していたという。[11]

立身出世主義における「希望と重苦しさの二重感情」（竹内）を伝達するという点では、「成功」と「没落」を体験する「出世双六」は、『穎才新誌』と同じ機能を担っていたともいえるだろう。しかし、雑誌と双六という異なるメディアをひとくくりにするのはもちろん早計である。以下では、「出世双六」と『穎才新誌』の比較を通じて、両者のメディア機能の異同について考察してみたい。

『穎才新誌』は一八七七（明治一〇）年から一九〇二（同三五）年までおよそ四半世紀の間続いた作文投稿雑誌であるが、内容が投稿作文で構成されているという特徴から、「自学雑誌」と捉えられている。[12] 内容が少年少女たち自身の手で綴られていることから、ここには当時の少年少女たちの認識がかなり現実に即した形で現れているといえるだろう。『穎才新誌』に掲載された作文の言説分析には、竹内をはじめ、いくつかの優れた先行研究があるが、[13] ここでは各作文の詳細な分析ではなく、作文のタイトルを時系列に沿って追うことで、時代を経るにつれて立身出世に関する扱いがどのように変遷していったかについて確認してゆくこととする。

先行研究によれば、『穎才新誌』で語られるテーマは重複するものも含め、「勉強・怠惰」に関するものが一二三（六一％）、「教育・学問」に関するものが九六（四八％）、「立身」に関するものが二四（一二％）を占めるが、[14] これらの内容は創刊から廃刊時まで同質ではなく、時代により特徴がみられる。そこで、『穎才新誌』に掲げられたタイトルを時代に沿って追っていくと、以下の四点の特徴が確認できた[15]。

一点目に、創刊初期（明治一〇―一一年）は、学問を通じた立身への希望や熱意を綴ったものが多い。「志ヲ立ルヲ論ス」（二号）、「少年ハ宜ク勉ムヘキ説」（三号）、「富貴勉強ヨリ生スルノ説」（四号）、「人ノ賢愚ハ耐忍勉強ト怠惰ニ関スル説」（六号）、「勉強ハ立身ノ基」（一六号）、「勤勉ハ幸福ノ基」（二七号、以上明治一〇年）など、どの号にも志を立て、勤勉に励むことで「富貴」や「幸福」に至ろうとする意気込みが熱く語られている。

二点目に、明治一〇年代半ばになると、具体的な勉強方法や勉強内容への言及が増えてくる。「理学質疑答」「経史詩文質疑答」などといった分野別の質疑と応答のやりとりが連載されるようになり、「文章論」（四一九号）といった方法論、「夜寝」「早起」「観蛍」（四三三号、以上明治一八年）といった日々の生活状況の報告などが綴られる。

三点目に、明治一〇年代後半から二〇年代前半には、学問と職業の関係への関心がみられ、「書生」「青年」「学生」といった呼称が多く登場し、田舎での苦学の様子が伝えられるようになる。「貧書生ヲシテ学問ノ傍ラ相当ノ職業ヲナサシメ学資ヲ得セシムル策」（四八三号、明治一九年）、「職業論」（四九六号、明治一九年）、「教育ノ結果」（五一七号、明治二〇年）「書生ヲ実業ニ導クノ策如何」（五七九号、明治二一年）などからは、働いてお金を得つつ学問する難しさと、その悩みを共有し励ます姿が窺える。「青年ノ進路」（六〇五号、明治二二年）、「地方青年ノ責任」（六一八号、明治二二年）、「務メヨヤ青年」（六四七号、明治二二年）、「都下遊学書生」（六一三号、明治二二年）、といったタイトルからは、自分たちの境遇を客観視し、社会的な呼称に意識的になっている様子が垣間見える。

四点目に、明治二〇年代半ばから後半にかけては、勉強してもうまくいかない失敗や挫折などのネガティブな投稿が現れ始める。「落第」（七二七号、明治二四年）、「落第ノ状況」（八五五号、明治二七年）、「失敗」（九〇一号、明治二七年）、「不合格」（九七九号、明治二九年）といった失敗や挫折体験を語り、「困苦ハ良師友」（七七〇号、明治二五年）、「失望スル勿レ」（一〇五三号、明治三一年）、などの肯定的評価や励ましがある一方で、「落梧ノ感」（七四八号、明治二四年）、「忍耐」（八〇八号、明治二六年）、「艱難」（九二二号、明治二八年）など、逆境における苦しさのほうがよりにじみ出ている。

このように、『穎才新誌』における勉強・教育・学問・立身などに関する記述は、希望や熱意を語る初期のものから、具体的な勉強方法や生活状況を報告するもの、職業への接続や社会における自己の境遇を分析したものを経て、失敗や挫折といった現実の厳しさを語るものへ、といったテーマの推移が確認できる。

## （2）「出世双六」にみる立身出世観

「出世双六」には上記のようなテーマの変遷はみられるのだろうか。図表5－4は、明治期に刊行された〈教育双六〉のうち、現在筆者が把握できているもののタイトルとそこに含まれるキーワードを抽出、列挙したものである。

これをみてみると、「学制」施行後しばらくは小学校教育を題材にしたものが多い、教育勅語発布後は訓育ものが多い、日清・日露戦争時には戦争双六が流行するといった、〈教育双六〉全体のなかでの主題選択の傾向は確認できるものの、「出世双六」のタイトルは明治期を通じて一貫して使用され、その変遷なども見受けられない。また「出世双六」に描かれたマス目を追っていくと、明治中期以降は「堕落」へのルートが増していたり、逆境を揶揄した図像などがみられるが、基本的には立身出世主義への信頼が継続しているように窺える。

双六のゲームの特質上、「出世双六」が出世ルートをコマとして設定するのは当然ではあるが、『穎才新誌』にみる挫折や失敗に苦しむ読者の細やかな心情や状況の変遷と比較すると、明治後期の「出世双六」は現実社会よりも楽観的な世界観を表象するものであったといえるだろう。

**図表 5-4　明治期の〈教育双六〉タイトル一覧**[16]

| タ イ ト ル | 制 作 年 | キ ー ワ ー ド |
|---|---|---|
| 開化出世寿語呂久 | 明治７年 | 「出世」 |
| 小学教授双六 | 明治７年 | 「教授」「小学」 |
| 暗誦双六 | 明治８年 | 「暗誦」 |
| 改正小学入門双録 | 明治９年 | 「小学」「入門」 |
| 生徒東京小学校教授双六 | 明治10年 | 「教授」「小学校」「生徒」「東京」 |
| 開花白黒出世双六 | 明治11年 | 「出世」 |
| 東京小学校教授双六 | 明治11年 | 「教授」「小学校」「東京」 |
| 生徒勉強東京小学校教授双録 | 明治11年 | 「勉強」「小学校」「生徒」「東京」 |
| 官等双六 | 明治12年 | 「官」 |
| 官員双六 | 明治12年 | 「官員」 |
| 明治官員双六 | 明治12年９月 | 「官員」 |
| 官員商人振分双六 | 明治13年 | 「官員」「商人」 |
| 子供遊善悪振分寿語録 | 明治14年 | 「子供」「善悪」 |
| 改正単語指教図双六 | 明治16年 | 「単語」「指教」 |
| 学術生徒進歩双六 | 明治19年 | 「学術」「生徒」「進歩」 |
| 男女一代出世寿語録 | 明治19年 | 「出世」「一代」「男女」 |
| 体操双六 | 明治19年 | 「体操」 |
| スペルリードル勉強双六 | 明治19年 | 「勉強」「スペル」「リードル」 |
| リードル英語双六 | 明治20年 | 「英語」 |
| 学校技芸寿語録 | 明治20年 | 「学校」「技芸」 |
| 女子学校勉励寿語録 | 明治20年 | 「勉励」「女子」「学校」 |
| 新版運動双六 | 明治20年10月 | 「運動」 |
| 小学教授出精寿語六 | 明治20年代 | 「教授」「出精」「小学校」 |
| 一代出世双六 | 明治21年 | 「出世」「一代」 |
| 教育東海道鉄道双六 | 明治21年11月 | 「教育」 |
| 小学校唱歌双六 | 明治21年12月 | 「小学校」「唱歌」 |
| 新双六学乃枝折 | 明治22年 | 「学」 |
| 「ウイルソン氏リードル双呂久」 | 明治22年 | 「リードル」 |
| 教育必要幻燈振分双六 | 明治22年12月 | 「教育」「幻燈」 |
| 当世見立書生運命批評双六 | 明治23年 | 「書生」「運命」「批評」 |
| 男子学校教育寿語録 | 明治23年 | 「教育」「学校」「男子」 |
| 小学修業寿語録 | 明治24年 | 「小学校」「修業」 |
| 小学教育単語双録 | 明治25年 | 「教育」「単語」「小学」 |
| 小学校教育運動双六 | 明治25年５月 | 「教育」「小学校」「運動」 |
| 教育明治寿語録 | 明治26年 | 「教育」 |
| 男女教訓幼稚園寿語録 | 明治26年 | 「教訓」「幼稚園」「男女」 |
| 新撰少年教育世界漫遊双六 | 明治26年 | 「教育」「少年」 |
| 少女教訓日本孝女双六 | 明治26年10月 | 「教訓」「少女」 |
| 日清戦争大日本神国名誉双六 | 明治27年 | 「日清」「戦争」「神国」「名誉」 |
| 日清双六 | 明治27年10月 | 「日清」 |
| 征清双六 | 明治27年11月 | 「征清」 |
| 教育小児双六 | 明治28年 | 「教育」「小児」 |
| 教育歴史双録 | 明治28年 | 「教育」「歴史」 |
| 教育女礼寿語六 | 明治28年10月 | 「教育」「礼」「女」 |
| 台湾戦争寿語録 | 明治28年11月 | 「台湾」「戦争」 |
| 児童教育双六 | 明治28年12月 | 「教育」「児童」 |
| 子供風俗幼稚園双録 | 明治29年 | 「幼稚園」「子供」「風俗」 |

| タイトル | 制作年 | キーワード |
|---|---|---|
| 歴史双六 | 明治29年12月 | 「歴史」 |
| 小学教育寿語六 | 明治30年 | 「教育」「小学校」 |
| 賢女寿語六 | 明治31年 | 「女」 |
| 小学全科修業双録 | 明治31年 | 「小学」「修業」「科」 |
| 明治少年双六 | 明治31年 | 「少年」 |
| 明治立身双六 | 明治31年1月 | 「立身」 |
| 教育幼稚園就学寿語録 | 明治32年 | 「教育」「幼稚園」「就学」 |
| 教訓日本歴史双六 | 明治32年 | 「教訓」「歴史」 |
| 英雄歴史双六 | 明治33年 | 「英雄」「歴史」 |
| 豊太閤昇進双録 | 明治34年4月 | 「昇進」 |
| 女礼式双六 | 明治34年9月 | 「礼式」「女」 |
| 教育幼稚園勉強双六 | 明治35年 | 「教育」「幼稚園」「勉強」 |
| 教訓英雄歴史双六 | 明治35年10月 | 「教訓」「英雄」「歴史」 |
| 少年教育帝国軍人寿語録 | 明治36年11月 | 「教育」「帝国」「軍人」「少年」 |
| 新案征露戦局双六 | 明治38年1月 | 「征露」 |
| 日露戦争双六 | 明治38年1月 | 「日露」 |
| 家庭教育学校廻り | 明治39年12月 | 「教育」「学校」「家庭」 |
| 新案洋行双六 | 明治39年1月 | 「洋行」 |
| 教育女子遊戯双六 | 明治40年11月 | 「教育」「女子」 |
| 女子遊戯寿語録 | 明治40年11月 | 「女子」 |
| 実業少年出世双六 | 明治41年 | 「出世」「実業」「少年」 |
| 少女出世双六 | 明治41年1月 | 「出世」「少女」 |
| 令嬢成長双六 | 明治43年 | 「成長」「令嬢」 |
| 新案明治婦人双六 | 明治43年1月 | 「婦人」 |
| 教訓雙六思ふ壷 | 明治44年 | 「教訓」 |
| 淑女すごろく | 明治45年1月 | 「淑女」 |
| 教育衛生幻燈双録 | — | 「教育」「衛生」「幻燈」 |
| 女子教育お稽古双六 | — | 「教育」「お稽古」「女子」 |
| 教育勅語双六 | — | 「教育」「教育勅語」 |
| 女子教育出世双六 | — | 「教育」「出世」「女子」 |
| 軍事教練双六 | — | 「軍事」「教練」 |
| 憲法制定双六 | — | 「憲法」 |
| 国会議員誉双六 | — | 「国会議員」「誉」 |
| 子供遊善悪寿語録 | — | 「子供」「善悪」 |
| 新版主従心得寿語録 | — | 「主従」 |
| 当世出世双六 | — | 「出世」 |
| 寿出世双六 | — | 「出世」 |
| 大福寿出世双六 | — | 「出世」 |
| 奥奉公出世双六 | — | 「出世」 |
| 小学校教授双六 | — | 「小学校」「教授」 |
| 征清北進軍道中双六 | — | 「征清」 |
| 単語の図寿古呂久 | — | 「単語」 |
| 女礼式寿語録 | — | 「礼式」「女」 |
| 教育の名誉 | — | 「教育」「名誉」 |
| 教訓小学校寿語六 | — | 「教訓」「小学校」 |
| 軍人調練双六 | — | 「軍人」「調練」 |
| 新案官職補任双陸　一名出世競 | — | 「出世」「官職」「競」 |

## 3　立身出世主義の盛衰と双六遊びというメディエーション

同じ立身出世を鼓舞するメディアと捉えられるにもかかわらず、『穎才新誌』と「出世双六」の内容に「ズレ」が生じてきた要因は、上記のように双六の娯楽的特質に由来するところが大きいといえるが、結果として生じた「ズレ」はメディアの受け手にどのような影響を与えるのだろうか。以下、両メディアの特質の違いに基づく受容のコンテクストから考えていきたい。

先述したように、『穎才新誌』は立身出世を目指し、刻苦勉励に努める当事者たちによって作られた言説空間であり、そこで共有される状況は当然、具体的かつ時流の変化に敏感である。一方、「出世双六」を制作する者は、立身出世主義社会を眺める大人たちであり、双六で遊ぶ者たちには、大人自身や将来その世界に踏み込まんとするより幼い子どもたちも含まれていただろう。

実際には立身出世主義が時代を経るにつれ変化していったにもかかわらず、「出世双六」は「上がり」のもつ価値、上昇移動の娯楽的特質が、明治初期の立身出世への熱意と高い親和性を示すものであったために、価値の枠組みを大きく変化させることなく制作され続けたのではないかと考えられる。「メディアはメッセージである」（マクルーハン）といわれるように、メディア自身のもつ特質がメッセージを規定しているのであり、「雑誌＝文章を用いた当事者による言語メディア」と、「双六＝周辺者による図像を用いた娯楽メディア」とでは、伝達される内容も異なってくるのだといえよう。結果、そうしたメディアを受容する対象やコンテクストも異なってくるのである。

『穎才新誌』は初期の抽象的な立身出世主義への傾倒を示す言説から、しだいに受験生活のハウツー、自己分析、挫折観や苦悩の共有といった内容にシフトしていったが、「出世双六」は一貫して抽象的な出世観を生産し続けた。

竹内洋は、明治・大正期の受験雑誌における合格体験記は、「正しい受験生とはなにか」という「物語（シナリオ）を強化」する役割を果たしたと述べているが[17]、『穎才新誌』が立身出世の競争世界の当事者たちの世界観に関する物語を強化するものであったとすれば、「出世双六」は当事者の外側に「立身出世主義」という大衆イメージを固定させ、飽くまでも上昇移動を志向し続けるムードを保持させたといえるのではないか。

つまり、「出世双六」は立身出世を可能にする「教育」に対するイメージを、当事者外の人々に浸透させるものとして機能した。ただし、ここで当事者と周辺者は截然と分けられるものではなく、双六遊びをする幼い子どもは周辺者でありつつ、就学後は『穎才新誌』に投稿する当事者になりうる点では潜在的当事者といえる。「出世双六」に親しんだ結果、違和感なく受験社会を支える準備のできた子どもたち、受験文化を支える家族等周囲の人々の認識を形成したという意味では、「出世双六」は広範な予備的社会化を含め、周辺者を当事者へと円滑に移行させ、雑誌とは異なる大衆イメージを形成させるメディエーション機能をもった文化装置であったともいえよう。

以上、本章では、人々に「教育の近代化」への認識変容を促したメディア＝〈教育双六〉という視点から明治期の双六を整理し直すことを試みた。また、後半では主に「出世双六」に対象を絞り、双六の描かれ方、マス目の構成など、「振り出し」から「上がり」へと向かう双六遊びのルールに着目しながら、「出世双六」の「体験型教育メディア」としての特質を明らかにするとともに、教育雑誌メディアとの比較を通じて、受容コンテクストの違いと、その違いにより人々へもたらした影響の相違について考察してきた。

本章では、図像に関する分析がほとんどなく、筆者自身、細かい描写まで確認が及んでいないのが現状である。ただここでは、「何が描かれているのか」といった具体的事物の描写分析だけでなく、マス目の配置や構造、コマの進行の導線まで含めた、より広義の「図像」（ビジュアル・イメージ）としてメディア史料を捉える対象を広げる可能性について示唆できたのではないかと考えている。

最後に、方法論の課題として前述したように、双六が受容されるコンテクストに関する特徴は、実際に人々がどのように双六と出会い、受容していたのかを明らかにするものではない、という点が挙げられる。教育メディアの分析に当たっては、メディアの発信サイドの意図がそのまま受容されるものではないことに留意したうえで、今後も、雑誌・作文・日記・小説など、受容サイドの分析史料も丹念に検証していくことが必要であろう。

また、本章においてはモノとしてのメディアに焦点を合わせたため、双六の作り手、送り手、遊び手といったメディアを取り巻く人々の分析が不足していることは否めない。娯楽物である双六については、制作者、出版社、編集者、購買者など、行政が制作する教材とは異なるメディアの流通過程が推測される。メディアを取り巻く人々の分析もまた必要である。

［1］　たとえば、唐澤富太郎『教育博物館――伝承と日本人の形成』（ぎょうせい、一九七七年）、半澤敏郎『童遊文化史――考現に基づく考証的研究』（東京書籍、一九八〇年）など。
［2］　増川宏一『すごろく　Ⅰ、Ⅱ』（ものと人間の文化史七九―Ⅱ、法政大学出版局、一九九五年）、山本正勝『絵すごろく生いたちと魅力』（芸艸社、二〇〇四年）など。
［3］　佐藤秀夫『学校の文化』（教育の文化史二、阿吽社、二〇〇五年）。
［4］　倉橋惣三『玩具教育篇』（雄山閣、一九三五年）。
［5］　なお、ここでいう「受容のコンテクスト」は、メディアが発信するメッセージをメッセージのみ切り離して考察するのではなく「どのような文脈で受容されたのか」という「コンテクスト」に注意を喚起する視点を提示するものであり、「結果と

してどのように受容されたのか」を明らかにするものではないことを予め付記しておく。

［6］　増川宏一は、江戸初期に双六が発生したとのそれまでの諸説に対し、一五世紀後半に浄土双六が遊ばれていた事実から、日本における双六の起源の見直しを提示した。本章では、盤双六も含めた双六全般の起源について詳細に検討する余裕はないが、絵双六の起源については、基本的に増川の論考によっている。増川宏一（前掲）五〇―八九頁。

［7］　小西四郎・寿岳章子・村岸義雄『双六　伝統的な日本の遊び』（徳間書店、一九七四年）。

［8］　高橋順二『日本絵双六集成』（柏書房、一九八〇年）。

［9］　山本正勝、前掲書。

［10］　竹内洋『立身出世主義――近代日本のロマンと欲望』（NHKライブラリー、一九九七年）一七頁。

［11］　同右、一三―三二頁。

［12］　上笙一郎「『穎才新誌』解説――日本近代文化の揺籃として」（『穎才新誌　解説・総目次・索引』不二出版、一九九二―九三年）三頁。

［13］　竹内洋、前掲書および、E・H・キンモンス著、広田照幸ほか訳『立身出世の社会史　サムライからサラリーマンへ』（玉川大学出版部、一九九五年）。

［14］　E・H・キンモンス、前掲書、七九頁。

［15］　分析に当たっては、『穎才新誌　解説・総目次・索引』（前掲）を参照した。

［16］　「―」のものは制作年不詳のもの。主な出典は、『東京大学法学部附属明治新聞雑誌文庫所蔵雑誌目次総覧』（大空社、一九九三年）、唐澤富太郎『教育博物館――伝承と日本人の形成』（前掲）、半澤敏郎『童遊文化史――考現に基づく考証的研究』（前掲）。

［17］　竹内洋（前掲）七〇頁。

# 第六章　戦前期の娯楽と教育を取り巻く映像メディアの系譜

## ――写し絵・幻燈・活動写真

前章では教育双六について検討したが、視覚教育メディアの射程を人々の生活全般にまで広げるならば、そこでは「遊び」や「娯楽」といった生活文化と「教育」との接点をどのように捉えるのかといった問題が浮上してこざるをえない。

とはいえ、それぞれのメディア装置について、何が「教育メディア」で何が「娯楽メディア」であるかを分類すること自体にはあまり意味はない。むしろ問うべきは、「教育」であり「娯楽」であるような装置なり活動なりにおける、両側面の関係のあり方や人々のまなざしであり、そこから生成されてくる「教育」「娯楽」概念の抽出ではないだろうか。〈教育メディア〉という視点は、学校や教材といった、ともすると形式的な教育の枠組みに囚われない「教育」のありようを浮かび上がらせることができるのではないか。本章では、近代日本の教育制度の成立過程において、民衆の「娯楽」と「教育」がどのように結びつけられていったのかについて、写し絵から活動写真まで、明治・大正期の映像メディアの系譜を追いながら、メディアにおける「教育」「娯楽」の緊張関係を描き出すことを試みたい。

明治・大正期の娯楽については、倉田喜弘や石川弘義らの先行研究[1]にあるように、講談・寄席・相撲・歌舞伎・落語・芝居・浪花節など様々なものが列挙できるが、本章では「教育」と「娯楽」の関係性をよりよく浮かび上がらせる目的から、数ある娯楽のなかでもとくに写し絵・幻燈・活動写真に対象を限定し、これらを「光と影によって映像を映し出す装置＝〈映像メディア〉」の系譜のなかで捉えることとする。暗い空間に人々が集まり光と影によって映し出された映像を眺めるという経験空間を表出するというメディア特性上の類似がありながらも、受容された時代背景や状況によって、娯楽としての位置づけや教育的利用への捉えられ方がどのように変遷していったのかを把握することを目指す。

本章の構成は以下のとおりである。

まず、明治前期〜後期における映像メディアとして写し絵と幻燈を取り上げ、両者が「娯楽」的存在や「教育」的存在として人々の生活にどのように位置づけられていたのかを確認する。また、そうした映像メディアが文部省を中心とする教育政策においてどのように利用されていたのかを教育幻燈会を事例に探る。ここでは明治期における「娯楽」の教育的利用の特質を明らかにするとともに、教育であり娯楽であるようなメディアが、人々に果たしていた複層的な機能を浮き彫りにすることを目指す。

続いて、明治後期〜大正期における映像メディアとして、当時日本に移入され急速に広まった活動写真に焦点を当て、幻燈や写し絵からの変遷を辿るとともに、民衆に圧倒的な人気をもって迎えられた活動写真と教育政策との関わりを、規制から奨励への流れのなかで確認する。ここでは、娯楽による風紀の乱れを矯正しようとする「娯楽の教育化」の動きと、娯楽を利用した通俗的な教育を目論む「教育の娯楽化」の動きとが混在しながら、教育政策において活動写真がどのように扱われていったのかを確認する。

最後に、活動写真に代表されるような新しいメディアが民衆娯楽として普及・浸透するなかで、改めて生起してきを考察する。

た「娯楽」と「教育」の関係性をめぐる言説を検討し、そうした「娯楽」と「教育」を取り巻くメディアに対する議論のなかから、その後の社会教育行政に連なる「娯楽」概念および「教育」概念がどのように醸成されていったのかを考察する。

## 1　明治前期から後期の映像メディア

### （1）映像メディアの二系統——「娯楽」の写し絵と「教育」の幻燈

写し絵（関西では「錦影絵」と呼ばれた）は、本体（フロ／風呂）・種板（スライド）・レンズ・光源・スクリーンなどから成り、（図169、図170）光と影を利用した遊びとして、江戸中期には走馬燈、影絵遊び、覗きからくり（レンズを張った穴からなかの絵などを覗いて楽しむ箱形の装置）などとともに、庶民の子どもの身近な玩具や見世物として親しまれていたとされる。写し絵に関する文字史料は多くはないが、たとえば幕末の風俗誌である『守貞謾稿』（喜多川守貞著）には写し絵に関する記述として以下のように書かれている。

影画ト号ケテ、小玉板ニ種ノ画ヲカキ、画ノ周リヲ黒クシ、又風呂ト号ケテ、小筥前ニ穴ヲ穿チ、玉ニ重ヲ張リ、箱中ニ燈ヲ点ジ、燈ト玉ヲ張ル間ニ、絵ヲ逆ニ挟ムニ、前ノ玉ニ映ジテ逆ナラズ、同物二三枚ヲ画キ替テ、人物等種々動作アルガ如シ。是亦寄ニ出テ、銭ヲ募ル、専ラ児童ヲ集ム[2]

上記のような構造をもつ写し絵の装置については、西洋幻燈機であるmagic lanternがオランダを通じて日本に移入されたとされているが、詳しい経緯は不明である。岩本憲児によれば、一七六〇年から九〇年にかけて日本に登場した西洋幻燈は、類似品・模造品・販売品が出回るなかで製法・技法・内容の日本化が進み、写し絵興行として普及したという[3]。

写し絵の演目については、明治期以降に伝わった種板を調査した山本慶一および小林源次郎によると、「忠臣蔵」「石川五右衛門釜煎」「花鳥四季」「名所尽し」「化け物」など多種あるが、おおまかに「自然」「名所」「舞踊」「怪談」「軍記」「伝承」「滑稽」「艶もの」などに分けられる[4]。いずれの演目も語りものが中心で、伝統的な歌舞伎・浄瑠璃・軍記・説教節・講談などからとられた題材が多く、内容としては気晴らし、余興的な要素が強かったといえよう。

一方、江戸時代に日本化した「写し絵」とは別に、明治の初期に新たな経路で移入されたのが「幻燈（図171）」である。幻燈は写し絵と構造はほぼ同様であるが、江戸時代に移入された写し絵は、映写する内容が日本の伝統的な芸能・文化と深く結びついて認識されていたのに対し、幻燈は映写される内容も含めて、写し絵とは異なる装置として改めて日本に移入されることとなった。幻燈の移入については、石井研堂の『明治事物起源』に、文部省官吏である手島精一（一八四九―一九一八年）が一八七四（明治七）年にアメリカ留学からの帰国に際して持ち帰ったとの記述がある[5]。手島精一は沼津藩から派遣された留学生で、帰国後は東京開成学校に勤務、のちに教育博物館長を務めるなど一貫して教育に携わった人物であり、のちの回想録に「先生が、特に力を尽されたのは、種々なる物品の効用を明らかにし、且つ、これを製造し若くは、製造の方法を教示する点であった。かくの如きは（中略）一種の工業教育に他ならぬのである」[6]と述べられているように、幻燈機を持ち帰った目的として当初から教育的利用が明確に意識されていたといえる。『明治事物起源』においても、このころの幻燈について「教育幻燈のはじまり」[7]と見なしており、

**図表 6-1　『教育学術 改良幻燈器械及映画定価表』**

| | |
|---|---|
| **組物** | 天文，物理，自然現象，人身解剖，妊娠解剖，衛生，各国動物，植物，蚕桑病理，蚕体生理，幼学綱要，神代歴史，教学要語，釈迦一代記，曹洞開祖承陽大師之伝 |
| **バラ売り** | 修身，古今歴史，佛教，草花，各国有名人物，万国風俗，古人肖像，日本貴顕，内外婦人肖像，外国著名建築，内外国地理，尾濃震災実況，北海道一般状況，教育衛生修身狂画 |
| **『教育学術 改良幻燈器械及映画定価表』(「説明書付きのスライド」)** | |
| 地理歴史教育，地文地理修身，修身談，欧米教育大家史伝，善悪自動原因結果，家庭教育，子供ノ教へ方，感化余談，飲酒ノ弊害，庭訓三人娘，教訓実録美談，護国美談元寇之役 | |

岩本憲児『幻燈の世紀　映画前夜の視覚文化史』(森話社，2002 年)，141-142 頁より作成。

もっぱら娯楽的要素の強かった従来の写し絵とは異なる位置づけを与えている。

手島は、一八八〇（明治一三）年に各府県の師範学校に奨励して幻燈機を頒布しようとしたが、頒布に当たって、写真業者の鶴淵初蔵と中島待乳《まっち》（真乳）に制作を依頼している。鶴淵初蔵がスライド販売用に作成したカタログ『教育学術改良幻燈器械及映画定価表』（鶴淵幻燈舗、一八九二（明治二五）年ごろ）からは当時どのような内容のスライドが販売されていたのかを確認することができる（図表6－1）。

すでに見てきたように、これらのスライドの内容は、天文・物理・医学・生物といった学問を解説するもの、国内外の地理・歴史・風俗を紹介するもの、修身関係のものなどに分類でき、主に「文明開化」の新知識を伝達する啓蒙的内容と、倫理道徳を説く教化的内容の二本柱で内容が構成され、当時の学校教育と連動する教授内容となっている[8]。

なお、「家庭教育、子供ノ教へ方、感化余談、飲酒ノ弊害」などの項目は明らかに成人を対象としたものであり、学校教育制度の成立過程において、幻燈が就学対象とならない（あるいは就学を終えた）大人を対象とする成人教育の教具としても機能していた様子が窺えよう。

明治二〇年代になると、幻燈を教育教材として活用するための、ハウツー本も種々出てくるようになる。たとえば一八八九（明治二二）年の教育品製造会社に

**図表 6-2　写し絵，幻燈，掛図の関係**

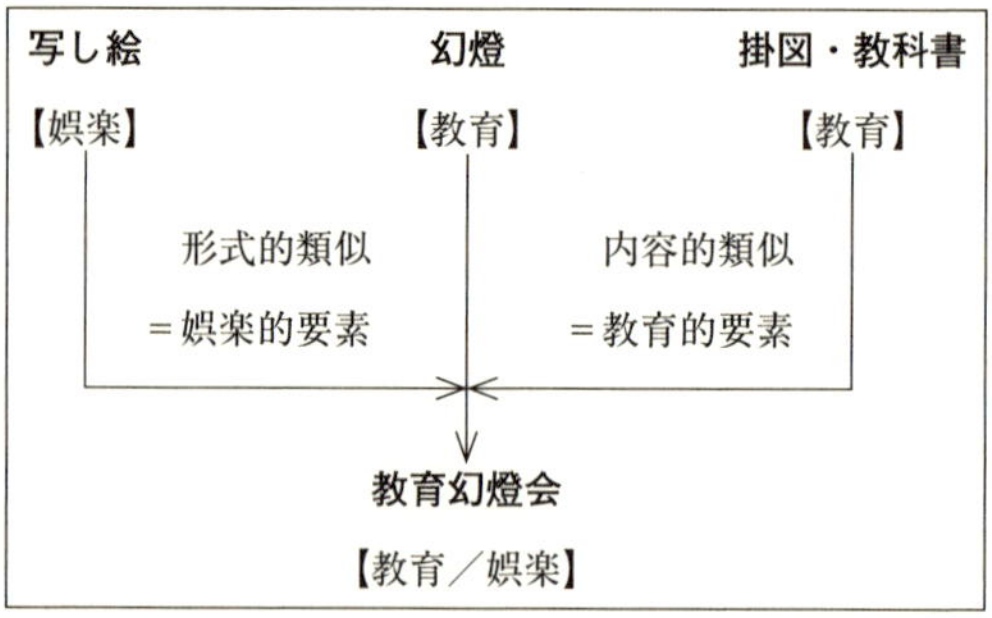


よる『幻燈使用法』では、緒言において、「幻燈ハ我邦従来ノ「ウツシエ」の精巧ナルモノニシテ（中略）細小ナル影像ヲ放大ニ現出シテ之ニヨリテ博物・天文・地質・自然現象・生理・衛生・歴史・修身等ノ演説又ハ講義ヲ為シテ聴聞セシムレバ其裨益大ナルベシ」と紹介し、「殊ニ婦幼又ハ俗人ニ講義ヲ為スニ当テ之ヲ用フルトキハ倦厭ヲ生スルコトナク不識不知其理ヲ会得スルニ至ルヘシ」「学校及家庭ニ於テハ実ニ闕クベカラザルノ要具ナリ」と、上映の対象者について「婦幼又ハ俗人」といった識字率の低い集団などを具体的に想定したうえで教育上の効用を解き、幻燈機の使用方法について丁寧に説明している[9]。使用方法については、「先ツ幻燈ヲ函ヨリ出シテ塵埃ヲ払拭シ……[10]」と、幻燈を触ったことのない者の使用を想定しており、後述するように、幻燈機の使用が教育幻燈会などで教員などを中心に普及するにつれ、誰でも手軽に使用できる手引きが求められていたと推測される。

『幻燈使用法』でも幻燈機の説明において従来の写し絵を引き合いに出しているように、装置の構造としては写し絵と幻燈機は非常に類似しているが、幻燈は写し絵以来の娯楽文化の延長上に位置づけられつつも、写し絵とは異なる「教育的」な装置として、意識的に移入された。写し絵と幻燈は、明治末期から大正初期に活動写真が民衆娯楽として広がる際に急速に下火になってゆくことになるが、それまでの時期は内容的に棲み分けをしつつ、映像メディアとしては「娯楽の写し絵」「教育の幻燈」という大きく二つの流れが並行して存在していたといえる（図表6－2）。

### （2）文部省によるメディア利用——教育幻燈会の開催

次に、文部省が幻燈を具体的にどのように教育的に利用していたのかをみていく。幻燈の教育的利用については、社会教育史研究において通俗教育の一形態としてこれまでもしばしば指摘されてきたが、娯楽と教育の関係から改めて注目すべきは、幻燈というメディアが娯楽的要素を呼び物として学校教育理念の普及に利用されていたという点である。

一八八六（明治一九）年に文部大臣森有礼が四つの学校令（小学校令、中学校令、帝国大学令、師範学校令）を公布し、近代学校教育制度の基礎を確立しようとするに当たり、義務教育の就学率向上のために父兄に教育とは何か、学校とは何かを理解させる目的から、学校教育、とくに義務教育を補完すべきものとして通俗教育が登場した[11]。幻燈会は、当時すでに全国的に広がりをみせていた教育会に属する教師たちを中心として、父兄を対象とする通俗教育懇談会（談話会）とともに開催されることが多かった。たとえば、富山県礪波郡の通俗教育談話会の記録からは当時の談話会における具体的な幻燈の利用状況を窺うことができる。

> 会場ノ装置ハ（中略）先ツ正面ニハ演壇ヲ備ヘ右側ニハ花瓶左側ニハ幻燈機ヲ据付ケ官吏警察官其他受付等ノ席ヲ設ケ就学児童ヨリ男女ノ席ヲ分チ場内ニハ庶務理場接待ノ三委員ヲ置キ之ヲ整理ス（中略）傍聴人ハ入場中心得ヲ能ク遵守セリ其員数地方ニ依リ多少異ナリト雖モ概シテ多人数ナリ扨テ一着ニハ其ノ注意ヲ演説シ次ニ幻燈機ヲ使用シ斯ク順次一談話終ル毎ニ幻燈機使用セシハ傍聴人ノ厭忘ヲ恐ルレハナリ[12]

同通俗教育談話会における演説の題目には「児童ヲ欠席セシムルノ害・授業料ヲ怠ルヘカラサルコト・児童ノ学芸ノ復習ハ毎日家内ニテ督促スルコト・体操ノ必用ヲ知ラサル人ニ告ク」[13]とある。ここからは、学校や教育についての理解を促す題目が中心となり、その合間に聴衆が飽きないように幻燈を用いていた様子が窺える。「聴衆ハ老若男女都テ校下ノモノニシテ其始メ主トシテ幻燈ヲ観ルカ為メ来ルカ如シ」[14]とあるように、幻燈は一種の呼び物としての役割を果たしていたといえる。

先に幻燈スライドの内容が学校教育との関連が強いことを指摘したが、教育幻燈会が父兄を対象とした夜間開催であることに鑑みるに、教育幻燈会は父兄に学校教育の内容を周知させるとともに、就学を奨励する目的が強かったことが窺える。

さらに、松田武雄は通俗懇談会や教育幻燈会について「小学校の就学率が徐々に上昇していく中で、親に対して学校や教育の重要性を通俗的に説くだけでなく、子どもの教育を効果的に行っていくための教師と親との連絡の必要性がしきりに語られる」ようになり、さらに日清戦争を機に国民の愛国心の形成や「尚武教育」を目的とした幻燈会が実施され、国民意識を鼓舞していたと指摘している[15]。

実際、『東京府教育会雑誌』には、一八九五（明治二八）年に、日清戦争を題材にした幻燈会について複数記録されている。東多摩郡杉並村では二月一一日に「日清戦争教育幻燈会」が実施され、学校生徒や近隣住民七〇〇名ほどが集まったという。当初小学校を開催予定地としていたが参観者が多くなることを見越して神社にて夕方六時から夜一二時まで開催された幻燈会は、「天皇陛下万歳海軍陸軍万歳大日本帝国万歳ヲ三唱」するところから始まり、教員らにより日清戦争に至る経緯や戦闘の様子が幻燈を用いられながら説明され、「分捕品」などの図の説明もあった[16]という。同年二月二日には、北豊島郡板橋小学校でも「教育衛生幻燈大会」が開催され、生徒・父兄二五〇名ほどが参加したという。同会では日清戦争についての幻燈スライドとともに、従軍した教員による体験談も話され、父兄懇談会も同時に行われた[17]。

以上のように、この時期の通俗教育会においては親への就学奨励から、戦争を支持する国民意識の形成に重点が置かれるようになっていったといえる。教育と娯楽の関係性に注目するならば、幻燈はスライドに写された内容を分かりやすく伝える純粋な教具というよりは、幻燈のもつ娯楽的魅力や、集団体験的な特質を利用して、国民意識の形成といったメタメッセージを伝える教育メディアとして機能していたといえるだろう。描かれた絵や写真そのものの情報を伝達したり鑑賞したりする以上に、集団で見聞きするという共同体験は新聞や雑誌などの紙媒体とは異なるプロパガンダ機能を果たす。

また、「聴衆ハ老若男女都テ校下ノモノニシテ」という記録にみるように、教育幻燈会の多くが小学校で開催されたことは、幻燈会が学校区をまとまりとした地域住民による共同体験であったことを示している。写し絵がもっぱら見世物として好奇心に即して鑑賞されるものだったことと比較すると、（教育）幻燈は、識字率の低い人々も含めて、地域社会の連帯感を深める共同体メディアとして機能したともいえるだろう。

## 2　明治後期から大正期の映像メディア

### （1）活動写真の登場

活動写真は、一八九六（明治二九）年に神戸市の高橋新治が輸入した「キネトスコープ」と呼ばれる映像機器を、神戸滞在中の小松宮彰仁親王に見せたものが始まりとされている。[18] 一八九七（明治三〇）年の『風俗画報』「神田錦輝館活動大写真の図（図172）」はよく取り上げられる図であるが、一九〇三（同三六）年に浅草公園の電気館が国内最初の活動写真常設劇場を開設して以降、活動写真は民衆の娯楽として主要な位置を占めるようになる。

当時の民衆娯楽研究者である権田保之助によれば、活動写真（映画）の入場員数は明治四〇年代に入ってから急増し、一九〇七（明治四〇）年に三四七万人、〇八（同四一）年に五二一万人、〇九（同四二）年には七三一万人、一二（大正元）年には一二七七万人を記録している。[19] また、文部省普通学務局第四課が一九二一（大正一〇）年に実施した第一回全国民衆娯楽調査によれば、各府県の都会部における興行物のなかで、「活動写真」は他の娯楽を圧倒して四七府県中三九の地域において愛好の首位を占めている（図表6－3）。

**図表 6-3　都会娯楽としての興行物的娯楽の種類およびその愛好順位における府県数**

| | 1位 | 2位 | 3位 | 4位 | 5位 | 計 |
|---|---|---|---|---|---|---|
| 活動写真 | 39 | 5 | 1 | — | — | 45(22.6%) |
| 芝居 | 5 | 23 | 10 | 2 | 1 | 41(20.6%) |
| 浪花節 | 1 | 9 | 19 | 4 | 2 | 35(17.6%) |
| 義太夫 | — | 4 | 9 | 10 | 3 | 26(13.1%) |
| 講談 | 1 | — | — | 1 | — | 2(1.0%) |
| 角力 | — | — | — | 2 | 1 | 3(1.5%) |
| 落語 | — | — | — | — | 2 | 2(1.0%) |
| その他 | 1 | 6 | 7 | 18 | 13 | 45(22.6%) |
| 計 | 47 | 47 | 46 | 37 | 22 | 199(100.0%) |

権田保之助『民衆娯楽論』1921年（権田保之助著作集第2巻，文和書房，1974年），264頁より作成。

権田は以上のような娯楽における活動写真の急速な拡大を「革新的勢力」と呼び、以下のようにその勢いについて述べている。

活動写真と称する風雲児の出現し来るや、其の内容の直観的なる所と、其の形式の安価にして時間を要せざる所とよりして、新らしき民衆の娯楽として甚恰好のものとなり、三大民衆娯楽中、其の始め最下位を占めたる観物業をして、十数年にして遥かに最上位を占めしむるに至ったのみならず、（中略）民衆娯楽の範囲を拡大せしめたのである。[20]

活動写真が民衆娯楽として急速に広まるにつれ、見世物としての写し絵はとくに都市部において急速に衰退していくこととなる。吉見俊哉によれば、日本の興行界の主役は一九〇七（明治四〇）年を境に見世物から活動写真へと移行していき、このころの見世物小屋は次々と活動写真館に変わっていったという。[21] 他の娯楽とともに、写し絵は次世代の映像メディアである活動写真に完全に席を譲ることになったのである。

映像メディア上の「風雲児」の登場を受け、写し絵だけでなく、それまで教育メディアとして盛んに利用されてきた幻燈も衰退を余儀なくされた。同時に、新たに活動写真と教育の関係がクローズアップされていったであろうことは想像に難くない。「娯楽」として不動の地位を占めるに至った活動写真は、「教育」とどのような連関をもつこととなったのであろうか？　以下、活動写真と教育政策との関連をみていくこととする。

### （2）活動写真と教育政策——規制から奨励へ

活動写真と教育との問題がはじめにクローズアップされた事例としては、フランスのエクレール社が制作した映画劇『ジゴマ』が有名であろう。怪盗ジゴマが大暴れするこの映画は一九一一（明治四四）年に浅草で公開されて以来、和製版『ジゴマ』が続々制作されるなど大変な人気を博するが、子どもたちへ教育上悪影響を及ぼすという理由で一九一二（大正元）年に警視庁が上映禁止の措置をとることとなった。[22]『ジゴマ』および和製版『ジゴマ』上映の取締りに当たり、警視庁は以下のように犯罪と児童心理上の問題を指摘している。

活動写真の映画は昨年頃迄は多く仏国物のみなりしに近時漸く日本化せる者を上場するに至り、犯罪を誘発助成するの媒介たる虞あり、又児童心理上に及ぼす影響も少なからざれば、（中略）断然新たなる願出を禁止することにしたり。[23]

『ジゴマ』をはじめとする活動写真が子どもに及ぼす影響については、警察の一方的な規制ではなく、活動写真が普及し始めたころから新聞でも大きく取り上げられ、社会問題化してきていた。一九一二（明治四五）年の『東京日々新聞』では、「活動写真と児童」と題した連載記事を一〇回にわたり掲載し、密閉した館内の換気の悪さによる酸欠症状や不鮮明なフィルムの使用による児童の視覚的疲労、視神経の酷使による発熱、犯罪映画や恋愛映画の内容に児童が感化され模倣することの弊害などが指摘されている。[24]

このジゴマブーム以降、活動写真は、民衆の主要な娯楽としての位置を占めると同時に、視力の低下や頭痛を招くといった健康上の問題から、盛り場における公序良俗に反する雰囲気への批判まで、様々な視点から批判の矢面に立たされてゆく。とくに、以下の批判に代表されるような、活動写真館の場がもつ「非教育的」雰囲気に対して子どもへの悪影響を危惧する声が集中した。

活動写真館内の児童は映画そのものの影響を受ける外に活動写真館そのものの影響も受ける。（中略）電気の薄暗いのを利用して、男女互いにみだりがましき接近にいたり、甚だしいのは、殆むど抱擁せむばかりのものもあり、さては、女給に戯れる観客、乱雑なる観覧振り、不良少年の右往左往、弁士の野卑なる説明、薄暗いみだらな光景など児童に悪影響を及ぼさずにをかないものばかりである。[25]

以上のような活動写真の教育における否定的側面への注目は、犯罪・非行などの治安対策とも関わりながら、フィルムの規制へと繋がってゆく。

一九一二（大正元）年のジゴマ映画の上映禁止措置に続き、一九一七（大正六）年に、帝国教育会は文部省に活動写真取締建議を提出し、同年八月には警視庁が活動写真取締規則を施行する。活動写真取締建議では、「教育的活動写真の興行及び之に必要なるフィルムの製造を保護奨励すること」といった活動写真の積極的利用に関する条項もあるが、多くは「教育官庁と警察官庁との間の連絡を尚一層親密」にすること、「フィルムの検閲に関しては特に教育上の意見」を重視すること、「十六歳未満のものをして夜間は入場せしめざること」「児童生徒の父兄に注意を与ふる」ことなど、活動写真を積極的に教育に利用するよりは、規制をすることで子どもたちへの悪影響を防ごうとする意図が強い[26]。急速に普及が進む「ニューメディア」に慌てて対策を講じているという印象が拭えない。

「映画の年少者に及ぼす影響」と題し、映画研究会員の日高秀は、映画が社会に及ぼす影響としては「映画が見たいと云う欲望の衝動」によるものと、「映画を見てからの衝動」によるものに大別できるとし、それぞれの動機に基づいて窃盗・万引き・放火・忍術の模倣による事件などを取り上げているが、犯罪・事件と活動写真との関連については強引なこじつけも散見される[27]。たとえば、路上で一四歳の少年がピストルで一九歳の少女を脅迫した事件について「若しも加害者が此際金品を取る事が出来れば、必ず活動館で消費する事を想像するに難くない」とコメントしたり、良家の女学生が友人を誘い学校へも行かずに活動館へ通い、遂にはハワイに行くという遺書を残して家出したという事件について「映画による海外への憧れである」と述べたりするのは憶測の域を出ない。

しかし、ここで重要なのは、子どもへの悪影響の議論を通じて活動写真が不良・犯罪の温床として、警察の取締りの対象へと焦点化し、教育者がこれらの理論的援護者としての役割を担っていたという事実である。

「映画に示唆せられ、不良・犯罪行為を行ふものさへ生ずるに至って、世の識者、教育者は愕然として眼をこの新しき事象に見開いたのである」[28]とあるように、活動写真の影響力の大きさは、識者・教育者に娯楽と教育の関係性を改めて問い直す契機を与えたといえるだろう。

一方で、活動写真を教育に積極的に利用していこうとする動きがなかったわけではない。むしろ、言説上では娯楽としての活動写真の教育利用は活発に議論されるようになっていく。たとえば、一九二一（大正一〇）年に文部省社会教育研究会により創刊された雑誌『社会と教化』（一九二四（大正一三）年より『社会教育』と名称変更、一九四四（昭和一九）年廃刊）では、活動写真の工学的解説記事や教育現場への利用方法の検討が議論され、推薦映画の提示や説明者（弁士）講習会なども検討された。『社会と教化』（のちに『社会教育』）の創刊以降、大正年間における活動写真関連記事をみると、活動写真に関する記事は毎号のように掲載され、記事の内容も規制というよりは、活動写真の教育的利用について積極的に言及しているものが多い[29]。

山根幹人は同雑誌中において「活動写真によって、多くの少年が、犯罪を犯したとすれば、それ程活動写真なるものが、大きな力を持って居るということを認めなければならない。然らばこれを逆に使って、有益なるフィルムを見せたならば、少年青年は、その本質的に持って居る大きな感化力によって、善導せられることは論を待たない」[30]と述べ、映画における描写の根拠や適切な解説があれば、悪影響があるとされるフィルムも人心善導のフィルムに転じさせることが可能であると主張している。このように、映像メディアのもつ影響力の大きさを認めたうえで、教育上有用な活用方法を研究すれば、活動写真は強力な教育機能を発揮するという認識が、文部省をはじめとする教育関係者に徐々に浸透していくこととなった。

活動写真取締建議の直後に、文部省が活動写真の積極的利用へと動いた要因としては、文部官吏乗杉嘉寿の存在が大きかったと推測される。乗杉は通俗教育の主任官などを経て一九一九（大正八）年六月にできたばかりの普通学務局第四課の課長に配属されると、民衆娯楽の改善指導を社会教育に必要な施策として積極的に展開した。

乗杉は「趣味の問題は道徳問題」であり、「民衆娯楽の改善は即ち社会進歩の一大必要要件」との認識に立ち、優良なフィルムの「推薦映画」認定、弁士などフィルムの解説者の自覚修養、学校における趣味涵養などが必要であると主張した[31]。

また、活動写真に対する誤った認識を是正する目的から、活動写真展覧会を一九二一（大正一〇）年にお茶の水の東京博物館で開催した。同展覧会の入場者は三週間で一二万七〇〇〇人にのぼったという[32]。中田俊造によると、同展覧会を契機に「世間の映画を見る眼は、これで一変した[33]」というが、規制機運から始まった活動写真と教育との関係は、大正中期にかけて、再び積極利用へと傾いていったといえるだろう。

## 3　娯楽と教育をめぐる言説——権田保之助と橘高広の娯楽教育観を中心に

活動写真はその登場以来、フィルムの規制と奨励など、教育言説において繰り返し語られるなかで、娯楽を教育のなかでどのように扱うかという論題を浮上させることとなった。ここでは、活動写真に代表されるような新しいメディアが民衆娯楽として普及・浸透するなかで、改めて生起してきた「娯楽」と「教育」の関係性をめぐる言説を検討する。

大正時代には、活動写真のみならず、文学・演劇を含め、民衆の生活を反映する新しい芸術のあり方として「民衆芸術論」や「民衆文化主義」といった言葉が流行し、「文化」や「民衆娯楽」といった用語が使用され始める。権田保之助は、「民衆娯楽」という用語が流行していた状況を以下のように皮肉を込めて述べている。

此頃は出鱈目に「民衆娯楽」と云う言葉が流行する。「おい君、僕は一寸、民衆娯楽に行ってくるからね」とか、「昨夜は一寸、民衆娯楽ってな寸法でね」とか云う会話が用いられるようになり、「民衆娯楽」と云う肩書を持った寄席の雑誌が発行されたかと思うと、「民衆娯楽」という表題の雑誌が出るという勢である。[34]

権田は以上のような風潮のなかで（児童）教育と民衆娯楽問題を安易に結びつける教育論に反対し、「民衆娯楽の問題は単に児童教育の見地だけで片付けて仕舞うような小さな問題ではない。それは（中略）民衆の実生活そのものに関する重大問題なのである」[35]と述べ、民衆娯楽が民衆生活を作るのではなく民衆生活が民衆娯楽を作るのであること、民衆娯楽はできあがったものではなく常にできあがりつつあるものであり、自律的な発展にまかせるべきであることを力説する。

そもそも、権田にとって「民衆娯楽」とは、資本主義社会における機械工業が日本社会に浸透するなかで、労働者が機械の一部となり、労働そのものが無趣味で単調なものとなったことから生じたものであり、「慰安としての娯楽」は「新しき民衆の新しき要求」であった。[36]したがって、「民衆が民衆自身生み出したその儘の娯楽は粗野なもの不純なもの」であるという理由によってそれらを「陶冶純化」しようとするのは、「知識階級的論理」であり排斥すべきものであった。

斯くの如くにして其の純化ができあがるとすれば、それは知識階級的思考の方から云へば誠に結構なものに成り得よう、しかし乍ら其れと同時に、それは既に民衆娯楽でも何でも無くなって仕舞った時であることを忘れてはならぬのである。[37]

と主張する権田は、自身が文部省の社会教育調査委員を務めながらも、狭義の教育に縛られない民衆による娯楽を守ろうとする立場をとっていたといえる。

一方、映画通の新聞記者から警察庁検閲課に転じた経歴をもつ橘高広は、娯楽を民衆の思うがままにさせることは社会秩序の維持にとって危険であるとし、娯楽は国家による制御のもとでこそあるべきものであるとの意見をもっていた。橘は娯楽のもつ芸術的価値と警察が維持すべき社会的価値について以下のような見解を述べている。

> 警察官の行ふ社会的価値批判は、倫理的価値批判や、芸術的価値批判に対して、一歩も譲る必要なく、国家存立の根本から言へば、倫理的芸術的価値批判は、社会的価値批判に従属すべきかも知れぬ。（中略）故に取締に従事する警察官は、不健全な娯楽に対する一種の防塞であり、番兵である。[38]

橘は芸術的価値と道徳的価値の問題については、常に対立的であるのではなく、基本的に「芸術は自由であるべき」であり、むしろ「道徳と芸術は無関係なものではない、その本領は違っているが、相親しむで行く可き性質のものである」と、両者の調和を説く。しかし、一方で「芸術も道徳的内容を具備することに依って芸術的である、即ち美は善を内容とすることに依って始めて美である、と云うのは美は善の奴隷となる訳である」[39]と述べ、最終的に道徳的価値の優位を譲らない。

こうした姿勢の背景には、民衆が娯楽に対して盲目的に魅了されてしまうことへの危惧がある。橘は民衆の娯楽に対する態度の危うさを理由に「民衆娯楽の取締の根本儀を」以下のように説明する。

民衆が娯楽に対する時の態度は、本能の発動した時であって、無批判の裡に、美しいならば、甘いならば、快感を与えるならば、之を不識不知の間に呼吸して仕舞ふ、（中略）無批判の呼吸は、同化作用が完了したものと見られ、伝播されたものに依っては危険此上もなく、（中略）有機的に享楽者を動かす。[40]

橘は以上のような理由から、娯楽の取締りはやむを得ないものと考える一方で、「予防警察の精神を徹底する上から演劇も勧善的であって欲しいので、場合に依っては推賞する」[41]とも述べ、取締り上有益と考えられるかぎりにおいて、教化的内容を含む娯楽を望ましいと考えていた。橘にとっては、飽くまで社会秩序の維持が至上目的であり、その「社会的価値」と符合する範囲において、娯楽は位置づけられるべきであること、また、「社会的価値」を補完する役割を果たすものとして、娯楽の教育的側面を評価していたといえる。

以上のように、前述した雑誌『社会と教化』におけるような、活動写真などの娯楽メディアを教育に積極的に利用していこうとする乗杉嘉寿を中心とする文部省の立場、民衆の生活と自律性を重んじる権田保之助の立場、社会秩序と国家的価値を重視し検閲もやむを得ぬとする橘高広に代表される警察庁の立場など、大正期には娯楽と教育をめぐって様々な言説が拮抗していた。新聞記者などのマスメディア関係者、現場の教師や子どもをもつ親の娯楽観など、取り上げるべき言説はほかにも様々あり、ここで各論を詳しく検討していくことはできないが、娯楽と教育をめぐる言説が蓄積されるなかで、「娯楽」「教育」に関する概念（理念）が精緻化されていったことは注目されてよい。大正期に様々な娯楽論（教育論）が生起した背景に、活動写真という新しいメディアの登場があったことはいうまでもないが、人々が新しいメディアと出会い、そのメディアとの関わり方を探る過程で諸概念を規定していくという意味で、活動写真は教育的メッセージの伝達メディアであるだけでなく、教育概念の醸成メディアとしても機能したといえるだろう。

以上、明治・大正期の映像メディアの系譜を辿るなかで、映像メディアをめぐる娯楽と教育の関係について本章では以下のように検討してきた。まず一点目に、明治初期には、写し絵→幻燈という緩やかなメディアの推移がみられるものの、両者は内容的に棲み分けをしつつ、明治中後期まで「娯楽の写し絵」「教育の幻燈」という大きく二つの流れが並行して存在していたこと。二点目に、写し絵がもっぱら見世物として鑑賞されるものだったのに対し、教育幻燈は、識字率の低い人々も含めて、地域社会の連帯感を深める共同体メディアとして機能したこと。三点目に、活動写真における教育への注目は、犯罪・非行などの治安対策とも関わりながら、フィルムの規制から、大正中期にかけて、再び積極利用へと傾いていったこと。四点目に、大正期には娯楽と教育をめぐって様々な言説が拮抗し、活動写真は教育的メッセージの伝達メディアであるだけでなく、教育概念の醸成メディアとしても機能したこと。

本章での考察は、メディアを縦糸として「娯楽」と「教育」が織りなす模様を巨視的に把握する試みだったといえる。しかし、以上にみてきたように、写し絵・幻燈・活動写真という映像メディアは、「娯楽を享受する民衆」と「娯楽を教育に利用する教育関係者」という二分的な媒介作用ではなく、また「娯楽」的要素や「教育」的要素だけで成り立つ媒介構造でもなく、いわば複層的な機能と構造が錯綜する「媒介的複合体（media complex）」であり、「娯楽」「教育」の区分自体の問い直しを迫るものであるといえる。

ここでは映像メディアについて「教育」「娯楽」の緊張関係からその社会的機能を読み解くことを試み、そこから両者に収まりきらないが両者に重要な影響を与えもする、共同体連帯や概念醸成といったメディアの複層的な側面について抽出してきたが、こうした機能を改めて「教育」「娯楽」に逆照射することが、今後の教育メディア研究として求められるといえるだろう。

なお本章では、「光と影によって映像を映し出す装置＝映像メディア」というメディアの系譜に即した「教育」と「娯楽」の関係性の考察に焦点を合わせたため、対象とする時期や領域が広く、また、紙芝居・パノラマ・写真といった近接したメディアの存在を捨象してしまっているなど、課題も多い。さらに、メディアと教育の関係性を規定する鍵となる人物たちの検討も不十分であり、今後も継続して史料に当たる必要があるといえよう。

［1］　たとえば倉田喜弘『明治大正の民衆娯楽』（岩波新書、一九八〇年）、および、石川弘義編著『娯楽の戦前史』（東書選書、一九八一年）など。
［2］　『守貞謾稿』第五巻（朝倉治彦・柏川修一編、東京堂出版、一九九二年）一〇二―一〇三頁。
［3］　岩本憲児『幻燈の世紀――映画前夜の視覚文化史』（森話社、二〇〇二年）八八―九五頁。
［4］　小林源次郎『写し絵』（中央大学出版部、一九七八年）、および、山本慶一『江戸の影絵遊び』（草思社、一九八八年）参照。
［5］　石井研堂『明治事物起源』（増訂版、春陽堂、一九二六年）。
［6］　手島工業教育資金団『手島精一先生傳』（一九二九年）二六頁。
［7］　石井研堂（前掲）二四七―二四九頁。
［8］　学校用掛図と教育幻燈の比較および影響関係については、本書第三章を参照。
［9］　教育品製造会社『幻燈使用法』（一八八九年）。

[10] 同右、一頁。
[11] 義務教育の補完としての通俗教育概念の成立過程については、松田武雄『近代日本社会教育の成立』（九州大学出版会、二〇〇四年）に詳しい。
[12] 『富山県学事通報』（一八八七年）第一五号、二二頁。
[13] 同右、第一六号、一〇頁。
[14] 同右、第六号、一〇―一一頁。
[15] 松田武雄（前掲）一一八―一一九頁。
[16] 『東京府教育会雑誌』第六五号（一八九五年二月二八日）四六―四七頁。
[17] 同右、第六六号（一八九五年三月二八日）四九頁。
[18] 同年一一月一九日付の『神戸又新日報』では「ニーテスコップ（電気作用写真活動機械）之儀今般小松宮殿下御来港ニ際シ御照覧ニ奉供候」という記事になった。
[19] 権田保之助『民衆娯楽問題』一九二一年（権田保之助著作集第一巻、文和書房、一九七四年）、二六頁。
[20] 同右、三〇頁。
[21] 吉見俊哉『都市のドラマトゥルギー――東京・盛り場の社会史』（弘文堂、一九八七年）二〇六頁。
[22] ジゴマ映画の流行と上映禁止処分の経緯については、永嶺重敏『怪盗ジゴマと活動写真の時代』（新潮社、二〇〇六年）を参照。
[23] 『時事新報』一九一二（大正元）年一〇月一〇日。
[24] 『東京日々新聞』一九一二（明治四五）年二月六―二〇日。
[25] 海野幸徳『学校と活動写真』（内外出版、一九二四年）一七頁。
[26] 文部省社会教育局『本邦映画教育の発達』（教育映画研究資料第一八輯、文部省、一九三八年）一三―一四頁。

### 図表6-4　雑誌『社会と教化』『社会教育』における活動写真関連記事一覧

『社会と教化』

| 掲載タイトル | 執筆者 | 巻号 | 発行年月日 |
|---|---|---|---|
| 活動写真雑話 | 保篠龍緒 | 1巻1号 | 大正10(1921) 1. 1 |
| 活動写真と農業教育 | — | 1巻1号 | 大正10(1921) 1. 1 |
| 活動写真映画の推薦 | — | 1巻2号 | 大正10(1921) 2. 1 |
| 文部省推薦映画 | — | 1巻3号 | 大正10(1921) 3. 1 |
| 活動写真の説明者講習会 | — | 1巻3号 | 大正10(1921) 3. 1 |
| 活動写真の時代 | — | 1巻3号 | 大正10(1921) 3. 1 |
| 民衆娯楽の改良と誘導 | 乗杉嘉寿 | | |
| フィルム使用の学校教育 | — | 1巻4号 | 大正10(1921) 4. 1 |
| 活動写真の時代 | — | 1巻4号 | 大正10(1921) 4. 1 |
| 活動写真弁士講習会の実況 | — | 1巻4号 | 大正10(1921) 4. 1 |
| 教育と活動写真 | 山根幹人 | 1巻5号 | 大正10(1921) 5. 1 |
| 学校と活動写真 | — | 1巻6号 | 大正10(1921) 6. 1 |
| 教育活動写真と線画の応用 | — | 1巻7号 | 大正10(1921) 7. 1 |
| 視覚光線の新発見 | — | 1巻8号 | 大正10(1921) 8. 1 |
| 活動写真説明者協会 | — | 1巻8号 | 大正10(1921) 8. 1 |
| 活動写真展覧会のぞ記 | 森川生 | 2巻1号 | 大正11(1922) 1. 1 |
| 民衆娯楽としての活動写真 | 乗杉嘉壽 | 2巻2号 | 大正11(1922) 2. 1 |
| 活動写真は果して児童の教育を妨げるか？ | 田口櫻村 | 2巻3号 | 大正11(1922) 3. 1 |
| 民衆娯楽殊に活動写真に就て | 權田保之助 | 2巻3号 | 大正11(1922) 3. 1 |
| 教化活動写真の危機 | 山根幹人 | 2巻12号 | 大正11(1922) 12. 1 |
| 趣味の教育と娯楽の教養 | 乗杉嘉壽 | 3巻6号 | 大正12(1923) 6. 1 |
| 我国に於ける民衆娯楽大観 | 乗杉嘉壽 | 3巻6号 | 大正12(1923) 6. 1 |
| 学校と映画及び教会映画について | — | 3巻6号 | 大正12(1923) 6. 1 |
| 推薦映画解説 | — | 3巻7号 | 大正12(1923) 7. 1 |

『社会教育』

| 掲載タイトル | 執筆者 | 巻号 | 発行年月日 |
|---|---|---|---|
| 民衆教化機関としての活動写真と弁士の養成 | 勝亦太平 | 1巻1号 | 大正13(1924) 1.26 |
| 文部省推薦映画解説 | — | 1巻1号 | 大正13(1924) 1.26 |
| 教育上に於ける活動写真フィルムの利用 | 社会教育調査室 | 1巻8号 | 大正13(1924) 11.10 |
| 活動写真による悪感化 | — | 1巻8号 | 大正13(1924) 11.10 |
| 映画観衆の心理状態 | 仲木貞一 | 2巻4号 | 大正14(1925) 4. 1 |
| 映画観衆の心理状態 | 仲木貞一 | 2巻5号 | 大正14(1925) 5. 1 |
| 教育活動写真に就て | 中島仁 | 2巻6号 | 大正14(1925) 6. 1 |
| 教育活動写真に就て | 中島仁 | 2巻7号 | 大正14(1925) 7. 1 |
| 文部省懸賞募集映画劇脚本梗概要約 | 文部省 | 2巻7号 | 大正14(1925) 7. 1 |
| 教育活動写真に就て | 中島仁 | 2巻8号 | 大正14(1925) 8. 1 |
| 幼年及少年向映画 | 文部省社会教育課調査 | 2巻9号 | 大正14(1925) 9. 1 |
| 文部省推薦活動写真映画 | 松平覚義 | 2巻10号 | 大正14(1925) 10. 1 |
| 文部省推薦映画 | 松平覚義 | 2巻11号 | 大正14(1925) 11. 1 |
| 映画の正しい観方 | 松平覚義 | 3巻1号 | 大正15(1926) 1. 1 |
| 文部省推薦映画 | 松平覚義 | 3巻1号 | 大正15(1926) 1. 1 |
| 映画の正しい観方 | 松平覚義 | 3巻2号 | 大正15(1926) 2. 1 |
| 映画の正しい観方 | 松平覚義 | 3巻3号 | 大正15(1926) 3. 1 |
| 社会教化と活動写真 | 小路玉一 | 3巻3号 | 大正15(1926) 3. 1 |

| 掲載タイトル | 執筆者 | 巻号 | 発行年月日 |
|---|---|---|---|
| 文部省推薦映画 | 松平覚義 | 3巻3号 | 大正15(1926)3.1 |
| 映画の正しい観方 | 松平覚義 | 3巻4号 | 大正15(1926)4.1 |
| 社会教化と活動写真 | 小路玉一 | 3巻4号 | 大正15(1926)4.1 |
| 活動写真と青年 | 青木清四郎 | 3巻5号 | 大正15(1926)5.1 |
| 映画の正しい観方 | 松平覚義 | 3巻5号 | 大正15(1926)5.1 |
| 文部省推薦映画 | — | 3巻5号 | 大正15(1926)5.1 |
| 映画の正しい観方 | 松平覚義 | 3巻6号 | 大正15(1926)6.1 |
| 文部省推薦映画 | — | 3巻6号 | 大正15(1926)6.1 |
| 文部省推薦映画 | — | 3巻7号 | 大正15(1926)7.1 |
| 映画の年少者に及ぼす影響 | 日高秀 | 3巻8号 | 大正15(1926)8.1 |
| 映画の年少者に及ぼす影響 | 日高秀 | 3巻9号 | 大正15(1926)9.1 |
| 文部省懸賞募集映画劇脚本 | — | 3巻9号 | 大正15(1926)9.1 |
| 観衆を通して観たる映画 | 松平覚義 | 3巻10号 | 大正15(1926)10.1 |
| 文部省懸賞募集映画劇脚本 | — | 3巻10号 | 大正15(1926)10.1 |
| 観衆を通して観たる映画 | 松平覚義 | 3巻11号 | 大正15(1926)11.1 |
| 文部省推薦映画 | — | 3巻11号 | 大正15(1926)11.1 |
| 観衆を通して観たる映画 | 松平覚義 | 3巻12号 | 大正15(1926)12.1 |

〔27〕日高秀「映画の年少者に及ぼす影響」(『社会教育』第三巻第九号、一九二六年)八九—九七頁。
〔28〕文部省社会教育局『本邦映画教育の発達』(前掲)一〇—一一頁。
〔29〕雑誌『社会と教化』(のちに『社会教育』)の創刊以降、大正年間における活動写真に関する記事一覧は図表6-4のとおりである。
〔30〕山根幹人「教育と活動写真」(『社会と教化』第一巻第五号、一九二一年五月)七八頁。
〔31〕乗杉嘉寿「民衆娯楽の改良と誘導」(『社会と教化』第一巻第三号、一九二一年三月)一二—一四頁。
〔32〕全日本社会教育連合会『社会教育論者の群像』(一九八三年)一一四頁。
〔33〕中田俊造「乗杉嘉壽氏を憶う」(『視聴覚教育時報』、一九六八年四月号)。
〔34〕権田保之助「民衆娯楽の基調」一九二二年(『余暇・娯楽研究基礎文献集』第一巻、大空社、一九八九年所収、一五六頁)。
〔35〕同右、三七頁。
〔36〕同右、一四—一五頁。
〔37〕同右、六四頁。
〔38〕橘高広『民衆娯楽の研究』(警眼社、一九二〇年)六頁。
〔39〕同右、一四—一五頁。

〔40〕同右、二〇頁。
〔41〕同右、一八頁。

# 第七章　戦前期の民衆娯楽論における〈教育〉観の検討
## ――娯楽論を通じた教育概念の精緻化プロセス

前章に引き続き本章では、戦前期における民衆娯楽論の展開について、当時の教育政策や教育理念に即して把握するとともに、「娯楽」と「教育」をめぐる議論を合わせて分析することを通じて、「娯楽」と「教育」がどのような緊張関係を保ちつつ、それぞれの概念を精緻化させていったのかを検討する。

これまで教育史研究において、近代日本の民衆娯楽論は、主に民衆教化の方策という文脈のなかで語られてきた。そこでは、明治後期から大正期にかけて急速に広まった活動写真を中心とする娯楽メディアの普及を背景に、「余暇善用」としての利用から、国家総動員体制擁護の一翼を担ったとの指摘に至るまで、一貫して「教化」を目的とし、「娯楽」を手段と位置づける視点を見出すことができる。

一方で、当時の娯楽研究者である権田保之助（一八八七―一九五一年）は、著書『民衆娯楽の基調』（一九二二年）のなかで、「民衆娯楽の問題は単に児童教育の見地だけで片付けて仕舞うような小さな問題ではない」として民衆娯楽を（児童）教育と安易に結びつける教育論に反対し、娯楽の自律性を主張した[1]。権田はまた、社会教育調査委員も務めるなど文部省を中心に政府から各種委員の委嘱を受けており、独自の「民衆教育論」も展開している。権田の「民衆娯楽論」は、戦時下には「国民娯楽論」としてその思想は「転向」したともいわれているが、権田の思想からは、文部省と不即不離の関係を保ちつつ、「教育」と「娯楽」の関係性を問うていく姿勢を読み取ることができる。

戦前期の娯楽論について、「娯楽を教育的に利用した」としてその関係性を規定するのは容易い。しかし、当時の娯楽論において「娯楽」や「教育」といった用語は自明なものとして扱われていたのであろうか。むしろ、娯楽論の展開を通じて「娯楽」や「教育」といった概念が改めて問い直され、近代的な社会における新たな〈教育〉観が生起する動的プロセスとして捉えることができるのではないか。その〈教育〉観は、通俗教育から社会教育へといった、当時の社会教育行政の編成過程にも影響を与えているのではないか。

以上の問題関心のもとに、本章では、戦前期（大正―昭和初期）の通俗教育・社会教育行政政策における「娯楽」の扱いについて、鍵となる人物の娯楽論に即して検討してゆく。具体的には、上記の権田保之助、活動写真の積極利用を提唱した文部省官吏の乗杉嘉寿、社会教育理論の形成を目指した川本宇之介、社会秩序の観点から娯楽の国家的制御の必要性を唱えた警察庁検閲課の橘高広のほか、中田俊造、大林宗嗣ら当時の主要な娯楽論者が「教育」をどのように位置づけているのかを確認するとともに、通俗教育行政から社会教育行政への転換を「娯楽」の扱いに焦点を当てて追ってゆくこととする。

## 1　明治末期における通俗教育行政と「娯楽」――通俗教育調査委員会

「娯楽」について、教育行政が本格的に取り組んだものとして、一九一一（明治四四）年に設置された通俗教育調査委員会が挙げられる。通俗教育調査委員会は学校外における国民修養を目的として設立され、その主な方法として講演・幻燈・通俗図書を想定していたが、同時に、風紀を乱す娯楽的興行物への警戒心を抱いていた。

通俗教育調査委員会の設立経緯については倉内史郎の研究[2]に詳しいが、同委員会が設置された背景として、大逆事件後の善後策としての国民思想の「健全化」が指摘できる。当時の文相である小松原英太郎は、通俗教育委員会設立に際し、娯楽的興行物の取締り・奨励と国民思想の「健全化」を、以下のように結びつけて同委員会の必要性を説いた。

文芸院を設立するか又は文部省に文芸委員及通俗教育委員会等を設置し文芸に関係ある有力なる学者文士等を集め懸賞等の方法に依り健全なる文学を奨励し若くは適当の材料を募集して青年叢書を発行し又は絶へず一般刊行の読物を調査して学校及図書館等の為めに健全なる読物を指示する等最も簡易適切なる方法を選みて之を実施し、第一には文士社会の風紀を一新し第二には一般家庭及青年の為めに善良なる読物を供給し、寄席の興行物其他幻燈又は活動写真に関しても相当の取締及奨励の方法を設けて之を健全ならしむるの手段を講じ又一方には通俗講演等を盛にし以て健全なる国民的精神を涵養するに努むるは今日腐敗堕落に傾き動もすれば危険なる思想に感染せんとする成年社会の状態を匡救するに於て寔に国家の一大急務なりと信ず[3]（傍線引用者）

小松原は、「腐敗堕落」に傾く「危険なる思想」への「感染」を防ぐために「健全なる国民的精神」の「涵養」が急務だとして、寄席・幻燈・活動写真といった娯楽的興行物を取り締まる必要性を指摘している。ここでは、寄席・幻燈・活動写真は乱れた社会風紀を生み出す一端として、警戒の対象として捉えられている。

ただし、ここで述べられている「寄席の興行物其他幻燈又は活動写真」を、即座に「娯楽」といい換えてよいかどうかという点については注意を要する。というのも、明治末期は、多くの娯楽論が生起してくる大正期「娯楽論ブーム」前夜の時期に当たり、小松原文相自身も「娯楽」の語を使用しておらず、「娯楽」を既知概念として設定できないからである。

「娯楽」という語がいつから使われだしたのかについては詳らかではないが、明治二〇年代後半から「娯楽」を冠する書籍が複数刊行されていることから、少なくとも委員会発足当時には「娯楽」という用語は一般的に使用されていたと考えられる。しかし、通俗教育調査委員会では「寄席の興行物其他幻燈又は活動写真」を明確に「娯楽」という概念で捉えていたのであろうか。「通俗教育調査委員会部会規則　第一条」では、委員会が担う事項について以下のように定められている[4]。

第一条　通俗教育調査委員会に於ける調査及び施設に関する事務を分ちて次の三部とす
第一部　読物の選定編纂懸賞募集並通俗図書館巡回文庫展覧事業等に関する事項
第二部　幻燈の映画並活動写真の「フキルム」の選択、調製、説明書の編纂等に関する事項
第三部　講演会に関する事項並講演資料の編纂及び他部に属せざる事項

委員会部会規則によれば、通俗教育調査委員会の具体的な事業内容としては、「読物」「幻燈・活動写真」「講演会」の三部門があり、いわゆる「娯楽」に該当する内容のものとしては、幻燈・活動写真の優良フィルムの選定と奨励による、危険思想の防止と青少年の風紀向上の部分が挙げられる。しかし、ここでも「娯楽」という語が直接使用されているわけではない。娯楽的「読物」や娯楽的「講演会」として、小説・漫画・落語といったものも想定でき、「娯楽」を部立てで区分して扱う視点は確認できない。

むしろ、上記三部の構成は、読物＝文字メディア、幻燈・活動写真＝映像メディア、講演会＝音声メディアというように、通俗教育の内容よりは手段・方法による分類となっており、このなかで「風紀を乱す」可能性のあるものは規制し、「国民精神を涵養」するものは奨励するという姿勢が読み取れる。すなわち、委員会設立時点での通俗教育は、趣味娯楽要素をその対象に内包しながらも、概念区分上は知徳修養要素と混在した広い意味での教化政策として把握されていたと考えられる。

## 2　大正初期の通俗教育施策における「娯楽」の扱い——東京府の場合

通俗教育調査委員会の設置を受け、各府県においても地方諸団体（教育会・青年会・婦人会など）を通じて具体的な通俗教育方策が展開されていた。ここでは東京府の通俗教育施策における「娯楽」の扱いについて検討する。

東京府では一九一六（大正五）年一〇月に発行された東京府教育会編『通俗教育ニ関スル調査』において、通俗教育調査委員会の設置に対応して、同教育会に通俗教育部を設けた趣旨を「社会風教」の向上から説明している。

> 我が東京府教育会は夙に風教の改善を計るの目的を以て和強楽堂を建設し専ら通俗講演会を開催して府民の精神界に貢献する所ありしが明治三十七八年戦役の後に至り人心の荒怠日に益々甚しく動もすれば浮華淫靡の風を醸し或は激越危険の思想を伴生せんとするの惧あるや本会茲に見る所あり明治四十四年六月三日評議員会の決議を以て本会附属通俗教育部を設置し世道人心を警醒して大に社会風教の上に稗補する所あらんことを期せり[5]（傍線引用者）

**図表 7-1　東京府教育会通俗教育部規定**

第一条　本部ハ府下ニ於ケル社会風教ノ改善進歩ヲ図ルヲ以テ目的トス
第二条　本部ハ東京府教育会附属通俗教育部ト称ス
第三条　本部ハ事務所ヲ東京市神田区錦町一丁目二十番地東京府教育会内ニ置ク
第四条　本部ニ於テ挙行スヘキ事業ノ概目ハ左ノ如シ
　一、講話
　　イ、道徳ニ関スルコト
　　ロ、実業ニ関スルコト
　　ハ、学術ニ関スルコト
　　ニ、体育衛生ニ関スルコト
　　ホ、国勢ニ関スルコト
　　ヘ、自治ノ精神ニ関スルコト
　二、善行者ノ表彰
　三、展覧会
　四、理科ニ関スル実験
　五、音楽会
　六、講談
　七、活動写真
　八、其他
第五条　本部ハ左ノ場所ニ於テ開会スルモノトス
　一、和強楽堂
　二、学校
　三、会社工場
　四、団体ヨリ請求アリテ必要ト認メタルトキハ其指定シタル場所
　五、其他便宜ノ場所
第六条　本部ハ郡市ニ毎月開会スルモノトス
第七条　本部ハ他ノ団体ト合併シテ開会スルコトヲ得ルモノトス
第八条　本部ノ役員ハ本会ノ理事ヲ以テ之ニ充ツ、書記一名庶務ニ従事セシム
　　　　但必要ト認ムル場合ニハ委員ヲ設クルコトヲ得
第九条　本部ノ経費ハ評議員会ノ決議ヲ経テ之ヲ定ムルモノトス

東京都教育会編『東京都教育会六拾年史』(1944年)。

東京府教育会の通俗教育部の設立は、小松原文相および通俗教育調査委員会の通俗教育政策と軌を一にしたものといえよう。さらに、「東京府教育会通俗教育部規定」では、具体的な事業項目を確認できる(図表7－1)。

同会通俗教育部規定では、実施すべき事業の項目に「娯楽」の語を確認することはできないが、上記の『通俗教育ニ関スル調査』では、具体的に「娯楽」を通俗教育の対象として扱い、府下の現況を調査しようとする姿勢を窺うことができる。

『通俗教育ニ関スル調査』は、通俗教育調査委員の浜野虎吉を幹事長として実施した東京府下の通

俗教育調査であるが、ここでは「現時に於て特に必要」あるいは「向上せしむる」ものとして「道徳」「常識」「趣味」の三種を区分して扱い、また、実際の調査は「甲種　娯楽に関するもの」「乙種　教化修養に関するもの」の二区分に分けて実施している。

そのなかで、「娯楽」「教化修養」に関する場所と種類として具体的に調査項目に掲げられているものとしては、以下のものが挙げられる。[6]

娯　楽：寄席、活動（写真）、貸席、劇場、遊芸、撞球、揚弓、射的、魚釣、碁将棋、角力、琵琶（薩摩・筑前）、剣舞、スケート、貸本、俳優、能楽、待合、芸妓屋、芸妓

教化修養：説教所（神道・仏教・基督教）、修養団及之に類するもの、図書館、水泳、柔道、撃剣、弓術

飽くまでこれらの項目は娯楽および教化修養の実態調査を目的とするものであり、上記のそれぞれについて通俗教育としての施策を打ち出しているわけではないが、通俗教育のなかで「娯楽」として具体的にどのようなものが想定されていたのか、また、「教化修養」と区別して捉える視点があったことなどを確認することができる。

## 3　社会教育行政成立期における社会教育行政官の「娯楽」観

大正初期、「娯楽」が教育政策（通俗教育政策）の対象として扱われるようになるのと並行して、通俗教育から社会教育へと、社会教育行政組織自体の転換も進みつつあった（図表7－2）。

**図表 7-2　通俗教育(社会教育)および活動写真に関する政策**

| 通俗教育(社会教育)に関する政策 | 活動写真に関する政策 |
|---|---|
| 明治44（1911）年５月17日<br>通俗教育調査委員会官制が制定 | 明治44（1911）年10月10日<br>幻燈映画及活動写真フィルム審査規定が制定 |
| 大正８（1919）年６月<br>文部省普通学務局に第四課が新設 | 大正６（1917）年<br>警視庁より「活動写真取締規則」が発布 |
| 大正９（1920）年<br>乗杉嘉寿が社会教育研究会を発足 | 大正９（1920）年<br>社会教育調査委員会による民衆娯楽調査 |
| 大正10（1921）年１月<br>同研究会による雑誌『社会と教化』発刊 | 大正10（1921）年２月<br>文部省による活動写真の認定制度開始 |
| 大正10（1921）年６月<br>「通俗教育」の語を「社会教育」と改める | 大正10（1921）年11―12月<br>東京博物館において活動写真展覧会開催 |

そうした社会教育行政組織の形成期において、「娯楽」がどのように認識されていたのかを、以下、乗杉嘉寿と川本宇之介の教育論・娯楽論から確認する。

### （1）乗杉嘉寿の民衆娯楽論

乗杉嘉寿（一八七八―一九四七年）は、日本の社会教育行政の本格的な組織化と見なされる、一九一九（大正八）年の文部省普通学務局第四課設立時に課長を務め、実践的・理論的に近代日本の社会教育の成立に大きな役割を果たした人物である。

一九一七（大正六）年、警視庁より「活動写真取締規則」が発布され、新しく民衆の娯楽として人気を博した活動写真が、犯罪・非行を誘発するとされ教育上否定的なものとして規制の対象と捉えられていた一方で、乗杉は民衆娯楽の改善指導を社会教育に必要な施策として積極的に展開した。

乗杉は自らが中心になって発刊した雑誌『社会と教化』のなかで、「日本に於ける所謂民衆娯楽の種別は（中略）多種多様で、一々枚挙に遑がない」こと、したがって「真に『民衆』の二字を冠するに足る娯楽として、正しき選択をなすには可なり周到な注意を要す」るが、「娯楽の選択及び其誘導方法に就ては、遺憾ながら今日の処その適当な方策は立たぬ」と述べ、当時実施中だった各府県の娯楽調査の結果を待つべしとしている。

一方で、調査を待たずとも、そもそも「趣味の問題は道徳問題」であり、「民衆娯楽の改善は即ち社会進歩の一大必要要件」との認識に立ち、とくに娯楽中の首位を占めている活動写真については、優良なフィルムの「推薦映画」認定、弁士などフィルムの解説者の自覚修養、学校における趣味涵養などが必要であるとも提唱していた[7]。

娯楽としての活動写真が、警視庁をはじめとして不良・非行の問題として否定的に扱われている状況に対しては、「世人動もすれば、此の文明の利器の鋭利にして危険多きことを恐れて、徒らに消極的の態度に出でんとするものあるが、(中略)須らく之を活用して之が利益を収めることが進歩的な態度と謂はなくてはならぬ」と、活動写真を教育に積極的に「活用」することを提唱している。

さらに、「寧ろ活動写真の如きは彼の酒や煙草の専売を行ふと同じ意味に於て、速に国家の経営に之を移して啻に一般民衆のために現代的なる娯楽を、最も安価に、且つ安全に供給するはかりでなく、又教育的に之を利用することに大なる便宜を与ふることの甚だ急務なるを感ずるものである」と述べ、娯楽の国営化の可能性も示唆している。

ここからは、「民衆娯楽」が初期社会教育行政に積極的に取り入れる対象として明確に認識され、政府による価格・内容の管理下で安定的に娯楽を「供給」することが「教育的」であると認識されていた様子を読み取ることができる。

## (2)　川本宇之介の教育論における「娯楽」の位置

川本宇之介(一八八八—一九六〇年)は、一九二〇(大正九)年七月に文部省普通学務局第四課の調査係長として就任し、盲聾教育・図書館・青少年団などの事務に当たりながら、乗杉とともに社会教育行政論の確立に尽力した人物である。

川本は、自らの欧米留学経験から、デモクラシーに基づく公民教育を社会教育理論の前提に位置づけていた。川本の社会教育論の分析については松田武雄を中心とする先行研究[8]に詳しいが、ここでは、川本の社会教育観の理論的基調を成す教育論として取り上げられる「教育の社会化と社会の教育化（其の一）（其の二）（其の三）」における「娯楽」の扱いから、川本の社会教育観において「娯楽」がどのような位置を占めていたのかを確認する。

右記の論文は雑誌『社会と教化』の第一巻第七号、八号、九号（一九二一（大正一〇）年七―九月）に三回に分けて連載されたもので、「教育の社会化と社会の教育化」という概念を用いてデモクラシーの教育原理から社会教育論を展開したものである。川本によれば、「教育の社会化」とは教育上の機会均等主義によって社会政策的施策を実施することを指し、「社会の教育化」とは、学校のみならず広く「社会其のものを教育的に組織構成し活動せしめん」とするものを指していた[9]。学校以外の教育の場を強調する根拠として、川本は以下のように述べている。

学校にて教授することは、極めて簡単であって、基礎的の事項に止り、又その方面も狭隘であって、全人生の教育としては欠けて居るところ多く、又社会には各種の誘惑、各種の社会的欠陥等が身心に悪影響を及ぼすものが少なくない。この不足や欠陥を補ひ正すものは、どうしても社会一般に対する教育に待つより外に方法はない。於是狭義の社会教育の必要が起って来るのである。是等の施設は何れも皆教育上機会均等主義の実現文化的享楽の要求に応ずる施設である[10]。

「社会一般に対する教育」について、川本は換言すれば「社会全般を教育化すること」であると続けている。ここで「各種の誘惑」とあるのは、同年二月に文部省が活動写真フィルムの認定制度を始めていることからも、娯楽施設を念頭に置いていると推測できる。実際、川本は「社会一般に対する教育」を「積極的教化機関」と「間接的教化機関」とに区分し、後者について、「それ自身に本来の目的を有するが、然しそれが云為行動の如何により、社会に非常に善悪の影響を与へる所の各種の機関」であるとして、「娯楽機関」を例示している。

すなわち、川本にとって「娯楽」とは、直接的な教化機関ではないが、大きな社会影響を及ぼす存在として捉えられ、「社会教育の必要」を浮上させる前提条件として位置づけられていると考えられる。

## 4　社会教育調査委員の娯楽論における教育観

上記のように、文部省普通学務局第四課では、民衆娯楽をその掌握事項と捉え、また社会教育行政が必要となる前提として捉える言説が蓄積された。一方、一九二〇（大正九）年四月に設けられた民衆娯楽の調査委員会では、調査員らによる独自の民衆娯楽論も展開されるようになる。権田保之助、橘高広については前章で確認したので、ここでは文部省の社会調査委員に委嘱された人物のなかから、中田俊造、大林宗嗣の娯楽論を取り上げて検討する。

### （1）中田俊造の民衆娯楽論にみる教育観

中田俊造は、著書『娯楽の研究』（一九二四（大正一三）年）において、「社会教育の対象は何であるか。云ふまでもなく社会である。社会民衆である。民衆をどうして教育するかと云う問題が社会教育である」[11]と社会教育の対象として「民衆」を位置づけたうえで、「老幼男女等複雑なる内容を有する社会教育に於て之等多数の人々の心を捕へるには娯楽の施設ほど有意義なものは他にあるまい」と述べ、民衆を対象に娯楽を用いた教育の有用性を説いている。

中田は、娯楽を教育に取り入れる必要性について以下のエピソードを挙げている。

或町で青年団の集会をするというのにいつも来会者が少くて困ってゐるのがあった。そこで幹部の一人であり、またその青年団の指導者である学校の先生はひどく心配していた。これではいかないと云ふので青年の一人を呼び寄せて「何故皆出席しないのだろうか」と尋ねた。そこで青年の云ふやうには「先生方のお話は少しも面白くないのです。そして大抵一度聞いた話ばかりで、修身のやうな話ですから皆面白がらないのです。」と云ふのであった。先生もなるほどと思った。而して次の会からは浪花節、剣舞、尺八、謡曲、さては活動写真とまで余興を加味することとしたら来るわ来るわ、青年団員でない者までも追かける。つめ込む、会場は立錐の余地もないようになった。そして予期した効果を収めたといふことである。斯う云ふ例は他にも少なくないが、之等のことは社会教育上、娯楽の有意義なることを雄弁に物語ってゐるものである。[12]（傍線引用者）

中田は、青年団の集会において、浪花節、剣舞、尺八、謡曲、活動写真などを取り入れたところ、青年たちに好評であったことから、娯楽が社会教育上有意義であると結論づけている。ただし、ここでは講演会や集会の合間に「余興」として娯楽要素を取り入れることが有意義であると述べられているのであり、娯楽そのものがもつ教育的意義にまで踏み込む議論はみられない。

## （2）大林宗嗣の民衆娯楽論にみる教育観

大原社会問題研究所研究員であった大林宗嗣は、民衆教化の問題と民衆娯楽の問題との混同が問題であるとして、「民衆の為めになり且つ倫理的に有益である事が必ずしも彼等の娯楽的欲求を満足させるものではない」[13]と述べ、「娯楽」と「教育」をむやみに結びつける社会教育の姿勢を警戒している。

また、大林は民衆を「知識的民衆」と「一般の民衆」とに分け、娯楽とは「知識的民衆の科学的、芸術的、哲学的、政治的頭脳から絞り出されたる如きもの」であってはならず、一般の民衆が「新時代の民衆娯楽として適当なるものを新たに創造せねばならぬ」という[14]。ここで、「知識的民衆の使命」は「民衆が自ら民衆娯楽として自分の新らしい生活に適するものを産み出すべき機会を与へてやる」環境を醸成することであり、知識的民衆は、「かくの如き環境的背景を濃厚ならしめる為めに、社会教育の為めに努力せねばならない」のだという。

大杉にとって、娯楽は外から与えられるものではなく、「民衆自らの間から起り来る」自律的活動であるべきであり、社会教育は施設設営といった外的環境を整備することで、「民衆娯楽の発生を助け」る役割として提唱されている。すなわち、中田俊造が娯楽を社会教育の外的な「手段」と位置づけていたのとは逆に、大杉は社会教育を娯楽の「手段」と位置づけ、娯楽の内実に踏み込まない環境醸成に徹するべきであるとの教育観を抱いていたといえる。

## 5　昭和前期娯楽論における「教育」の位置づけ――権田保之助の娯楽論の「転向」

上記のように、大正期に展開した多様な民衆娯楽論はその後どのような変遷を経ることとなったのか。ここでは、昭和期に入っても娯楽論において「教育」を問い続けた論者として改めて権田保之助の論を追っていくこととする。

著書『娯楽教育の研究』（一九四三（昭和一八）年）において、権田保之助は「娯楽」と「教育」の関係性について、対立的関係から「娯楽そのものの中に教育を建設」する新しい段階に転換したとして、「娯楽教育」を提唱した。

> 「教育」と「娯楽」、この両者は人類の長き発達の歴史に於て、常に対立的に相剋する範疇であった。「娯楽」は「教育」の勢力が浸透し得ざる圏域の内に存し、「教育」は「娯楽」を捨象した境地に成り立つものと考えられてゐた。（中略）然るに近時に

於ける国民生活の飛躍は漸く両者の間の障壁を撤去せしめて、「教育」はその有力なる一手段として「娯楽」を利用せんとするに至り、「娯楽」また「教育」の一方便として、欣然その機能を発揮せんとするに至った。斯かる間に時代は更に一大躍進を遂げて、支那事変を契機として大東亜戦争にまで進展した世界史的転向に際会し、「娯楽」そのものの中に「教育」を胎生せしめんとする意欲を生み出すに至ったのである。斯くの如くにして「娯楽」を排撃することによって「教育」を護ってゐた態度から一転して、「娯楽」を利用することによって「教育」を効果あらしめようとする態度が生じたが、それは更に再転して此処に「娯楽」そのものの中に「教育」を建設せんとする態度が生まれ出で、かくて其処に「娯楽教育」てふ全く新しい理念が顕現するに至ったのである。[15]（傍線引用者）

ここで述べられている「娯楽そのものの中に教育を建設」する段階に至った経緯について、権田は明治末期から昭和一〇年代の「教育と娯楽の問題の史的発展」として、以下の区分による整理を行っている。[16]

・「娯楽教育問題揺籃期」（明治末葉―大正九年ごろ）
・「教育的利用期」（大正九年―大正末）
・「準備的整備期」（昭和初期―支那《ママ》事変勃発）
・「総合的展開期」（支那《ママ》事変以降）

権田によると、初期において教育環境の整備のために娯楽の悪影響を除去する目的から活動写真の取締りを実施し、「娯楽を排撃せん」とする傾向の強かった娯楽論は、その後、推薦映画やフィルムの認定制度、教育映画の作成などを通じて、教育の一手段として「娯楽を利用せん」とするようになったが、現況（戦時下）においては「娯楽そのものを通して人格の完成に到達せしめん」として「娯楽を指導せん」とする立場に至ったという[17]。

戦時期における権田の「娯楽教育」論については、大正期に民衆の自律性の観点から提唱した「民衆娯楽」論から、戦時下にはイデオロギー的色彩の濃い「国民娯楽」論へ「転向」したとの指摘もみられる[18]。たしかに、権田は「総合的展開期」の具体的施策として「脚本の事前検閲」「優良映画の推薦」「上映映画の検閲」などを挙げ、これらを「国民教育上有益」なるものであるからという理由で、娯楽政策の「総合的な段階」と結論づけているが、これらは教育と娯楽の総合というよりは、むしろ教育を通じた娯楽の統制的色彩が強い。

権田自身、「国民娯楽」の機能として「厚生的」であることを指摘しているように、この時期の権田の「娯楽教育」論の背景には、一九三〇年代後半から政府主導で進められた厚生運動（Recreation Movement）の影響を読み取ることができる。

厚生運動では、「与えられた休暇を有意義に過ごし、正しく休養して、明日のため新な創造力を涵養することが国民的義務である」[19]との見地から、人々の余暇時間における運動、娯楽、休養、教養など（＝厚生）をいかに有意義に過ごすかが目指された。

一九三八（昭和一三）年一一月に東京で開催された第一回日本厚生大会では、「各自の職分」を通じた「奉公の誠」を示し、「日本国民たるの活動力を培養強化」するという厚生運動の方針が示されている。

我国に於ける厚生運動は、各自の職分を通じて奉公の誠を致さんが為に、国民生活の刷新を図り、特に時間の善用に意を注ぎ、体育運動を奨励し、心身を鍛錬し、不道徳・不経済・不衛生なる娯楽を排除して健全なる慰楽を勧奨し、教養を昂め情操を陶冶し、明瞭闊達なる気風を養ひ、以て真に日本国民たるの活動力を培養強化するの運動たるべきものである[20]。（傍線引用者）

国民厚生運動が戦時下の国策に資する「余暇善用」に焦点を合わせていたなか、権田もまた、「娯楽」を「国民協同の精神に基き、全体主義と統制主義とに準拠して営まれ摂取さるべきものでなくてはならぬ」と述べている。「先づ勤労生産の生活の間に横たへ、其処に雄々しい発芽を遂げさせ、而してそれを全体主義統制主義の厳粛な空気の内に逞しく発育させたもの、これ即ち新しき娯楽なのであって、此の新しき理念に立つ娯楽こそ、我々が特に『国民娯楽』と呼ぶものなのである」と定義する権田の娯楽論からは、民衆の自律的な娯楽活動を目指すかつての議論は後退しているようにもみえる。

しかし、資本主義社会における労働者が自ら「慰安」を求めることを娯楽論の基底を成すものと捉えていた権田にとって、厚生運動はそもそも親和性の高いものであったと推測される。また、大正期の「民衆娯楽」論において知識階級からの一方的な娯楽の提供に抵抗を示していた権田であるが、「国民娯楽」論においても、飽くまで国民の側から自主的に「国民協同の精神」に基づいて新しい娯楽を立ち上げるべきとの主張を継続しており、これはかつての民衆娯楽論と矛盾するものではない。彼の「転向」は、娯楽を教育の「手段」へと転換させたのではなく、彼の言う「指導」、すなわち国民が自ら国策に寄与するよう振舞う誘導的施策を「娯楽教育」の名のもとに「教育」に位置づけた点にあるといえよう。すなわち、「「娯楽」そのものの中に「教育」を建設せん」とは、娯楽も教育も国策の「手段」へと転換することであったのではないか。

## 6　娯楽論を通じた教育概念の精緻化

以上、明治末期の通俗教育行政から昭和初期の国民娯楽論まで、「娯楽」と「教育」の関係性に焦点を合わせて通覧してきたが、両者の位置について以下の点が確認できる。

第一に、明治末期の通俗教育期には、危険思想の防止と青少年の風紀向上の観点から「娯楽」に当たる余暇的興行物が教育行政の範疇として認識されるようになるが、通俗教育は、趣味娯楽要素と知徳修養要素が混在とした広い意味での教化政策として漠然と捉えられていたことである。

第二に、大正初期になると社会教育行政の成立過程と並行する形で「娯楽」の実態調査が全国的に実施され、「娯楽」を「教化」と区分しつつ社会教育に位置づける意識が広まっていったことである。この時期は、様々な余暇的興行物が「娯楽」の範疇に包摂されはじめてゆく過渡期と位置づけられよう。

第三に、活動写真をはじめとする「民衆娯楽」の隆盛とともに、「娯楽」と「教育」の関係性について様々な議論が展開された。娯楽の国営化も視野に入れつつ、民衆娯楽を教育に積極的に利用しようとする乗杉嘉寿、娯楽を社会教育の前提条件と捉える川本宇之介、娯楽を教育に向かわせる動機づけとして利用しようとする中田俊造、教育は娯楽の内実に踏み込まない環境醸成に留まるべしとする大林宗嗣など、大正期には「娯楽」と「教育」をめぐって様々な言説が拮抗していた。

そして第四に、昭和期まで継続された娯楽論においては、「娯楽」と「教育」の二者関係を超えて、厚生運動とも関わりながら、戦時下の国策に応じる範囲において「娯楽」も「教育」も手段化される娯楽論の転換がみられた。

本章で、「娯楽」と「教育」の関係性をめぐる議論を網羅できたわけではないが、当時多角的に論じられた娯楽論が通俗教育から社会教育への転換と軌を一にしていたこと、娯楽／教育関係をめぐる議論が、「前提」「動機」「手段」「目的」などの視点から「社会教育」なるものを逆照射する役割を果たしたことは注目されてよい。

昭和期の娯楽論の検討については、権田のみの検討となり、「農民劇場」や「村落劇場」といった昭和期の芸能娯楽、および、厚生運動との関連の検討なども不十分であった。これらについては、大正期との連続性・非連続性なども踏まえながら、今後の課題としたい。

[1] 権田保之助「民衆娯楽の基調」一九二二年（『余暇・娯楽研究基礎文献集』第一巻、大空社、一九八九年所収、一五九頁）。
[2] 倉内史郎『明治末期社会教育観の検討』（野間教育研究所紀要第二〇輯、大空社、一九九二年）。
[3] 有松英義編『小松原英太郎君事略』（木下憲、一九二四年）。
[4] 山松鶴吉『通俗教育講演要領及資料』（宝文館、一九一二年）。
[5] 東京府教育会編『通俗教育ニ関スル調査』（東京府教育会、一九一六年）。
[6] 同右、一四―一六頁。
[7] 乗杉嘉寿「民衆娯楽の改良と誘導」（『社会と教化』第一巻第三号、一九二一年三月）一二―一四頁。
[8] 松田武雄『近代日本社会教育の成立』（九州大学出版会、二〇〇四年）。
[9] 川本宇之介「教育の社会化と社会の教育化（其の一）」（『社会と教化』第一巻七号、一九二一年七月）一〇―一一頁。
[10] 川本宇之介「教育の社会化と社会の教育化（其の二）」（『社会と教化』第一巻八号、一九二一年八月）一〇頁。
[11] 中田俊造「娯楽の研究」一九二四年（『余暇・娯楽研究基礎文献集』第六巻、大空社、一九八九年所収、六頁）。
[12] 同右、一〇―一一頁。
[13] 大林宗嗣「民衆生活と民衆娯楽問題」（『大観』一九二一年四月号、一六一頁）。
[14] 大林宗嗣『民衆娯楽の実際研究』一九二二年（『余暇・娯楽研究基礎文献集』第三巻、大空社、一九八九年所収、三七九頁）。
[15] 権田保之助「娯楽教育の研究」一九四三年（『余暇・娯楽研究基礎文献集』第二四巻、大空社、一九八九年所収、一―二頁）。

〔16〕同右、二四―六六頁。
〔17〕同右、六六頁。
〔18〕鶴見俊輔「民衆娯楽から国民娯楽へ」（『思想』第六二四号、一九七六年六月）一〇二一―一〇二二頁。
〔19〕保科胤「国民厚生運動について」（『建築雑誌』五五（六七四）、一九四一年五月）三四六―三五〇頁。
〔20〕第一回日本厚生大会における厚生運動規定（一九三八年）。

# 第八章　物語るメディアと〈声〉による民衆教化
## ――大正期における活動弁士の「語り」を中心に

### 1　物語るメディアとしての〈声〉

近年、映画を芸術作品として扱う研究のみならず、人々が映画と関わることでどう社会が変容してきたのかを問う、社会史としての映画史研究が蓄積されつつある。たとえばそこでは、社会制度との関わりのなかで映画がどのように機能し、同時にどのように映画が規定されてきたのかといった視点から、映画検閲や戦時下の国策映画など、映画を制度的側面から分析する試みが行われてきた[1]。また制度的側面のみならず、観客が映画をどのように受容してきたのかを問う「観客史」を描く試みなどもみられる[2]。本章は、映画を社会と人々の関わりの動的過程のなかで捉える、これら社会史的視点からのメディア史研究の成果に依拠しつつ、活動写真（無声映画[3]）を「語り」で解説する活動弁士（以下、「弁士」と記す）に着目し、彼らの社会的位置づけや語られた内容の分析を通じて、人々が映画に対して抱く娯楽的認識と教育的認識がどのように拮抗してきたのかを問うものである。

ここで「不特定多数の者に発せられる意図をもった語り」を〈声〉と表現するならば、明治後期に人気娯楽として日本で急速に普及することになった活動写真は、スクリーン上の画面を解説する弁士によって、口上、台詞の読み上げ、子どもへの説教など、様々な主体（国家、フィルム制作者、興行者、弁士など）による思惑が交錯した〈声〉として人々に受容されていたといえる。活動写真の「語り」において、発声しているのは弁士であるが、その背後には国家や興行者の〈声〉が含有されている。本章では〈声〉のもつ意味を、〈声〉を発する主体と解釈する主体との関係によって変容されるものと捉え、娯楽メディアを通じた国家の民衆教化政策がどのように展開し、またどのように解釈されたのかを〈声〉の分析を通じて考察する。

これまでも、様々な〈声〉が近代国家の国民形成に果たした役割に注目した研究が行われてきた。たとえば、近代日本における国民形成の過程を浪花節で語られる〈声〉から読み直した兵藤裕己の試み[4]や、蓄音機・ラジオ・電信などによる〈声〉の複製技術の発達が戦前日本の消費社会と連動してどのようなメディア変容を社会にもたらしたのかを探究した吉見俊哉の研究[5]などが挙げられる。こうした浪曲、蓄音機、ラジオ放送などが聴覚に訴えるメディアとして想起されやすいものである一方、これまで映画はもっぱら視覚メディアとして扱われてきた傾向にある。しかし、「活弁はなやかなりし頃は、映画ファンは何々という映画を観に行こうとは言わず、弁士誰々を聞きに行こうと言った」[6]との指摘にあるように、映画誕生期の活動写真は人々にとって聴覚メディアとしての認識も大きく、観客が何に耳を傾けていたかということに改めて注目する必要があるといえる。

活動写真に説明を添える弁士は、西洋映画の流入とともに、トーキー映画普及まで活動写真上映において重要な役割を演じた。とくに弁士の文化は西洋にはみられない日本に独特の文化であり、自らの語りの声と登場人物の台詞の声とをはっきり区別しないといった特徴[7]から、弁士個人の思想を聴衆に直接伝えやすい性質をもっていたと考えられる。この意味で弁士の語りは通俗講話者と同様に民衆教育としての役割をも担いえたと考えられるのである[8]。

しかし、上記のような〈声〉の文化を教育的視点からみる試みはそれほど多くない。社会教育の領域では、山本恒夫や宮坂広作が、加藤咄堂などの講談師に着目しているが[9]、〈声〉による社会教化・通俗教育の記述は未だ研究蓄積が途上の段階にある[10]。また、教育の視点のみならず、娯楽と教育の緊張関係のなかで両者を捉える視点も十分とはいえない。

以上の問題背景のもとに、本章では、活動写真が弁士というフィルターを通じてどのように観客に受容されたのか、また弁士の〈声〉が娯楽と教育の狭間でどのように捉えられていたのかを明らかにすることを目指す。結論を先取りしていえば、近世に娯楽として普及した「語り」の技法は、活動写真導入期における弁士の〈声〉にも色濃く影響していた。それが大正期には純粋芸術を目指す動きや、「民衆娯楽」論などの言説のなかで徐々に弁士の「語り」から近世的要素を排除しようとする動きがみられるようになる。同時に、通俗教育の普及を目指す文部省官僚を中心とする教育論者は民衆娯楽の「教育的活用」の視点から弁士の〈声〉に注目するようになる。ここにおいて、活動写真は娯楽と教育の双方から、それぞれ近代的役割を期待される存在として両者が調停を繰り返すメディエーションのトポスとなるのである。

〈声〉というメディアについて考えれば、近世娯楽においても〈声〉をめぐる送り手（話芸者）と受け手（観客）とのある種の上下関係（権力構造）は想起されるが、明治期以降は公権力（国家）による教育の近代化と民衆による近代娯楽の自覚の接点において、〈声〉が教育的活用（民衆教化）と娯楽的享受（民衆娯楽）の問題に組み換えられることとなる。すなわち、近代化過程において活動写真は国家と民衆との間における権力関係を切断面として教育と娯楽の拮抗関係を作り上げることとなるのである。ただし、ここで注意すべきはこの権力関係は国家対民衆という抑圧・被抑圧構造に回収されるものではないということである。後述するように、教育と娯楽の拮抗関係は国家と民衆との間の権力構造を補強したわけではなく、しかも国家による娯楽メディアの教育的利用はある種の綻びをみせながら戦時下まで進展し最終的には破綻するからである。

このように、活動写真における〈声〉は、これまで視覚を通じた近代化過程を考察してきた本書全体の課題とも深く関わるものである。活動写真を視覚メディアの枠に収めずに、聴覚メディアとしての側面からも合わせて考察することで、視覚の近代化が〈声〉との関係とも連動しながらどのように進められたのか、奥行きのある議論ができるものと考える。したがって、本書のなかではやや変則的ではあるが、ここでは聴覚メディアとしての活動写真の特質に焦点を合わせて考察を進めていきたい。

上記の目的に対応して、本章では具体的に以下三つの課題に即して論を展開する。第一に、弁士の〈声〉における近世娯楽からの連続面を明らかにすることである。ここでは主に、弁士および観客の回想史料から弁士の語りの近世的特徴を抽出することを目指す。第二に、娯楽の大衆化により弁士の〈声〉にどのような近代的役割が付されるようになったのかを明らかにすることである。ここでは『活動写真界』『活動画報』『キネマ旬報』『活動倶楽部』などの活動写真関連雑誌の分析を通じて、弁士の〈声〉に対する期待が徐々に分化していく過程の描出を試みる。そして第三に、第二の流れに付随して、弁士の〈声〉に対する娯楽的期待と教育的期待がどのように拮抗してきたのかを明らかにすることである。ここでは、警察による活動写真フィルム検閲規制や文部省による優良映画政策と、民間映画業者や文化批評家たちの娯楽文化に関する言説を対比しながら検討することで、活動写真をめぐる教化・統制的視点と娯楽的視点がどのように拮抗していたのかを浮き彫りにする。以上三つの課題の検討を通じ、「語り」という近世からの系譜をもつ娯楽形式が、弁士の登場と隆盛によって〈声〉のメディアとして普及しながら、近代日本における民衆娯楽と民衆教化を架橋することで、どのような文化的特質を持ちえたのかを明らかにすることを目指す。

## 2　弁士の〈声〉の源流――見世物口上と教育解説

活動写真における弁士の〈声〉について考察する前に、ここでは寄席や見世物など、活動写真登場以前における語りの文化にみる〈声〉の系譜について確認しておく。というのも、〈声〉の文化は説話・民謡などの口承文化、演劇・歌謡・音曲・舞踊などの大衆芸能などの伝統的な文化を継承しつつ、明治期に引き継がれていった経緯があるからである。人形浄瑠璃の大夫、歌舞伎の出語り、写し絵の語りものといった明治期に定着していた「語り」の文化は、こうした近世からの多彩な話芸文化を背景としており、活動写真が登場した明治末期に弁士が上映説明を担う話芸者として舞台に登場することは自然な流れであったといえる。

映像と語りを同時に受容するメディアとして活動写真に最も類似したものに写し絵と幻燈があるが、〈声〉の系譜でいうと写し絵と幻燈は全く異なる源流をもつ[11]。

写し絵は一七世紀に西欧で発明された magic lantern と呼ばれる投影装置が「影絵眼鏡」として一九世紀に日本に紹介されたものである。一八〇三（享和三）年、オランダ渡来の「エキマン鏡」という magic lantern を用いた見世物を見た都屋都楽《みやこやとらく》が模倣して写し絵興行を始めたのを契機に、一九世紀はじめごろから「写し絵」として寄席において用いられるようになったとされる[12]。見世物を起原にもつ寄席芸として成立した写し絵は、その〈声〉についても見世物や寄席の伝統が継承されることとなった。写し絵の演目が軍記、怪談、人情話、滑稽話など江戸時代の芸能において繰り返し上演されてきた語りものの演目によって占められていることからも、寄席芸との結びつきの強さが窺える[13]。大久保遼は、写し絵は映像の「上映」と話芸者による「上演（ライブ・パフォーマンス）」の「混沌」の場であるとして、写し絵を活動写真や舞台に繋がる「映像と語りの系譜」に位置づけている[14]。写し絵は「視覚的に物語を伝達する装置であるというより、むしろ声と音曲によって進行する物語のなかに映像が配された空間」[15]だったのであり、視覚メディアのみならず聴覚メディアとしても活動写真への系譜が辿れるのである。

一方で、写し絵と類似した装置でありながら、普及当初から教育利用を意図されていたのが幻燈であった。一八七〇（明治三）年に文部省官吏の手島精一が magic lantern を教育利用目的で持ち帰り、師範学校へ貸し出したことが始まりとされる。[16] 一八八〇―九〇年代には盛んに教育幻燈会が開催されたことにより、幻燈は教育装置として普及した。幻燈で上映されるスライドも地理、歴史、生物、理学、道徳などの内容で、スライドの解説は「幻燈講義」などの解説書に即して行われた。[17] そこでの〈声〉は、教師らによる解説口調であったこと、語り物に特有の伴奏などが排除されていたこと、解説書などにより語る内容が規格化されていたことなど、多くの点が写し絵とは異なっていた。[18]

すなわち、写し絵が浄瑠璃や歌舞伎などの近世的話芸文化を引き継ぐ「娯楽」の〈声〉であったのに対し、幻燈は明治開化期に急速に規格化された近代的学校文化を遵守する「教育」の〈声〉であったといえよう。では、この映像文化をめぐる二つの〈声〉の系譜は、弁士の〈声〉にどのように引き継がれていったのだろうか。

## 3　弁士の登場

日本では一八九〇年代に活動写真の輸入フィルム上映が開始されて以降、一九三〇年代前半にトーキー映画（発声映画）が普及するまで、無声映画（サイレント映画）と呼ばれる、台詞などの音声が収録されていないフィルムが上映された。しかし、これは当時の観客が活動写真を無音で鑑賞したことを意味するものではない。というのも、先述したように弁士と呼ばれる人々によって、活動写真には言葉が与えられていたからである。

「弁士」とは、活動弁士と呼ばれる活動写真の説明者のことで、スクリーンの横に立って口頭で上映中の物語や登場人物の会話の補足をした者を指す。初期には活動写真上映前の前口上のみであったが、輸入されたフィルム作品や映写機などについて説明する必要から、上映中の台詞や状況説明なども担うようになっていった。

すなわち観客にとっては、無声映画時代当初から活動写真は映像のみならず音声を楽しむメディアであった。このとき、観客は図表8-1にあるようにフィルムから映像情報を得るとともに、弁士による口上、台詞代読、状況説明などの音声情報を同時に鑑賞する。トーキー映画以降は観客が直接フィルム作品を鑑賞していたのに比べ、無声映画時代の活動写真では観客がフィルムと弁士という二重の情報を同時に受け取っていたことには留意する必要がある。観客は上映された作品の物語世界をスクリーンから直接受け取っていたのではなく、弁士という別の「解釈者」のフィルターを通して受容し、しかも弁士への応答を通じた相互関係のなかでその場の空間を集団として愉しんでいたのであり、メディアの受容構造がトーキー映画以降とは決定的に異なっていたのである。したがって、弁士の語りは、観客の作品理解やメディア受容に多少なりとも影響を及ぼしていたと考えられる。

**図表8-1　無声映画とトーキー映画の受容構造**

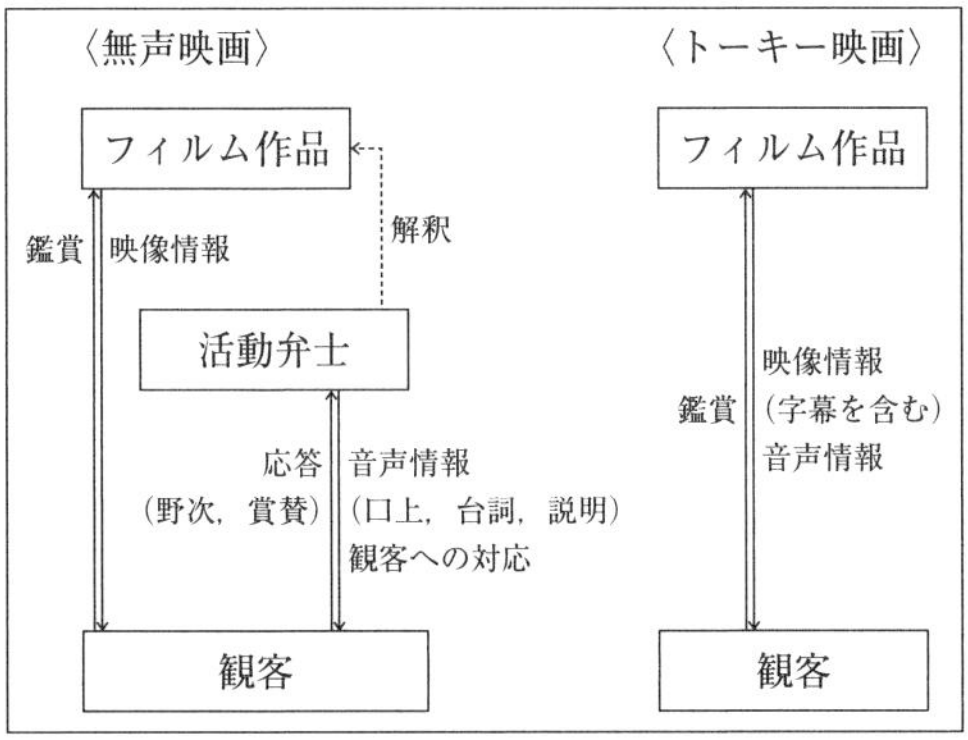


## （1）活動写真初期における弁士の〈声〉

ここでは、活動写真導入初期において弁士の〈声〉がどのようなものであったのかを、いくつかの回想録から辿ってみることとする。

なるほど、後からおもえば、「写真」が「動く」とは的確な表現であるが、その時はどうにも、それだけの言葉では、傍聴している私にも見当がつかなかったのである。（中略）私は、写真がヒョイヒョイと、そこらを動きまわる光景を想像しただけで、——つまり、手札型とかキャビネ型の厚紙に貼ったやつが、机の上や仏壇の中を、その厚紙のまま歩き廻るので、その写真に写った人間が写真の中で動き出すとはおもいもよらない事実だった。[19]

これは、のちに弁士・漫談家・俳優などを務めた徳川無声（本名・福原駿雄）が一九〇三（明治三六）年ごろ、当時一〇歳前後で生まれて初めて活動写真に出会ったときのことを回想した文章である。こうした感覚は徳川少年だけのものではなかっただろう。それまで静止画としての写真しか経験したことのなかった多くの民衆にとって、「「写真が動く」ということ自体が、なんのことやら、どういうものなのか、さっぱり見当がつきかねた——というのが、わが国へ映画が渡来した時の普通の人々の偽らざる感想[20]」だったのである。したがって、活動写真の導入初期は、活動写真そのものの説明が求められる時代であり、それは弁士の重要な役割でもあった。初期のキネトスコープは図173のように観客が一人ずつ装置を覗いて弁士の説明を受ける形態であったが、フィルムは一回わずか数分で終わる程度のもので、見物人は順番を待つ間にお茶の接待を受け、新発明の活動写真（キネトスコープ）についての説明を受けた。当時のキネトスコープの様子について、久世勇三は以下のように回想している。

何しろひとりづつのぞいて見る代物だけに、待合室には大ぜいの人が居ました。床の間には松が生けてあり、模型の汽車が電気仕掛けで走るのが面白く大勢の人のたかっていたのを覚えています。器械の横にはひとりの男が立って説明をしていました。観覧はひとりづつ呼び出されて、次の部屋に据付けてあるキネトスコープを覗く次第です。[21]

こうした説明は専門の器械技師やフィルム輸入者ではなく、様々な経歴の「弁舌の立つ者」によって担われていた。たとえば「最初の説明者」[22]と称される上田布袋軒（本名・上田恒次郎）は、それまで西洋の曲馬団や売り出しの広告屋（チンドン屋）の口上をしていたが、キネトスコープが輸入されると口上役を依頼され弁士を担うようになった[23]。また、前説の面白さで人気を博した西村楽天は、「何を秘《かく》そう、私は少年時代に講談師であった。（中略）その私が弁士になった動機というのは、今の伊東清湖君が、君は講談より今流行せんとする活動写真の弁士になったら如何であると云われた」[24]のに応じたのがきっかけであったと述べている。

このように、初期の弁士は近接する領域の話芸者が兼務・助人・気軽な転身といった形で担っていた者が多く、未だ職業としては確立していなかった。すなわち人々は広告屋や演芸において弁の立つ口上言いの説明のもとで活動写真の説明を受けていたのである。その意味で最初期の活動写真に伴う〈声〉は、その様式において近世の見世物に類似した「娯楽」の〈声〉だったと考えられる。また、口上言いの説明の脇で一人ひとりが覗き窓から画面を眺めるという体験は、覗き穴から箱のなかにある絵を口上の話に合わせて楽しむ江戸時代の「覗きからくり」に近似した感覚であったと推察される[25]。実際に覗きからくりを覗く様子を描いた図（図174）では、からくり装置の箱の側面にある穴を客が覗き、脇でからくりを操る芸者が確認できるが、この個別鑑賞型の接客構造は初期活動写真と酷似している。

覗きからくりのような個別鑑賞から、スクリーンに映写された映像を集団で鑑賞する形へと活動写真の鑑賞形式が移行するのは、一八九七（明治三〇）年にシネマトグラフが大阪南地演舞場で第一回の興行を試みて以降である。そこで写されたのはフランスの風景や汽車の走行などの実写であったが、フィルムは短いものが一〇本くらい上映され、一場面ごとに口上言いが鈴を鳴らして語るスタイルがとられた[26]。そのときの観客であった奥田佐一郎は上映および口上の様子を以下のように回想している。

シネマトグラフは一本のフィルムを輪にして、同じ画面を何回も見せたもので、海岸の浪の場面などは仲々《ママ》よろしかったのですが、その他ちょっとした所作ごとなどは何回も繰返《ママ》えされるのでオカシなものでした。そのときの写真の中にナポレオンが、勿論俳優が扮しているのですが、帽子をぬいで観客の方に向ってお辞儀をするのがありました。その時説明者が「これはナポレオンである。ナポレオンはナポレオンである」と分ったような訳の分らぬような説明をしました。そのナポレオンが何回も画面に現われてはお辞儀をする。説明者がその都度「これはナポレオンである。ナポレオンはナポレオンである」と繰返《ママ》えす。満場その都度、どっと洪《ママ》笑の渦であったことを覚えております。[27]

また、徳川無声は初期弁士の様子を以下のように述懐している。

機械は客席の中に露出《むきだし》のまま据えつけられて、袴をつけた技士が機械を廻しながら、何か喋るのであった。即ち説明者と技士の二役兼帯である。映る前後には、例の呼子笛が、いちいち御丁寧に鳴らされて、場内を照らす唯一の洋燈《ランプ》の被布《カバー》を、上げたり下ろしたりしていた。（中略）映画初期の説明者は「次に御紹介致シマスルハ」と、「宜シクお見落シナキヨウ」とが定型文句だった。なるほど、その頃の映画は、物語や事件より、現象を専ら御紹介していたんだから、「お見落しなきよう」はもっとも千万である。[28]

このように、弁士と上映技士は未だ峻別されておらず、短い上映フィルムについて弁士が端で解説する形式が採られていたことが分かる。具体的な解説文句はたとえば以下のようなものであったという。

一例を示すと、＝只今、画面ニ現レテオリマスルハ、コレ即チ水ヲタタエマシタル池デゴザイ。折シモアレヤ池ノ彼方ヨリ、悠々四辺ノ風景ヲ眺メツツ泳ギ来リマシタルハ、コレ即チ一羽ノ家鴨デゴザイ。と来るから、まるで無駄ばかり喋っているようだが、そうではない、活動を始めて見るような見物を相手にしては、こう行かないと親切でないのである。はアて、キラキラ光っているのは水のようだが、果たしてどうだろう？　水とすれば、これは池か、海か、はたまた河か、それとも洪水《おおみず》か、とマゴマゴしてる客の頭に「コレ即チ池デゴザイ」と、神の如き一言で、安心を与えるんで《ママ》ある。事実、写真そのものがハッキリ映らんのだから是非もない。[29]

ここで紹介したのはいくつかの例にすぎないが、こうした回想録をみるかぎり、活動写真が導入された当初、上映される内容以前に活動写真という装置そのものが目新しく珍奇なものであり、弁士は装置自体や映し出された短い実写フィルムについてユーモラスかつ分かりやすく解説を加える役割を担っていたことが分かる。さらに、活動写真で観客が耳にする〈声〉は、それを語る人物も語り口も近世からの見せ物の口上と近似した、観客にとって慣れ親しんだ〈声〉であったといえるだろう。この点では初期活動写真は「幻燈」よりも「写し絵」における〈声〉の系譜に位置づけられるものといえる。

### （2）巡業興行と〈声〉の主体への注目

活動写真に解説を加える弁士は明治後期に徐々に職業化したとされるが、恒常的にフィルムを上映する常設館が未整備だった明治後期には、活動写真は都市部だけでなく地方や僻地の寄席や芝居小屋などへの巡業興行が求められ、常設館が普及するまでは職業弁士が巡回興行師として各地に赴いてその〈声〉を人々に届けることとなった。

初期の職業弁士として有名な者に駒田好洋と横田永之助がいる。駒田好洋（一八七七―一九三五年、本名・駒田万次郎）は大阪に生まれ、広告代理店の広目屋が新居商店の柴田忠次郎から譲渡されたヴァイタスコープで巡回興行を手がけた際に従業員として説明者を務め、弁士の先駆者となった人物である。駒田は説明中に「頗る非常」という言葉を頻発することから「頗る非常大博士」のあだ名で知られ、全国的な人気を誇った。独立後は日本率先活動写真会を組織し、活動写真の制作を依頼するなどして、国内外のフィルムを携えて全国を巡業した。

前述のように、初期弁士は近世の話芸文化の延長上にあり、口上が中心であった[30]。その出で立ちと語りぶりも見世物の口上言いと近似していた。たとえば前川公美夫は駒田の出で立ちについて以下のように紹介している。

長身の弁士が黒のフロックコートを着て舞台に現れ、右手で天を指して言う。「天上天下唯我独尊、頗る非常大博士。」そして語りだす。「頗る非常に大勢の方においでをいただきまして、座員一同頗る非常に喜んでおります。今晩は頗る非常に面白い写真を揃えてあります。」[31]

御園京平も駒田の弁舌と人気ぶりを以下のように記述している。

「頗る非常な御入来に、頗る非常に有難い仕合せ、頗る非常に一同大満悦、頗る非常に厚礼を申述べてくれと、頗る非常に頼みますので頗る非常にお礼を、頗る非常に申上げる次第でございます」と軽妙洒脱に喋るので物凄い人気を博した。[32]

ここでは弁士は珍奇な出で立ちと軽妙な口ぶりで観客を楽しませる芸人的要素が全面に押し出されており、〈声〉の主である人物がクローズアップされている。

一方、横田永之助（一八七二―一九四三年）は京都に生まれ、一九〇〇（明治三三）年パリ博覧会に京都府出品委員として派遣された際にパリの映画会社パテー社とフィルム購入契約を交わし、巡業興行を開始した。のち兄万寿之助と横田商会を設立し、日露戦争の実写や尾上松之助主演映画の制作を手がけた。一九二七（昭和二）年に日本活動写真（日活）社長となる。横田は映写技師や説明者が揃わない巡業初期には自ら映写技師と説明者を兼務し、自身の渡米経験を生かして「説明の中に時々流暢な外国語を入れて見物を煙に巻いたりした」[33]という。

こうした巡業形式の映画興行は、上映館による常設興行が普及する以前には一般的であり、日露戦争で従軍写真師の戦況映画が豊富にもたらされるようになるとますます需要が増したという。[34]「駒田好洋の楽しそうな華やかな巡回興行に比べて、横田永之助の方は地道な、実質本意の経営方針で、逐次業務を拡大して行った」[35]といわれるように両者のスタイルは対照的ではあったが、フィルム自体が希少であった明治後期に彼らが旅芸形態による巡業興行をして歩いたことで、都市のみならず地方の広範な地域にまで活動写真を普及させる効果があったといえる。

このように、初期の職業弁士は魅力ある〈声〉の持ち主として、人物が前景化していた点が特徴であるといえよう。明治末期―大正初期には弁士肖像（図175）や弁士番付が盛んに作成されたが、俳優の人気が高まるにつれ徐々に弁士と逆転していったとされる（図176）。しかし、弁士の人気衰退は俳優の存在だけではなく、弁士の〈声〉を「没主体化」していこうとする動きにその要因をみることができる。次節では、弁士の「没主体化」の動きを〈声〉の分化から跡づけていくこととする。

# 4　〈声〉の近代化――「主体的」弁士から「没主体的」説明者へ

## （1）〈声〉の分化――声色弁士批判と説明弁士の登場

弁士の〈声〉の分化の動きは、外国語映画の流入、および活動写真の大衆化のなかから生まれ、見世物的口上としての〈声〉への批判へと通じることとなった。ここでは、『活動写真界』（一九〇九―一一年）、『活動画報』（一九一七―二四年）、『キネマ旬報』（一九一九―二六年）『活動倶楽部』（一九一九―二六年）などの雑誌記事における言説から、〈声〉の分化過程を検討してゆく。

雑誌『活動写真界』は「現存する最古の映画雑誌」[36]とされ、活動写真愛好家のみならず、弁士自身が活動写真のあり方について積極的に発言している点に特徴がある。同誌では創刊初期から弁士の口上的な〈声〉に対する批判が指摘されていた。たとえば自らも弁士を務める江田不識は以下のように弁士の「口上的」な語りぶりを批判している。

厭な素振や下卑た言葉を遣て、客が笑えば夫れで口上屋の能事了れりと心得違をして居る者が多い（中略）今の説明者は旧世紀の口上的では可けない。写真を説明するのであると自覚して見るとナカナカ容易な仕事ではない。[37]

また、「文句は同じでも音調の強弱とか、抑揚とか、即ち言い廻しの具合一つで、少しも油が乗らぬこともある」[38]あるいは「写真に対する説明に至りては、頗る研究を要するものである。斯く言えば我田引水とも見做されんが、通常な人には一寸に出来ぬ仕事である」[39]といったように、弁士の〈声〉に関して職業的専門性を認め、一定の水準を求める言説も創刊初期からみられるものであった。

『活動写真界』が創刊された一九〇九（明治四二）年ごろは、活動写真が日露戦争などを写した実写映画の時代を経て、歌舞伎や新派の舞台を模写した劇映画の時代を迎えていた。そこでは、台詞を喋る弁士が必要となり、役者の台詞を分担して掛け合いで台詞を付ける弁士が登場するようになった。このころから弁士の名称も細分化し「〇〇弁士」と、〈声〉の特徴によって呼び分けられることになった。たとえば、一九一二年の『大阪毎日新聞』は弁士の区分を以下のように説明している。

> 世間では活動弁士を一概に活弁と称しているが、これにも普通弁士と演劇弁士（声色弁士）との区別があり、普通弁士とは外国写真や風景等を説明し、声色弁士は日本の芝居ものになくてはならぬ弁士とされている。演劇弁士は芝居が熱心で、いまの演劇弁士はたいていどこかの座に出ていた役者の果てか、落語家出身であるが、普通弁士は声量さえあれば誰でもなり易い。その代り、多少の学問が必要である。[40]

ここでいう「普通弁士」と「演劇弁士」は、より一般的に「説明弁士」と「声色弁士」と呼ばれ、声色弁士は日本作品と、説明弁士は西洋作品と結びつけられ、声の特性や適性が異なるものと認識されていた。[41]声色弁士は蔭台詞と呼ばれる映写幕裏での台詞の代読をすることで「舞台と同じ気分を出す」[42]ことが求められた。声色活動写真は全国を風靡し土屋松濤などの人気声色弁士を輩出した。「客もまた活動写真に出る俳優よりも土屋の声色に期待を持ち、さらに舟唄を必ず一つ添えなければ承知しなかった」[43]という。弁士のほうでも、自らの価値が高まるにつれて映画制作者への発言力を高めていき、「〝こんな映画じゃ声色がやりにくい〟というと、再び声色のやりいいように作り直したくらい」[44]であった。

こうした弁士の映画制作側への圧力は、映画批評の言説空間でも徐々に否定的に扱われるようになる。そこでの論点は主に二点にまとまられる。

一点目は、弁士が必要以上に過剰な言語で活動写真を説明したり、本来の物語から逸脱して自らをアピールしたりすることへの批判である。[45]たとえば松岡銀歌は、以下のように弁士の逸脱した〈声〉を痛烈に批判している。

彼等独特のしゃがれ声で勝手な――人を馬鹿にした御説明、之が為に折角の映画が台なしにされる事は再三位ではありません。只タイトルをさえ読んで呉れれば其で結構なのに、見物の歓心を買う為めか、或は自己の人気吸収策か、稍もすれば落語家的な、コモンセンスの貧弱なヘボ連が東洋の映画国たるべき本邦斯界にとても凄い勢力を持って居られるのだから御目出度い話です。[46]

実際、純映画劇の普及に伴い声色弁士は姿を消していく。これに対して外国映画の場合にはストーリーや登場人物の心理などを一人で説明する説明弁士が付いた。説明弁士は外国語の理解力を必要とするため声色弁士より高級視され、染井三郎、生駒雷遊《いこまらいゆう》、林天風、泉天嶺、内藤紫漣《しれん》、徳川夢声などの人気弁士を輩出して一世を風靡した。[47]

二点目は、上映作品への無理解や教養のなさからくる誤った語りに対する批判である。雑誌上でも、西洋フィルムに関して「字幕の翻訳は思い切って劣悪なもの」で、「直訳としては無理もないものでしょうけれども、説明者として此の通り読み上げたら、少なからず感興を傷う」ものであり、「誤訳だらけの台本を手にして、映画を説明するにあたって、無自覚な説明者と自覚せる説明者の差別が起こってくる」などの批評が繰り返されるようになる。[48]そこでは、フィルム作品をきちんと勉強し、正確かつ本質的な作品理解のもとに説明がなされなければならないとされた。

こうした弁士批判は、やがて〈声〉の近代化を求める動きへと接続していく。

## （2）映画の自律性をめぐる議論

「過剰な語り」や「作品理解の不足」などの弁士批判に対して、弁士自身の語りや位置づけも徐々に変化を余儀なくされていくこととなった。

一点目は、「前説」の省略という形に語りのスタイルが変化したことである。「前説」とは来場者への挨拶や上映内容の見所解説など、上映前の数分に弁士が行うパフォーマンスのことである。前説は弁士のオリジナルな語りが最も表出される場であることから、前説の巧拙で弁士の地位や給料が決まるともいわれるほど、弁士にとっては重要な位置を占めるものであった。しかし一九一七（大正六）年に帝国劇場で封切された作品「シヴィリゼーション」において、徳川無声が前説を省略した際に「その演出方法が、馬鹿に気が利いて好評」[49]だったことから東京、横浜、大阪などに前説廃止が広まっていった。

二点目は、映画の芸術性や自律性を求める動きから、弁士の位置づけが作品の「外部」へと追いやられることになったことである。たとえば『活動画報』において行われた「映画説明振り合評」において、人見直善は「立派な映画に字幕があると云うことは、大変『不名誉』なことでなければならない。これは映画の本質から言うことで、本当の意味で、まだ映画芸術にまで映画が引き上げられないで居る」と述べ、字幕の力を借りるのは「非常に恥ずべき」だと断じた[50]。これに対し、太田黄鳥も「芸術には解説はいらないと思います。若し解説しなければ理解出来ない作品を芸術家が発表したとしたら、それは不純性な、芸術的に堕落したものだと云えるでしょう」と応じ、活動写真が芸術作品となるためには「それ自身に於て完全な説明をしている物でなくてはいけない」と結論づけている[51]。このような、活動写真を芸術へと高めようとする動きは一九二〇年代に支配的になっていく[52]。

ここから読み取れるのは、活動写真をひとつの芸術として「自律」させ、付加的な説明を排除しようとする動きである。活動写真の上映においては作品を「正確」に「無駄なく」観客に伝達することに価値が置かれ、弁士はその補助として一段低く位置づけられているということである。

また、弁士の仕事は本質的には一種の翻訳であり、弁士の呼称を「説明者」から「翻訳者」に変えるべきだとする主張もあった。ここでは、「説明者」でさえ、作品や観客に対する力を与えすぎだとする批判が込められている[53]。この場合、弁士は外国語のフィルム作品の場合のみ正当化され、日本映画には不要とされた[54]。説明者は飽くまでも客観的な説明に徹することで、その〈声〉によって作品を損なうことがないことが目指されたのである[55]。権田保之助は、弁士は「映画そのものにならねばならぬ[56]」と述べ、弁士は自らの主体性を押し殺し、自身を映画に埋没させ映画と一体化することをよしとしている。

以上のように、弁士の〈声〉は映画メディアの純粋芸術としての自律を求める動向に伴って、人物が前景化し自ら語る言葉を紡いでいた「主体的な弁舌者」であることから、できるだけ映画作品の世界を邪魔せず、自ら紡ぐ言葉を排して余分なことを言わない「没主体的な説明者」であることが求められるようになったといえる。ここで「主体的」と呼んでいるのは、自らの意思で言葉を選び紡ぐという意味においてである。近代化の過程において、娯楽の文脈ではどのような〈声〉を伝えるかを決定する「主体」は作品自体となり、弁士は単なる音声を媒介する者としての役割へと後景化することとなった。

ここにおいて、弁士は外国フィルムなど観客が作品理解に補助を必要とする場合にのみ存在意義を認められることとなる。西洋では弁士に当たる職業が発達しなかったことを受けて、弁士の〈声〉を必要とすることは、日本人が欧米人より文化的に「劣等」であり「恥」であるという意識も背景にあったようである。[57]

いずれにせよ、弁士自身の声は「ノイズ」であり、観客が活動写真を自力で理解できるようになれば不要とされる過渡的な補助具としての意味づけとされたといえる。[58] このような「ノイズ」を排して必要最小限の事実を淡々と伝達する語りは「没主体的」なメディアである点で「透明な〈声〉」と呼ぶこともできよう。この意味において、「写し絵」の系譜に位置づいていた弁士の〈声〉は「幻燈」に接近していったといえるだろう。[59]

## 5　〈声〉の統制と弁士への教育

### (1)　弁士の〈声〉に対する教育的まなざし

活動写真を娯楽から芸術に高めようとする動きの一方で、教育的な視点からも弁士の〈声〉を統制していこうとする動きがみられる。一九一一（明治四四）年に映画劇『ジゴマ』が公開されて子どもたちへの教育上の悪影響が大々的に指摘されるようになって以降、公序良俗に反するフィルム内容、映画館の衛生問題、光線による視力への影響、弁士の冗長な語りなど、活動写真をめぐる「堕落」や「退廃」を嘆く言説が各活動写真関連雑誌上でも散見されるようになる。[60] とくに、権田保之助が以下に述べているように、活動写真における弁士の〈声〉が子どもに及ぼす影響の大きさに対する懸念が繰り返し述べられた。

（弁士の）用語の徒らに冗漫なるは恕し得べしとなすも、時に卑猥の言をなして得々たる色あり。観者に対する態度にも一種の媚を呈する如きあり。而して児童の彼らに対するや或は熱狂的に拍手し、或はその綽号を絶叫し、宛として贔屓役者に対するが如きの風あり。[61]（括弧内は引用者補足）

こうした「媚薬」として多大な影響をもつ弁士の〈声〉は、一方で教育的効果を発揮する可能性のあるものとして期待もされていた。活動写真関連雑誌上では、説明者たる弁士に「教育者」であることを求める意見も多くみられる。

説明者が教育者を以て自任し説明中に自己の意見を加えたり人物事件に独断的の解釈を下したり又は淫蕩たる残虐シーンに於て人気を得ようとする野心から場当たり的下劣な説明をしたり映画に何等関係のない無味な説教的説明をしたり不自然な苦しい調子を張り上げて説明するに至っては映画そのものを破壊する耳ならず一部の観客、思想の堅まらぬ少年や少女達に意外の誤解悪影響を与えぬとも限りませぬ。（中略）説明者は凡てに亘って研究し社会百般の事を心得て時勢に遅れぬ頭脳を鍛えておかねばなりません。[62]

さらに積極的に、活動写真を学校教材として用いることを提唱する者もいた。

活動写真は現今至大の教育力を有するものにして、学齢児童の少くも一週一回これを観覧せざるものは稀なる位なり、中には日々見物するもの多々あり、斯る優勢なる教育物を等閑に附し、其を制御することなく有害なる進路を辿るに任すべきか、抑も学校は在校時間のみ児童の教育に対し責任あるのみならず、学校の目的は正当に彼等を教育するに在りて、在校時間外の感化が活動写真の如く優勢のものとなるに及んでは、校員は之に注意し、不当教育の手段となるを転じて正当教育の援助たらしむべきものに勉めざるべからず、各都市に学校の設けられたる数よりも、斯る映画の興行の数多くして、其れを観る幼者の数は登校幼

**図表 8-2　検閲政策および優良フィルム政策関連年表**

| 検閲政策(内務省・警視庁) | | 優良フィルム政策(文部省) | |
|---|---|---|---|
| 1911年 | 学校を念頭に置いた検閲制度開始 | 1913年 | 幻燈映画及活動写真「フィルム」認定規定 |
| 1917年 | 活動写真取締建議案(内務省)<br>活動写真興行取締規則(警視庁) | 1917年 | 児童と活動写真興行に関する調査 |
| 1920年 | 映画館を想定した映画推薦制度開始 | 1921年 | 文部省推薦映画第1回分20種発表 |
| 1925年 | 活動写真フィルム検閲規則 | 1923年 | 活動写真の認定制度開始 |

者の数に匹敵す。(中略)斯くの如く有利有力なる活動写真を、最も完全なる方法を以て公然学校に於ける教育材具として採用することは頗る機宜に適したるものと存じ候。[63]

ここから読み取れるのは、弁士自身への教育が必要であり、さらに弁士による「説明」を通じた民衆教育を目指すという、二段構成による教育が必要だと捉えられていたことである。[64] 大正期には図表8-2にみるように、活動写真に関連して内務省・警視庁による検閲を中心とする統制政策と文部省による優良映画政策という両側面からの改善施策が図られていたことが知られているが、〈声〉をめぐる教育の二段構成という視点からみると、「観客」および「弁士」はそれぞれに以下のように捉えられていたといえる。

観客＝活動写真に対し感化されやすく無知な存在
↓検閲と優良フィルム政策、説明者を通じた通俗的教育
弁士＝無教養な存在
↓弁士の規制、文部省による弁士の養成講座

## （2）〈声〉に対する統制施策と推奨施策

### 内務省・警視庁による検閲政策

一九一七（大正六）年に東京にて制定された「活動写真興行取締規則」は、映画に焦点を定めた日本において初めての総括的な規制であった。東京の警視庁保安部長丸山鶴吉は、活動写真興行は売淫行為と同等として、ともに「確固たる取締方針を確立する決心」を表明し、以下の五点に関する取締規則を発令した[65]。

一、興行用フィルムを甲乙二種に分ち、甲種フィルムは十五歳未満の児童の観覧を禁ずること
二、男女により観覧席を区別し、特に夫婦用の同伴席を設くること
三、弁士は免許制とし志願者は履歴書を警視庁に差出すこと
四、看板の大きさ並に個数の制限
五、呼込みの禁止

弁士の取締に関しての効果は、「不良分子の一掃」という形で一定の効果があったことが警視庁により以下のように報告されている。

説明者は、いわゆる活弁又は弁士といわれ、品性のよくない者もいて、映画説明をよそにして盛んに与太を飛ばし、又は場当りの説明などをして悪感情を与え、さらに婦女誘惑あるいは付近の飲食店その他で借金するのを誇りのように思い、あるいは雇

主から前借して、これを踏み倒し、賭博行為を茶飯事のようにする者もいた。

そこで警視庁は、このような不良分子を一掃するため試験を実施し、その試験に合格しなければ説明者としての許可を与えなかった。

さらに免許を与える場合は、素行や経歴ばかりでなく、学識、常識等にいたるまで調査をし、できるだけ教養があって、品性豊かな者を採る方針をとっていたため、不良分子は一掃され、善良な説明者が続出するようになった。[66]

### 文部省による優良映画政策

内務省や警視庁の活動写真規制に対応して当初は活動写真に否定的であった文部省も、一九二三（大正一二）年五月に活動写真の「認定制度」を開始するなど、一九二〇年代以降は教育的見地から活動写真活用の積極施策を行うようになった。その施策転換の背景には、民衆の間での活動写真人気もさることながら、一九二一（大正一〇）年六月に文部省官制が改正され、「通俗教育」から「社会教育」へと名称が変更になるのに合わせて、文部省が新しい「社会教育」という概念にふさわしい施策を検討していたことが挙げられる。当時の社会教育課長乗杉嘉寿は、活動写真の認定制度の目的について以下のように述べている。

元来社会教育の施設として最も努力すべき方面は、国民の思想問題、道徳問題、生活方法の改善、職業の指導、及び国民の趣味娯楽問題等、極めて多岐に亘るべしと雖も、就中最後の趣味娯楽問題は、他の凡ての問題と対立すべき程度の重要なるものにして、国民に健全なる娯楽を提供し、一般民衆の趣味の向上を図り、完成に慰安の方針を講じて真に「働き且つ学ぶ」の善良なる国民性を養成する事は極めて有益にして必要なり。（中略）各種娯楽中、最も現代的にして且つ善悪共に社会的影響の重大なるは活動写真なりとす。（中略）活動写真に対する当面の問題は、先ず第一に一般社会、殊に有識階級に対して活動写真を善解せしむること、即ち正当にして同情ある理解を得せしむ必要ありとし、之が方法として映画の改善を図り、優良なる映画を供給するという機運を促進するの急務なるを認めたり。[67]

一九二三年五月に施行された認定制度は、規制より一歩進んで、文部省のお墨付きを与えることで活動写真を積極的に教育に利用しようとするものであった。

こうした流れに合わせて、弁士の〈声〉に対しても規制・活用の両側面から国家からのまなざしが注がれるようになる。弁士の改革は主に〈声〉の均質化を求める動きとして捉えることができるが、その方法として主に以下の二点が実施された。

一点目は、弁士の慣習的なやり方から他の大衆的娯楽、とくに落語や講談の跡を消す試みである。当時は、同じ映画を違う弁士で観ることは違う映画を観るようなものとされ、観客にとって活動写真は複製芸術品としての映画フィルムではなく、弁士の〈声〉による一回性の上演としてのメディア体験であった。すなわち活動写真は落語や講談と同質のメディアという認識がされていたといえる。[68]これに対し、映画会社から弁士に台本を配布することで〈声〉の逸脱を阻止しようとする動きがみられるようになる。そこでは、特定のシーンで弁士が何を言うべきかが詳細に指示された。[69]さらに、弁士自身がフィルム作品を批判（批評）することも避けるべきとされた。[70]

〈声〉の均質化は、検閲政策上でも効果を発揮した。興行取締規則によって、全ての映画上映に一人の警官の立ち会いが要求されたが、フィルム自体の検閲に対し、上映ごとに弁士を検閲することははるかに難しかったことは想像に難くない。警察は配給業者が弁士に配布する弁士用台本の検閲を行ったが、台本を逸脱する弁士も多く、結局劇場へ警官を配置せざるをえなかった。警視庁検閲係長であった橘高広は、フィルム検閲は弁士が「一画一義」しか与えないようにしたおかげで容易になったと述べ、弁士の言説制限による〈声〉の中央集権化が検閲政策を補助することになったと指摘している[71]。警視庁は一九二一（大正一〇）年に弁士に筆記試験の要求を開始した。ただし、それは弁士の教養を問うものではなく、弁士の機能についての理解、映画の社会的影響力、検閲の役割を問うものであった[72]。

二点目は、活動写真説明者講習会による〈声〉の指導である。文部省が一九二〇（大正九）年に弁士の学歴調査を実施したところ、調査人員八四七人のうち、八割八分が小学校卒業以下であった[73]。これを受け、文部省は一九二一年二月二一日から一週間、浅草公園の仏教青年伝導館を借りて「活動写真説明者講習会」を開催し、権田保之助や星野辰男らを講師に招いて、映画説明の社会に及ぼす感化などについて説いた[74]。

〈声〉の指導で注目されるのは、文部省の施策が弁士に「自己像の修正」を求め、教育者へと仕立てるものであったということである。文部省の中田俊造は講習会の開会の辞において「映画説明の任に当る説明者の修養の程度並に人格の如何は、直に一般観衆に対してその思想言動の上に多大の影響を及ぼす」から「広く社会教化の上より、切に諸君の奮励努力を希う次第」であると述べ、弁士に教育者として人格上の修養を求めている[75]。

また星野辰男は同講習会のなかで、映画の種類別にどのように弁士が説明を加えるべきかを細かに指導している。たとえば実写物の説明においては「説明しても、ただ「これは何々であります」と言うだけでは効が無い。風景などは何処の場所かという地理的の観念を説明のときに加えて戴きたい」、産業映画については「字幕に出て居ることを通俗的に是非説明していただきたい」など、弁士が教養を身に付けたうえで台本を越えて積極的に解説ができることを求めている[76]。また、教育映画については「堅い説明は要りませぬ。学校の先生が生徒を教えるようでは趣旨が潰れて仕舞います。教育化されない普通の映画と見て、此の写真は何を覗って居るのかと云う覗い所をしっかり説明して戴きたい[77]」と述べ、娯楽的要素を取り混ぜながら巧みに通俗的解説ができることが望ましいとしている。

このように、一九二〇年代の初期社会教育行政においては、弁士は「没主体的な〈声〉」ではなく、むしろ「主体的な〈声〉」の持ち主として、積極的に社会教育者としての役割を担うことが求められるようになったのである。

## 6　民衆教化・民衆娯楽における〈声〉の交錯

以上みてきたように、弁士の〈声〉をめぐっては活動写真業者・評論家と政府とでは「求める弁士像」にズレが生じることとなった。すなわち、活動写真業者・評論家は活動写真を娯楽的・芸術的な観点から捉え、弁士は本来のフィルム作品の意図に忠実であることを要求したが、政府（とくに文部省）は活動写真を教化手段と捉え、弁士に対してはフィルム作品から有害なメッセージを除去し有用なメッセージを付加することで、観客を「善導」することを求めていたといえる。

業者・評論家：弁士には「没主体的」な〈声〉を要求＝娯楽的・芸術的視点
政府（文部省）：弁士には「主体的」な〈声〉を要求＝教育的視点

ここで注目すべきは、写し絵と幻燈のときにみられた、「娯楽＝主体的な語り（口上による愉しみの付与）」「教育＝没主体的な語り（台本情報の伝達）」からすると、教育的視点と娯楽的視点とで〈声〉に対する価値の「逆転現象」がみられることである（図表8－3）。

そもそも娯楽的要素の強い口上的な語りとしてスタートした弁士の〈声〉に対しては、口上のもつ前近代的な要素

〈粗野、猥雑、過剰な語り〉への批判とともに〈声〉の近代化を求める動きが出てくる。また、西洋映画の流入や上映フィルムの多様化で弁士が分化していくなか、活動写真を純粋芸術に高めようとする批評空間のなかで、日本映画の台詞の代読をする声色弁士は不要なものとされ、翻訳や客観的な説明を施す説明弁士にかぎりかろうじてその存在を認められるようになる。ここにおいて弁士はできるだけ「透明なメディア」として〈声〉を「没主体化」していくことが求められたのである。

図表 8-3　〈声〉の位置づけの交錯

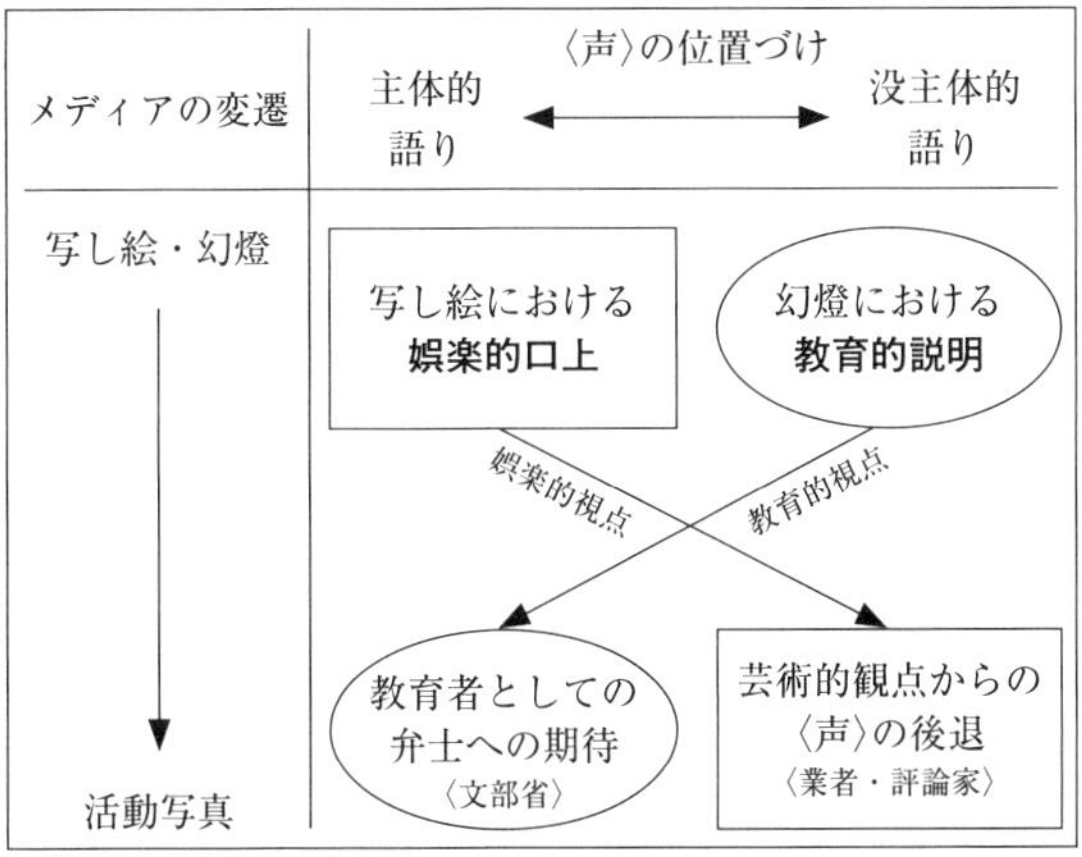


一方、文部省は通俗教育から社会教育への転換にあたり活動写真を重要な施策のひとつと捉え、弁士の〈声〉を積極的に教育に活用していく動きをみせ、「主体的」な〈声〉の持ち主として弁士を社会教育を担う教育者にまで高めることを狙っていた。そこでは文部省が選定した「推奨映画」におけるメッセージを活動写真という娯楽メディアに紛れ込ませることで、教育的な「堅さ」を感じさせずに伝えることが期待されていたのである。

ただし、文部省の思惑は必ずしも映画界に受け入れられたわけではない。帝国キネマ演芸東京営業主任の下河原金平は文部省の推薦映画政策を以下のように批判している。

あんな映画は所謂民衆娯楽とは全く没交渉です。もしも一般民衆から通俗的読物の選択を依頼された場合に、国定小学校読本を与えられたら、どんなに民衆は失望することでしょう。（中略）第一あんな映画を看板にしたら、お客はとても観覧して呉れませんし、文部省推薦のマークが、無味乾燥の平凡映画の商標になるでしょう。（中略）其れよりは興行者が自覚して有力な団結でも作る方が余程急務だと思います。[78]

この意見が端的に示しているように、児童に対する学校教育的な姿勢で民衆娯楽に干渉しても大衆は背を向ける事態となることには注意を払う必要があろう。というのも、政府の映画に対する干渉は、戦時下における国策映画の強制観覧にまで発展していくが、同様の理由で挫折しているからである。一九三九（昭和一四）年に施行された映画法では、制作から上映に至るまで政府が広範に介入した映画（国策映画）の強制上映義務が定められた。これまで戦時下の国策映画については「大衆娯楽であった映画がどのように戦争にからめとられていったか」[79]という観点から映画における戦争責任問題に焦点が当てられてきたが、近年では「国策映画がまじめすぎておもしろみに欠けていたため」に、人々は国策映画を観ようとせず、政府による映画統制は挫折に終わったとの指摘[80]もある。この意味で、大正期の活動写真をめぐる〈声〉の交錯は、映像メディアに対する政府方針の転換点と捉えられると同時に、その挫折の発端としても捉えられるのである。

［1］　近年の研究として、牧野守『日本映画検閲史』（パンドラ、二〇〇三年）、加藤厚子『総動員体制と映画』（新曜社、二〇〇三年）、古川隆久『戦時下の日本映画——人々は国策映画を観たか』（吉川弘文館、二〇〇三年）、岩本憲児『占領下の映画——解放と検閲』（日本映画史叢書、森話社、二〇〇九年）などがある。

［2］　たとえば、加藤幹郎『映画館と観客の文化史』（中公新書、二〇〇六年）、上田学『日本映画草創期の興行と観客——東京と京都を中心に』（早稲田大学出版部、二〇一二年）など。

［3］「活動写真」は「映画」の古い呼称であり、キネトスコープ、シネマトグラフ、ヴァイダスコープなどとともに映画誕生期の様々な呼称のひとつとして一八九七（明治三〇）年ごろから使われるようになった。とくに無声映画期に広く使われ、トーキー映画期以降も古い世代によって親しまれたとされる。「映画」という呼称は無声映画期なかばに使われ始めたが、「活動写真」よりも新しい印象を与えたのでトーキー映画期以降は「映画」という呼称が一般化したという（『世界映画大事典』日本図書センター、二〇〇八年、二一四頁）。本章では、弁士の活躍した無声映画期に焦点を合わせるため主に「活動写真」という用語を用いるが、引用や文脈などに合わせて「映画」という用語も適宜用いることとする。

［4］兵藤裕己『〈声〉の国民国家・日本』（日本放送協会出版、二〇〇〇年）。

［5］吉見俊哉『「声」の資本主義——電話・ラジオ・蓄音機の社会史』（講談社、一九九五年）。

［6］吉田智恵男『もう一つの映画史——活弁の時代』（時事通信社、一九七八年）三頁。

［7］澤登翠「無声映画の弁士をつとめて」（『メディア史研究』一二巻、二〇〇二年）六五—七二頁。

［8］もちろんこれは〈声〉が自動的に教化となりえたことを示すものではない。こうした〈声〉が民衆教化として機能するためには、聴衆がそれらを教育的なものとして受け取る姿勢がなければならない。

［9］山本恒夫『近代日本都市教化史研究』（黎明書店、一九七二年）二八二—三二九頁。宮坂広作「社会教育の遺産」（『大学改革と生涯学習』第八号、二〇〇四年）。

［10］昭和期以降の教育映画制作や戦時下の映画政策などの研究はあるが、映画誕生期の映像メディアへの注目はあまりみられない。

［11］映像メディアの系譜としての写し絵と幻燈の比較については、本書第六章を参照。

［12］写し絵と幻燈についての概要については、以下を参照。小林源次郎『写し絵』（中央大学出版部、一九七八年）、山本慶一『江戸の影絵遊び』（草思社、一九八八年）、岩本憲児『幻燈の世紀——映画前夜の視覚文化史』（森話社、二〇〇二年）。

［13］一例として、小林源次郎が実施した種板調査で報告されている写し絵の題目を以下に付す。小林源次郎（前掲）八—一〇

頁。

秩父市立図書館所蔵種板――「さんせう大夫」「三番叟、花物」「小栗判官 二度対面」「小栗判官 お鍋鏡の段」「葛の葉 子別れ」「一谷嫩軍記 首打ち組打ち」「日高川入相花王」「笑わせもの」「萬兵衛（こめくらばなし）」「刈萱道心 札立の段」「大江山鬼の腕取り」

駒花太夫使用種板――「一谷嫩軍記 太刀打」「五右エ門釜煮り」「小栗判官 二度対面」「小栗判官 本腹の段」「小栗判官 矢取の段」「関取十両幟」「だるまの夜這い」「庄司大夫寺入」「阿古屋自害」「番所（関所芸づくし）」「手妻と曲芸、花物」

[14] 大久保遼「写し絵から映画へ　映像と語りの系譜」（岩本憲児編『日本映画の誕生』森話社、二〇一一年）六四―九四頁。

[15] 同右、七〇頁。

[16] 石井研堂『明治事物起源』（春陽堂、一九二六年）二四七頁。

[17] たとえば、一八八〇年代に出版された幻燈解説書（国立国会図書館蔵）には以下のようなものがある。

後藤牧太『幻燈写影講義』一八八〇年

小林義直『解体図略説：幻燈用』文部省編輯局、一八八一年

鈴木万次郎『衛生上欠点論：幻燈応用』進成堂、一八八七年

大倉孫兵衛『三府五港写幻燈』一八八七年

三原親輔『修身映画説明書：幻燈応用』一八八九年

三原親輔『人体寄生虫解説書：幻燈応用』進成社、一八八九年

三原親輔『自然現象説明書：幻燈応用』進成社、一八八九年

三好学『隠花植物解説：幻燈応用』進成社、一八八九年
土屋冀『改良蚕事説明書：幻燈応用』進成社、一八八九年

[18]　たとえば一八八〇（明治一三）年に出版された後藤牧太『幻燈写影講義』は、「潮汐《しお》の講義《はなし》　さて潮汐《しお》の満干《みちひ》の理由《わけ》をはなしましょう　諸君《みなさん》御存知《ごぞんじ》の通《とお》り潮汐《しお》は一昼夜に二回ずつ満ちます　そして一箇月《ひとつき》の間《うち》には二回《にど》ずつ平常《ふだん》より一層高《ひときわたか》く満《みち》る日《ひ》があります……」といった具合に始まる。講義口調であるとともに、話者がそのまま話せるように全ての漢字に口語（訓読）でルビが付してある。
[19]　徳川無声『明治は遠くなりにけり〈無声自伝明治篇〉』（早川書房、一九六二年）七九頁。
[20]　御園京平『活辯時代』（岩波書店、一九九〇年）二頁。
[21]　水野一二三「関西映画落穂集 2」（『映画史料　第九集』凡々社、一九六三年）三頁。
[22]　吉田智恵男（前掲）一四頁。
[23]　御園京平（前掲）四頁。
[24]　西村楽天「弁士説明振の変遷」（『活動画報』第一巻第三号、一九一七年）一五四頁。
[25]　岩本憲児は、幻燈に繋がる「視覚像の表象装置」として走馬燈、影絵芝居、影絵、写真鏡とともに覗きからくりを挙げているが、覗きからくりの起原となった一五世紀イタリアの「覗き箱」について、それがそもそも音楽や口上を伴うものであることを指摘している。岩本憲児『幻燈の世紀——映画前夜の視覚文化史』（前掲）七八頁。
[26]　御園京平（前掲）五—六頁。
[27]　水野一二三「関西映画落穂集 3」（『映画史料　第一〇集』凡々社、一九六三年）三頁。
[28]　徳川無声（前掲）七九—八一頁。
[29]　同右、八一頁。

[30]　弁士は初期には「口上言い」もしくは「口上屋」と呼ばれ、「活動弁士」（通称「弁士」）と呼ばれるようになったのは一八九九（明治三二）年前後であるとされる。なお「活弁」という呼び方は侮辱的な呼び方で弁士自身は好まなかったという。大正のはじめになると「映画説明者」と呼ばれるようになり、関西では「映画解説者」と呼ばれた。御園京平（前掲）一三頁。
[31]　前川公美夫『頗る非常！――怪人活弁士・駒田好洋の巡業奇聞』（新潮社、二〇〇八年）一八頁。
[32]　御園京平（前掲）一六頁。
[33]　田中純一郎『日本映画発達史Ⅰ　活動写真時代』（中央公論社、一九五七年）九九頁。
[34]　同右、九六頁。
[35]　同右、九七頁。
[36]　岩本憲児「台頭期の日本映画界」（牧野守監修『活動写真界（復刻版）』国書刊行会、一九九九年、解説七頁）。なお、『活動写真界』が創刊された一九〇九（明治四二）年六月に前後して『活動写真』および『活動写真タイムス』の二誌の存在が確認されているが、いずれも現物が不明のため『活動写真界』が唯一当時の日本映画界を読むことができる日本最古の映画雑誌とされている。
[37]　江田不識「活動写真の説明者」（『活動写真界』第二号、一九〇九年）七頁。
[38]　筆者不詳『活動写真界』第二号（一九〇九年）八頁。
[39]　同右、七頁。
[40]　『大阪毎日新聞』一九一二年四月。
[41]　成田雄太「日本映画と声色弁士」（岩本憲児編（前掲）『日本映画の誕生』）。
[42]　田中純一郎（前掲）一六〇頁。
[43]　同右、一八二頁。
[44]　同右。

［45］　竹田昴活「説明者の使命」（『活動画報』第四巻第一二号、一九二一年）九六頁、東世之介「説明者廃止論者に寄す」（『活動倶楽部』第四巻第五号、一九二一年）六〇頁。
［46］　松岡銀歌「未成ファンの手帳から」（『キネマ旬報』第八一号、一九二一年）九頁。
［47］　トーキー映画の登場によって活動弁士の必要がなくなると、失業した弁士たちは俳優、寄席芸人、紙芝居屋などに転業していった。こうした「語り人」たちの転業によるメディアの「鞍替え」については、複数のメディアを横断した文化的系譜として注目される。
［48］　人見直善「映画説明振り合評」（『活動画報』第七巻第三号、一九二三年）六八頁。
［49］　徳川無声『くらがり二十年』（アオイ書房、一九三四年）。
［50］　人見直善（前掲）六五頁。
［51］　太田黄鳥「映画説明振り合評」（『活動画報』第七巻第三号、一九二三年）六六頁。
［52］　同様の指摘に、永井とし路「荒川氏の説明有用論を駁す」（『活動画報』第五巻第七号、一九二一年）九六頁、竹田昴活「駄弁撲滅論　下」（『活動画報』第六巻第六号、一九二二年）一二二頁などがある。
［53］　竹田昴活「説明者の使命」（前掲）九六頁。
［54］　「説明者諸君に忠告す（三）」（『キネマ旬報』第五七号、一九二一年）一頁。
［55］　西村楽天（前掲）一五五—一五六頁。
［56］　権田保之助「映画説明の進化と説明芸術の誕生」（『権田保之助著作集』第四巻、文和書房、一九七五年）一二八頁。
［57］　青木二西「弁士説明振りの解剖　其二」（『活動画報』第一巻第五号、一九一七年）一二二—一二三頁、荒井三郎「説明廃止論者に呈す」（『活動画報』第五巻第五号、一九二一年）九八頁。
［58］　一方で、上記のような雑誌紙面における文化論者たちの批判的言説に反して、一般民衆たちは「透明な〈声〉」をもつ説明者よりも自らの言葉をもつ弁士も求めていた。たとえば、古川緑波は弁士の役割はただ説明することであるにもかかわらず、

本来の任務を果たすような弁士は観衆に人気がないために雇われず、過度の語りをする者が成功すると不満を述べているが、こうした批判は逆に観客が弁士自身の言葉による語りを深く受容していることの表れでもある。弁士の人気ぶりと弁士を選んで活動写真を観に行く観客像からは、彼らがフィルム作品よりも弁士固有の〈声〉を根強く消費していたことが窺える。古川緑波「説明者の研究　其の三」（『活動画報』第五巻第一一号、一九二一年）九八頁。

[59] ただし、弁士は存在そのものを否定されたわけではなく、「ノイズ」を消しさえすれば「透明な〈声〉」として新たな役割も期待された。事実、海外のフィルム作品を鑑賞する際に字幕を読みながら映像を追うのは観客の快適さを損なうものであるとされ、弁士は観客の代わりに字幕を読みあげる役割を担うことでその存在意義を認められてもいたといえる。古川「説明者の研究　其の四」（『活動画報』第五巻第一二号、一九二一年）九五頁。

[60] この時期の娯楽と教育をめぐる言説については、本書第六章および第七章を参照。

[61] 権田保之助『民衆娯楽問題』（同人社書店、一九二一年）八四頁。

[62] 渡邊一秀「映画説明者の仕事」（『活動画報』第六巻第二号、一九二二年）四四―四五頁。

[63] 筆者不詳『活動写真界』第六号（一九〇九年）三頁。

[64] このことについて、ジェローは「映画の美学に関する自らの優れた知識に基づいて、自分たちを一階級として残りの映画観衆から区別しようとするインテリ批評家達による試み」であるとして、批評家たちによる「エリート的な観客性（spectatorship）の定義」にピエール・ブリュデューのいうディスタンクシオンの政治学を見出している。Gerow A.A., The Benshi's New Face. Defining Cinema in Taisho Japan, *Iconics* No. 3, 1994（「弁士の新しい顔――大正期の日本映画を定義する」若尾佳代乃訳、『映画学』第九号、一九九五年）.

[65] 田中純一郎（前掲）四〇五頁。

[66] 警視庁史編纂委員会『警視庁史　大正編』（第五節「保安・衛生の指導と取締」、警視庁、一九六〇年）。

[67] 乗杉嘉寿「活動写真を善解せしめよ」（『活動画報』第五巻三号、一九二四年）。

[68] 竹田昴活「駄弁撲滅論　下」（前掲）。
[69] 古川緑波「説明者の研究　其の二」（『活動画報』第五巻第一〇号、一九二一年）九三頁。
[70] 渡辺一秀「映画説明者の仕事」（『活動画報』第六巻第二号、一九二二年）四五頁。
[71] 橘高広『民衆娯楽の研究』（警眼社、一九二〇年）一三五頁。
[72] 立花高四郎（橘高廣）『映画道漫談』（無名出版、一九二六年）二九四―二九七頁。
[73] 田中純一郎（前掲）四〇九頁。
[74] 高岡黒眼編『活動写真説明者講習会講習録　第一回』（大日本説明者協会、一九二一年）。
[75] 同右、二―三頁。
[76] 星野辰男「活動写真の技術的考察」（『活動写真説明者講習会講習録　第一回』（前掲））七三―七四頁。
[77] 同右、七五頁。
[78] 下河原金平「推薦映画を評す」（『活動画報』第五巻第四号、一九二一年）。
[79] 櫻本富雄『大東亜戦争と日本映画』（青木書店、一九九三年）。
[80] 古川隆久（前掲）二二九―二三五頁。

# 終　章　近代日本の視覚メディアをめぐる「教育」と「娯楽」の関係構造

ここまでいくつかのメディアを取り上げながら、近代日本における「教育」と「娯楽」の関わりについてメディア文化史的視点から分析してきた。以下では改めてこれまでの考察を整理するとともに得られる示唆についてさらなる検討を加えたうえで、本書全体を通じた研究的意義および課題についてまとめていきたい。

## 1　第Ⅰ部の整理と得られる示唆

第Ⅰ部では、序章で示した課題軸1「図像分析を通じた通俗教育史の再検討」に対応する考察として、明治国家による教育の近代化政策が視覚に訴える様々なメディアのなかで、どのように表象されてきたのかを検討してきた。具体的には明治初期に発行された文部省発行教育錦絵に注目し、そこに込められた意図および受容の場における位置づけを読み解いていくことで、従来の制度史や文献研究のみからは捉え切れなかった、近代日本における社会教育概念の成立前期の状況を明らかにすることを試みてきた。

まず第一章では、明治揺籃期における視覚教育メディアを学校内と学校外とに分けて概観し、文部省発行教育錦絵を学校外の視覚教育メディアと位置づけたうえで、内容および基本的性格を整理した。その結果、非常に多岐にわたる教育錦絵の画題は、①伝統的知識図解系、②新知識啓蒙系、③教訓道徳系、④西洋訓話系、⑤幼児玩具系、の五つに類型化でき、知識面および道徳面に関して伝統・開化の両側面の特徴をもつ内容であることが明らかになった。これは新知識の普及を図る啓蒙的側面と、儒教的価値観に基づく教化的側面の双方を包含しており、明治揺籃期の複合的な教育視点が表象されたものと捉えることができる。

また教育政策における本絵図の位置づけについては、これらが小学校就学以前の幼児たちに対し、進学に先立って家庭で教育を施そうとする意図をもつものであり、その意味で幼児教育・家庭教育政策の一環であるとともに、学校教育へのスムーズな移行が意識された学校補完機能を期待されたものであることが分かった。さらに、当時は学校用掛図や本書で検討した文部省発行教育錦絵以外にも〈動物図〉や〈教草〉といった教育的な絵図が制作されていたことから、明治初期には学校・家庭・社会のあらゆる領域において視覚に訴える教育メディアが民衆教育政策として重視されていたこと、したがって文部省発行教育錦絵はそうしたメディア政策の一形態として位置づけられるものであることを示した。ここからは、学校教育制度が整備途上で学校に通わない（通えない）児童も多かった明治初期の教育事情のなかで、政府が未就学児や家庭における父母の教育に力を入れていたこと、その際には視覚メディアを効果的に活用しようとしていた明治揺籃期の教育実態が浮かび上がってくるのである。

続いて第二章では、教育錦絵の制作に関わりの深い人物の教育思想を検討することで、教育錦絵のもつ性格をより深く掘り下げた。具体的には、教育錦絵の発行の背景には、海外の教育制度を視察し幼児教育の重要性を主張していた田中不二麿の幼児教育思想があることを指摘し、当時の幼児教育政策では、富裕層を対象としフレーベル型の恩物を用いた西洋風幼稚園、貧民救済・就学奨励の見地から設置された子守学校などが同時に構想されており、教育錦絵はその中間の一般民衆層に対する絵解き教材であることを示した。これにより、当時の幼児教育政策においては階層ごとに異なる政策が想定され、そこで施される教育メディアも巧みに使い分けられていたことが明らかになった。こうしたメディアの分化は、その後の「学校教育」「社会教育」概念の分化への契機とも捉えられる。

ここではさらに、教育錦絵に関わりの深い人物として、明治初期の啓蒙書であるサミュエル・スマイルズ著『自叙伝（*Self Help*）』の翻訳書である『西国立志篇』を手がけた中村正直を取り上げた。文部省発行教育錦絵のうち〈西洋器械発明家図〉は『西国立志篇』を典拠としているが、そこで引用されている詞書と『西国立志篇』の本文を比較した結果、子どもと婦人（子をもつ母、および夫をもつ妻としての女性）を同時に絵解きの対象とする〈西洋器械発明家図〉の描写は、『西国立志篇』の内容に忠実ではなく、幼児に対する道徳教育とそれを支える母としての女性に対する教育という、二重構造として家庭教育を捉える中村正直独自の女性教育観を反映した構造を成していることが明らかになった。このことにより、教育錦絵が幼児のみならず婦人をも対象とした多層的な教育メディアであったことが示された。こうした教育錦絵の図像にみる複層的な教育理念は、家庭教育と女性教育を学校教育と連動させつつ展開させようとする国家的政策意図として読み解くことができる。

一方第三章では、明治政府による視覚教育メディアの利用状況をより詳しく学校内外から総体的に把握するために、文部省発行教育錦絵のなかの〈教訓道徳図〉に焦点を絞り、学校用修身教科書や、明治中後期の修身掛図、教育幻燈までを視野に入れた比較考察を通じ、徳育メディア政策の変遷を追う試みをした。ここでは、明治初期に学校外の道徳的視覚教材として制作された〈教訓道徳図〉の絵解き法が、教学聖旨などを経て学校での道徳教育が重視されるとともに修身掛図として学校内に取り入れられていったこと、一方で幻燈機器が輸入されると、政府は教育錦絵で説いていた教育的・実利的な内容を教育幻燈へと移し、娯楽的要素を利用しつつ明治後期の通俗教育へと繋がる流れを継承していったことが明らかになった。したがって、通俗教育期における教育幻燈会なども突然に開始されたのではなく、明治初期からの錦絵による通俗的な視覚教育の延長上に置かれるものであったといえるのである。掛図、教育錦絵、幻燈はいずれもメディア形態そのものは以前から存在していた錦絵や映写機であるが、学校教育が道徳教育において掛図という紙媒体の図像メディアを維持したのに対し、通俗教育においては教育錦絵が幻燈という光学を利用した映像メディアへと変遷していったのは、視覚・聴覚に訴える幻燈のもつメディア特性とともに、人々が集まり祝祭的空間の中で受容するという幻燈会のもつ娯楽的要素が、通俗教育の求める「分かりやすさ」「親しみやすさ」と符合したからにほかならない。この意味において教育幻燈会は、社会における教育の近代化を希求する国家的欲望と、より強い娯楽性を徳育に希求する民衆の集合的欲望とによって布置されることとなった、近代化過渡期特有のメディア・イベントであったといえよう。

また第三章では同時に、〈教訓道徳図〉と明治中期の学校用修身掛図の図像を比較することで、道徳教育の教育主体として「おとな」がどのような存在として期待されているかについても考察した。その結果、〈教訓道徳図〉では「おとな→こども」という一方向の「見守る」「監視する」視線が読み取れ、修身掛図では「教師―生徒」間における「単：多」の視線、および「おとな―こども」間における双方向的視線が読み取れた。このことで、道徳教育における教育主体の変化が示されるとともに、教育錦絵が社会の「おとな」に向けた絵解きも含んだ、重層的な視覚教育教材であったことが改めて確認されることとなった。

最後に第四章では、以上に考察してきた教育錦絵が実際にどのように人々の目に触れ、どのように受け止められたのか、といった教育錦絵の受容プロセスを、博覧会・博物館における教育品の展示状況から探っていった。ここでは、海外の万国博覧会への参加を通じて「教育」を他の概念と区分して認識する視点が日本に持ち込まれたこと、初期府県博覧会では希薄であった「教育」というカテゴリは、五回にわたる内国勧業博覧会および教育博物館の展示のなかで徐々に整備・体系化され、その過程のなかで教育錦絵も展示され人々の目に触れていたことが明らかになった。教育品の展示はその品がもつ教育的内容とともに、それが教育媒体として価値のあるものであることを意識化させる作業であり、「教育」というカテゴリに分類された教育品の展示は、人々に当時の具体的な教育内容や個々の教育理念のみならず、近代社会にふさわしい教育とは何か（＝〈教育〉概念）を普及させる役割を果たしていたのであった。その意味で、教育錦絵が博覧会に展示されたことは、娯楽メディア、玩具メディアであった錦絵やその他の玩具品を教育メディアに組み替えていく政府のメディア戦略としても機能していたといえるのである。

以上、第Ⅰ部で明らかにされた教育錦絵を通じた教育施策は、従来明治初期の社会教育の特質として語られてきた「民衆における啓蒙と教化[1]」という性格を大きく逸脱するものではないが、いくつかの点で従来の視点に示唆を与えうると考えている。

たとえば、宮坂広作は『近代日本社会教育史の研究』（一九六八年）のなかで、「近代日本における社会教育論の系譜」の端緒に文明開化の啓蒙思想として明六社を位置づけている。宮坂は「明治期以降展開される日本の社会教育運動の基本的性格のひとつである〈啓蒙運動〉的性格、すなわち知識人のグループがかれらの発見した〈真理〉を意識の低い大衆に通俗的につくりかえて伝達しようとする意味での啓蒙運動は、明六社からはじまったのである[2]」としたうえで、『明六雑誌』から読み取れる明六社同人らの社会教育思想（啓蒙思想）は、政府の高級官僚と深い繋がりがあった身分上の立場から「権力と即自的《アンジッヒ》に自己同化」したものであり、「けっきょく政府の文明開化政策と明六社的啓蒙主義のあいだには決定的な相違がなく、単に方法の相違があったにすぎず、むしろ後者は前者を支え、補完するものであったといえよう」と結論づけている[3]。第三章で検討した、田中不二麿と中村正直の教育思想と両者の政策上の動向は、まさに宮坂の言う「明六社の啓蒙主義に支えられた政府の文明開化政策」を実証的に裏づけるものであり、その意味ではそこでの考察は従来の社会教育史の思想的系譜を跡づける作業であったといえる。

しかし、一方で教育メディアとしての教育錦絵に注目した場合、従来の社会教育史では語られてこなかった系譜も垣間見える。すなわち、〈組立図〉〈着せ替図〉〈衣喰住之内家職幼絵解之図〉などは江戸時代の教育的なおもちゃ絵の伝統を踏襲していることから、錦絵というメディアは民衆という教育対象を強く意識して選択されたものと考えられるが、ほぼ同時期に富裕なエリート層を対象とした幼稚園がペスタロッチ主義に基づく恩物を用いた幼児教育を志向していたこと、貧民救済・就学督促の目的から貧民層を対象に子守学校が構想されていたことを考え合わせると、明治初期の未就学児を対象とした教育には、富裕エリート層のための欧米風幼稚園教育とその他の大衆層のための錦絵を用いた家庭教育、および貧民対策としての子守学校、の三系統が想定されていたと捉えられる。また、〈西洋器械発明家図〉では出典となる書籍から描写場面を選択する際に、「教育者であると同時に学習者でもある婦人」が教育対象者として強く意識されており、女性教育も加味された成人教育的側面も併せもつ錦絵であったことが明らかになった。

こうした教育対象者の階層による区分やそこでの啓蒙政策について、たとえば従来の社会教育史研究では福沢諭吉の「啓蒙と教化」に関する教育思想の検討から、一般大衆には「生涯にわたって学ぶ社会教育は必要ない[4]」と認識されていたとされるが、このことは「おとな」への絵解き的性格をもつ教育錦絵や博覧会・博物館の教育メディア的特質を考えれば、再考を要するといえるだろう。従来、明治初期の社会教育思想については、社会教育論を初めて本格的に展開したとされる『社会教育論』を著した山名次郎が、「福沢諭吉のいわば分身ともいうべき山名次郎[5]」と語られているように、「福沢諭吉→山名次郎」という系譜が想定され、福沢諭吉に明治初期社会教育論の源流を求める姿勢が強かった[6]。山名次郎から遡って、明治初期を位置づけようとする意識が強いため、山名への系譜が辿りづらい部分は看過されやすかったといえよう。

北田耕也は福沢を起点とする社会教育思想史の流れを「「萌芽期」における社会教育思想の本流」とみたうえで、「そこにおさまりきらぬ「傍流」、あるいは「教育」的意味の以上のような、「歴史的限定」をはみ出すいわば「広義」の社会教育思想の探索」を試みるとして、福沢諭吉のみならず、西村茂樹、中村正直、明六社など、広範な領域における教育思想を「「国民形成論」と「人民創出論」の対立・相克」という視点から詳細に検討した[7]。

北田は「傍流」を捉える方法上の試みとは、具体的には「政治思想史の社会教育的見地からする読みかえ[8]」であると述べている。北田の言うように、近代国家制度の確立と国民の形成を最重要課題としていた明治初期の日本政府においては、「「政治的課題」が「教育的課題」をはらむかたちで政策化され実行に移されていた[9]」のであり、当時の社会教育を理解するうえで、政治思想史を社会教育史の視点から広く読み直す作業は不可欠であるといえよう。しかし、そうであるならば、「傍流」的視点は、政治思想史だけでなく経済や文化などあらゆる領域に広げられる必要があるだろう[10]。その意味で、田中不二麿や中村正直らの教育思想や文化メディアを視野に入れた本書の視点はそうした「傍流」的視点への試みであったともいえるだろう。

以上の考察を通じて、学校教育と深く関連しつつもそこに収まりきらない広範な視覚教育メディアの国家的利用意図とその受容形態の一端が明らかになった。序章でも述べたように、教育という営みの性質上、あらゆる教育活動には教育内容や理念を伝えるメディアが介在する。しかし当然ながら、「社会教育」という概念が登場したとき、社会教育理念を伝えるメディアや教育方法としての社会教育メディアが突然誕生するわけではない。「社会教育」という言葉が使われ出したときに、そうした概念がどのようなメディアを通じて人々に浸透していったのか、あるいは、それまで綿々と続いてきたどのような活動に教育的価値が付与されたのかを明らかにすることなくして、社会教育形成論を語ることはできない。とくに言説化されない思想や文化事象を読み解くツールとして、非言語メディアは注目されてよいと思われる。

第Ⅰ部では、非言語メディアである錦絵に注目することで、学校教材の一種、子どもに対する絵解き教材と捉えられてきた本絵図のなかに、母親としての女性や社会の「おとな」への教育的意図が隠されていたことを指摘した。また、描かれた内容の連続性・断続性から、学校内外をめぐる徳育の状況をメディア変遷として描いてみた。これらは、社会教育「前史」として扱われてきた時期の「おとな」と「こども」の教育状況、通俗的な道徳政策の実態を、図像を読み解くことによって明らかにしたものであり、非言語メディアへの注目によって得られた成果であるといえよう。

もちろん、ここで得られた知見が絶対の史実であるわけではなく、非言語メディアという史料に基づいたひとつの史的解釈であることはいうまでもない。図像解釈によって日本史を捉え返そうとする黒田日出男には以下のような指摘がある。

〈史料〉はおのずと語ってくれるわけではない。（中略）それは、この〈私〉の解釈によって包まれた〈史料〉なのである。生の〈事実〉などあるわけではなく、ただ私の解釈によって示されているかぎりでの〈事実〉が提示されているだけである。〈史料〉は分析・読解され、解釈されるものとしてあり、われわれはじつは〈史料〉を包んでいる織物《テクスト》としての諸解釈とその背後にあるさまざまなレベルの認識を相手にしているのである。〈史料〉の発見じたいが、歴史家の志向や理論によっているのだから、それは当然のことだろう[11]。

ここでいう〈史料〉とは絵画史料のみならず、文献も含めた史料一般に当てはまることであるが、とくに言語化されていない史料を対象とするに当たっては、黒田の指摘にあるような解釈のもつ〈私〉性については常に留意すべきである。このような限界性を認識しつつ、地道な研究とその反芻・蓄積を繰り返していくことが求められるのだといえよう。

しかしながら、繰り返し述べているように、社会教育史研究における非言語史料に対する考察はほとんど蓄積のない状態というのが現状である。広く文化活動をも包摂する社会教育という領域の特性からみても、今後こうした非言語メディアの丹念な分析による社会教育史の再検討が必要であると思われる。第Ⅰ部での考察は、そうした非言語メディアによる歴史考証の有効性を示唆するものと位置づけたい。

## 2　第Ⅱ部の整理と得られる示唆

第Ⅱ部では、序論で示した課題軸２「「教育」概念を所与のものとする歴史観の再検討」、および課題軸３「国家による民衆統制という一方向的歴史観の再検討」に対応する考察として、教育政策とは離れたところで発生してきた民衆娯楽として双六絵、写し絵、活動写真などに焦点を合わせて、そこにどのような教育的まなざしが注がれるようになったのかをみてゆくことで、視覚メディアをめぐる「教育」と「娯楽」の相克のあり様を描出することを目指した。

第五章では、明治期に子どもの娯楽として広く親しまれていた双六遊びのなかから、とくに近代学校教育制度と馴染みの深い双六として教育双六を取り上げ、双六という遊戯のもつ特質＝「振り出し」から「上がり」への移動を競うという娯楽的特質と、双六に描かれた教育的主題とが結びつくことで、人々が双六というメディアを受容するコンテクストがどのように変化していったのかを探った。具体的には、出世双六に当時の立身出世観が図像化されていることを確認したうえで、人々を立身出世に駆り立てた他のメディアとして、少年少女による作文雑誌である『頴才新誌』と比較し、投稿雑誌（文字メディア）と双六（遊戯・図像メディア）とで、メディア受容のコンテクストにどのような違いがあるのかを検討した。

その結果、『頴才新誌』が初期の抽象的な立身出世主義への傾倒を示す言説から、しだいに受験生活のハウツー、自己分析、挫折観や苦悩の共有といった内容にシフトしていったのに対し、「出世双六」は一貫して抽象的な出世観を表象し続け、同じ立身出世を鼓舞するメディアと捉えられるにもかかわらず、両者の内容には「ズレ」が生じるようになったことが明らかとなった。これは「双六」における「上がり」のもつ価値、上昇移動の娯楽的特質が、明治初期の立身出世への熱意と高い親和性を示すものであり、価値の枠組みを大きく変化させることなく制作され続けたためと考えられる。すなわち、「出世双六」は飽くまでも上昇移動を志向するムードを保持させることで初期の立身出世イメージを大衆に供給し続けたのであり、雑誌とは異なる大衆イメージを形成させるメディエーション機能をもった文化装置であったといえるのである。

第六章では、写し絵、幻燈、活動写真といった戦前期の映像メディアの変遷を追うなかで、それらが教育的・娯楽的なまなざしを注がれつつその両側面から位置づけられていくとともに、その位置づけをめぐる議論のなかで近代的な民衆娯楽論、社会教育論が精緻化されていった様子を確認した。

まず明治前期から後期における映像メディアとして写し絵と幻燈を取り上げ、映像装置の構造としては類似したものでありながら、前者が純粋に娯楽として楽しまれていたのに対し、後者は当初から教育の近代化を促進する目的で移入されたものであり、結果として幻燈は写し絵の娯楽的要素と学校教育・通俗教育を補完する教育的要素との双方を具備する形で「教育幻燈会」という教育イベントへと結実していくこととなったことを示した。

続いて、明治後期から大正期における映像メディアとして、当時日本に移入され急速に広まった活動写真に焦点を当て、幻燈や写し絵からの変遷を辿るとともに、活動写真と教育政策との関わりを「規制」から「奨励」への流れのなかで確認する作業を行った。ここでは、娯楽による風紀の乱れを矯正しようとする「娯楽の教育化」の動きと、娯楽を利用した通俗的な教育を目論む「教育の娯楽化」の動きとが混在しながら、両者をめぐる議論のなかで、その後の社会教育行政に連なる「娯楽」概念および「教育」概念が醸成されてきたことを確認した。

第七章では、第六章を掘り下げる形で、明治末期から昭和初期の通俗教育・社会教育行政政策における「娯楽」の扱いについて、鍵となる人物の娯楽論に即して検討した。具体的には、民衆娯楽論を提唱した権田保之助、活動写真の積極利用を進めた文部省官吏の乗杉嘉寿、社会教育理論の形成を目指した川本宇之介、社会秩序の観点から娯楽の国家的制御の必要性を唱えた警察庁検閲課の橘高広のほか、中田俊造・大林宗嗣ら当時の主要な娯楽論者が「教育」をどのように位置づけているのかを整理した。

その結果、明治末期から昭和初期における「教育」と「娯楽」をめぐる言説から、両者の位置づけに関して以下の点が確認された。第一に、明治末期の通俗教育期には、危険思想の防止と青少年の風紀向上の観点から「娯楽」に当たる余暇的興行物が教育行政の範疇として認識されるようになるが、通俗教育は、趣味娯楽要素と知徳修養要素が混在した広い意味での教化政策として漠然と捉えられていたことである。第二に、大正初期になると社会教育行政の成立過程と並行する形で「娯楽」の実態調査が全国的に実施され、「娯楽」を「教化」と区分しつつ社会教育に位置づける意識が広まっていったことである。第三には、活動写真をはじめとする「民衆娯楽」の隆盛とともに、「娯楽」と「教育」の関係性について様々な議論が展開された。民衆娯楽の教育への積極利用、娯楽の社会教育への概念的組み込み、教育への動機づけとしての娯楽の意義、民衆生活と自律性の重視、社会秩序維持のための検閲の推進、教育と娯楽の峻別論など、大正期には「娯楽」と「教育」をめぐって様々な言説が拮抗していた。第四に、昭和期まで継続された娯楽論においては、「娯楽」と「教育」の二者関係を越えて、厚生運動とも関わりながら、戦時下の国策に応じる範囲において「娯楽」も「教育」も手段化される娯楽論の転換がみられた。

このように、娯楽と教育をめぐる議論が活発化する過程において、「民衆娯楽」論は「前提」「動機」「手段」「目的」などの視点から社会教育の射程を逆照射する役割を果たし、結果として社会教育概念および民衆娯楽概念を精緻化していくこととなったのである。

第八章では、活動写真（無声映画）を「語り」で解説する活動弁士に着目し、彼らの社会的位置づけや語られた内容の分析を通じて、人々が活動写真に対して抱く娯楽的認識と教育的認識がどのように拮抗してきたのかを検討した。これは第Ⅱ部への課題提起として前述したように、メディア体験における知覚の複合性に配慮しつつ、活動写真を聴覚メディアの側面から捉えることで、民衆教育と民衆娯楽の双方の側面から視覚の近代化を促した活動写真の特質をより立体的に描出することを目指す試みでもあった。

具体的には、大正期に活動写真の〈声〉を担う存在として活躍した弁士に関する言説分析を中心とし、「近世的」な〈声〉としてスタートした弁士の語りが、国家や社会からどのように「近代的」な〈声〉を要請されることになったのかを検討した。その結果、娯楽と教育とではその近代化を求める視点にズレがあり、そのズレが弁士に対する「近代的」な〈声〉の要請にも異なる形で表出していたことを示した。

すなわち娯楽的側面を重視する興行者や観客からすると、初期活動写真において弁士は魅力ある〈声〉の持ち主として自らの話芸を駆使し、巧みな口上で観客を魅了することを求めていたが、「娯楽の近代化」（映画の芸術性や自律性）を求める動きのなかで、弁士は控えめで客観的な説明に徹することで、その〈声〉によって作品を損なうことがないよう「没主体化」していくことが目指されたのであった。

一方で教育的側面を重視する文部省は、弁士の粗野で下品な語りを嫌い、教育幻燈で行われているような解説書などを用いて教師口調で教育内容を語る「規格化された声」を求めていたが、活動写真の隆盛に合わせて内務省・警視庁による検閲を中心とする統制政策と文部省による優良映画政策が展開されるようになると、文部省は活動写真説明者講習会などを通じて〈声〉の指導をしていくことで、弁士に「自己像の修正」を求め、より積極的に「自らの声」で語る教育者であることを求めるようになったのである。ここでの考察は、近代化をめぐる「国家」と「民衆」の関係構造が、「視覚」と「聴覚」の関係構造を経由して、「教育」と「娯楽」の関係構造とも連動していたことを示すものであるといえよう。

以上、第Ⅱ部の各章について概括してきたが、これらの考察から示唆される点を課題軸に即して展開していきたい。まず、「教育」概念を所与のものとする歴史観の再検討についてであるが、序章でも示してきたように、戦前期社会教育では「近代／国家／天皇制」といったイデオロギーを人々に理解させる過程で、様々な娯楽メディアが通俗教育・社会教育の名のもとで「教化」の手段として活用されてきたとされる。しかし近代社会教育成立の過渡期においては「社会教育」という概念そのものが未だ確立しておらず、国家的意図に基づいた明確な教育観が様々なメディアを「利用」していたという理解は一面的であり、むしろ未成熟であった「社会教育」概念が諸メディアの普及の過程で精緻化されていった点が問われなければならないことを指摘してきた。

第六章および第七章において考察してきたように、一九一一（明治四四）年に設立された通俗教育調査委員会では、娯楽的興行物の取締り・奨励と国民思想の「健全化」が結びつけられ、「寄席の興行物其他幻燈又は活動写真」は乱れた社会風紀を生み出す一因として、警戒の対象として通俗教育の射程に取り込まれることとなった。また、一九一六（大正五）年の東京府教育会による『通俗教育ニ関スル調査』では、寄席、幻燈、活動写真等が明確に「娯楽」という用語で認識され、教化修養と区別されて捉えられるようになっていった。その後、一九二〇年代にかけて、活動写真に対する施策の本格化と、通俗教育から社会教育への社会教育行政組織自体の転換施策とが並行して進められた（図表7－2参照）ことは偶然ではあるまい。というのも、活動写真を中心とする民衆娯楽の台頭に合わせて、それに対応する教育施策の整備を模索するなかで近代的な社会教育の概念形成が促されたと考えられるからである。

一九二〇年代における社会教育の近代的な概念形成過程について、松田武雄は「社会教育を社会改良的な側面から位置づける動き」と、「初等義務教育の補完としての通俗教育の縮小と、成人に対する教育としての社会教育概念の広がり」の二つの側面から近代化を促す動きがあったことを指摘しているが[12]、とくに前者については本書での考察との関わりから注目される。松田によれば、文部省普通学務局第四課（一九一九（大正八）年六月設置）において草創期の社会教育行政を担った乗杉嘉寿や川本宇之介ら文部官僚は、山名次郎の社会教育論を引き継ぐ形で社会改良という問題意識から社会教育の近代化を目指していたという[13]。彼らは「教育の社会化と社会の教育化」（川本宇之介）あるいは「学校の社会化と社会の学校化」（乗杉嘉寿）という用語にみられるように、「教育と社会との関係」（山名次郎）から社会教育を捉えており、教育改造と社会改造を関連させつつ社会教育の行政領域を設定している。川本によると「教育の社会化」とは個人を現代生活に適応させ、社会を理想的に発展させることに貢献するような人間を養成することを目指しており、一方「社会の教育化」とは社会の教育的な組織化を目指すものであった[14]。松田はこうした教育と社会の関係を問う社会教育思想は一九一〇年代から学校教育関係者にも共有されていたことを指摘しているが、たとえば『帝国雑誌』では「教育の社会化」の具体的提案として「一般公衆」への学校開放、教師による通俗講演会、生徒の校外演説会、学校図書館の設置が、また「社会の教育化」の具体的提案として新聞の教育化や図書館の整備、活動写真・寄席・芝居の改善が挙げられている[15]。

これらの具体的提案をみてみると、「教育の社会化」とは学校教育の拡張、「社会の教育化」とは修養や娯楽の改善として捉えられていたといえよう。とくに「趣味の問題は道徳問題」であり、「民衆娯楽の改善は即ち社会進歩の一大必要要件」との認識をもっていた乗杉は、新しく民衆の娯楽として人気を博した活動写真が、犯罪・非行を誘発するものとして警視庁により規制の対象と捉えられていたのに対し、民衆娯楽の改善指導を社会教育に必要な施策として積極的に展開していった（第六、第七章）。このことは、「社会の教育化」の側面から、すなわち娯楽を教育と対照させながら、「教育と社会との関係」において社会教育概念の近代化が図られたことを示すものであるといえよう。

次に、国家による民衆統制という一方向的歴史観の再検討であるが、近代社会教育史において、社会教育は国家による民衆の統制のための道具として期待され、その役割を担った側面が大きいとされてきた。そこでは一面的に「国家」対「民衆」もしくは「公教育としての社会教育」と「運動としての社会教育」の葛藤として理解され、社会教育における「娯楽」観もまた、「国家」対「民衆」の構図に回収されてしまっていることを課題として指摘してきた。もちろん為政者側に教化的意図があったことやその結果としての民衆のイデオロギー内面化そのものを否定するわけではないが、ここで問題となるのは、娯楽を教育的に活用しようとする動きが、即時的に「（国家の）教育」による「（民衆の）娯楽」の統制・抑圧・弾圧と結びつけられてしまうことである。

第Ⅱ部で取り上げた双六、幻燈、活動写真などの視覚メディアについては、どのメディアにおいても教育の近代化を促すことにメディアを利用しようとする国家的意図があったことが確認された。しかし、それらの意図は民衆にそのまま伝達されたわけではないし、娯楽の一方的な統制に帰結したわけでもない。第五章でみたように、たしかに〈教育勅語双六〉などは天皇制イデオロギーを表象したものと捉えられるが、これを国家のイデオロギー教育による娯楽への統制とするのは早計である。イデオロギー教育の分析について、広田照幸は「イデオロギーの形成とその教え込みによって、あたかも自動的な過程でイデオロギーが内面化されたかのような教育像」を描くことは「大変な愚民像」であり、「教えられたことを無視する、自分の中の適当な位置に片付ける、まったく異なる意味のものとして受け取る、別の価値観との間で葛藤したり両者を適当に折り合わせたりする……等の多様な戦略が、被教育者には可能なのである」と述べ、教育史研究がイデオロギーの形成とその教え込みに集中することによって歴史像を歪めかねない点を問題視している[16]。本書での分析に当たっては、被教育者が具体的に双六遊びを通じてどのようなことを内面化していったのかを直接に分析することは史料の制約上できなかったが、他のメディアとの比較を通じていくつかの示唆を導き出せるのではないかと考えている。それは端的にいえば、教育によるある種の「枠付け」と娯楽による「枠内での組み換えおよび逸脱」がメディア分析を通じて浮き彫りになるということである。そしてそれは民衆が国家により提示される価値や規範の受動態であると同時に、それらを国家が提示する枠内において「組み換え」「逸脱」していく能動態としても捉えられるのである。

たとえば第五章の分析において、『穎才新誌』と「出世双六」の内容にズレが生じてきた要因は、双六の娯楽的特質に由来するところが大きいこと、すなわち、双六における「上がり」のもつ価値、上昇移動の娯楽的特質が、明治初期の立身出世への熱意と高い親和性を示すものであったために、価値の枠組みを大きく変化させることなく上昇志向の図像が制作され続けたことを指摘した。このことは、双六が単なる眺めて遊ぶ視覚メディアに留まらず、現実社会を疑似体験しながらそのコンテクストに自らを「没入」させる体験型メディアとしての特性が強いものであることに起因している。たとえば双六遊びにおいて、子どもが自ら経験したこともない人生を「遊べて」しまうのはなぜだろうか。それは、双六遊びはフィクションであることを認識し、遊びのなかで提示される価値を「受け入れつつ組み換えていく」ことができたからではないか。すなわち、娯楽のもつロジックや娯楽性の本質（既成の価値を崩す、ずらす、ちゃかすなど）が教育的価値を組み換えつつ内面化させることを可能にしているからではないだろうか。『穎才新誌』における勉強・教育・学問・立身などに関する記述が、希望や熱意を語る初期のものから、具体的な勉強方法や生活状況を報告するもの、職業への接続や社会における自己の境遇を分析したものを経て、失敗や挫折といった現実の厳しさを語るものへと移行していったのに対し、双六が飽くまで楽観的な上昇志向を表象し続けたのは、双六というメディアを通じて遊戯者が提示された価値を現実社会と棲み分けつつフィクションとして受け取り、飽くまで「型」としての立身出世観を疑似体験する機能を果たしていたからであるといえる。

すなわち、遊戯者は双六を通じて疑似空間への自己投影を楽しんでいたのであり、その娯楽的特質が現実社会とのズレを生んでいることには自覚的であったといえよう。明治後期の出世双六に「堕落」へのルートができ「逆境」を揶揄する図像が出現するようになるのは、その遊戯性を維持しうる範囲内で現実社会を反映させようとしていたのだといえる。

さらにいえば、出世双六が民衆に伝えたのは教育的価値観よりもむしろ、遊戯を通じて上昇していく高揚感であり、競争を通じて得られる優越感であったとはいえまいか。すなわち、国家の意図する教育観や現実の立身出世観とは離れたところで、双六の上昇移動がもつ感覚的カタルシス（高揚感・優越感）が立身出世の体験的理解として「身体化」されるということである。

このようにみてくると、双六にみられるこうした現実社会とのズレは、双六というメディアがもつ教育的機能の限界というよりは、娯楽の枠組みに収まる範囲において、愉しみつつ現実を受け流していくという巧妙な民衆の処世術であったともいえる。イデオロギー教化において広田が批判した「愚民像」との関連でいえば、双六はむしろ「ズレ」の部分にこそ「したたかな民衆像」が読み取れるのだといえるのではないだろうか。

一方、第八章は、教育的視点と娯楽的視点とで活動写真における弁士の〈声〉に対する期待にどのようなズレがあるのかを描出する試みでもあった。すでにみてきたように、娯楽的要素の強い口上的な語りとしてスタートした弁士の〈声〉は、口上のもつ前近代的な要素（粗野、猥雑、過剰な語り）への批判とともに〈声〉の近代化を求める動きに曝されることとなった。その際には、活動写真を純粋芸術に高めようとする批評空間において、観客や興行者らは弁士にできるだけ「透明なメディア」として〈声〉を「没主体化」していく（フィルム作品に忠実で音声により付加価値を付けない）ことを求めたのに対し、文部省は通俗教育から社会教育への転換に当たり、弁士の〈声〉を積極的に教育に活用していく動きをみせ、「主体的」な〈声〉の持ち主（自ら言葉を選びながら積極的に活動写真に教育的価値を付加する者）として弁士を社会教育を担う教育者にまで高めることを狙っていたのであった。ここでは、「国家」と「民衆」、もしくは「教育」と「娯楽」の関係は単純な統制・被統制構造ではなく、それぞれの思惑がズレをもちつつメディアを編成していこうとする力学のなかで、両者はメディエーションという用語に表現される調停関係にあったといえる。

ここで注目されるのは、娯楽的側面にせよ教育的側面にせよ、〈声〉の近代化の背後にある価値観が「視覚の近代化」と密接に関わるものであるという点である。近代化をめぐる視覚と聴覚の関係については、文化政治学の視点からメディア分析を試みた北田暁大による、活動写真の近代化には「空間」と「身体」が重要なファクターであったとの指摘が示唆的である。

北田は、弁士がその場の雰囲気や気分に応じて弁舌の手法を変えつつ観客に呼びかけ、観客のほうもまたスクリーンや弁士に対し〈声〉をもって応じていくような初期活動写真を「可塑性を有する遊動空間」[17]としたうえで、そうした弁士と観客の身体（視覚・聴覚）を通じた応答関係においては、観客は映画のテクスト内容を遡及的に解釈する「意味論的主体」ではなく、むしろ〈声〉や〈目〉を携えながら受容空間へと身体的に投企する「実践的主体」であったとする。[18]こうした応答関係は近世の見世物におけるコミュニケーション形態を踏襲したものであり、視覚に限定されない全身的な働きかけが意味をもつものであったといえる。

一方、第八章でみてきたように、一九一〇年代からの「純映画劇運動」の台頭は、映画を観る「視覚性」を身体から抽象化させることで「映画の自律化」を指向するものであった。また、文部省においても、弁士と観客との劇場での応答を「猥雑なもの」として排除する一方、子どもや婦人を中心とする被教育者が近代的国家にふさわしく自律的に活動写真に接することができるよう、猥雑な〈声〉を外部化しようとする試みが弁士の免許制を促したといえる。

北田はこのような一九二〇年代を中心とする活動写真をめぐる受容形態の変容は、視覚を身体から理念的に切り離す「視覚の主観化」と、視覚以外の身体性を付随化（従属化）していく「視覚の優位性」の二つの側面から〈キノ・グラース（映画眼）〉ともいえる観客性を画定することになったと述べている。[19]このように、娯楽も教育も自律性を指向するという意味では近似した近代的人間像を描いていたにもかかわらず、娯楽の求める自律性が映画作品をまなざす、まさに〈キノ・グラース（映画眼）〉をもった視覚的存在としての「自律的観客」を要請していたのに対し、教育の求める自律性とは、映画作品のなかから教育的要素を誤解や錯覚なく読み取り、視覚を通じて主体的に社会に馴致されてゆく「自律的国民」を要請していたがために、付随化された〈声〉にも異なる期待が向けられ、それが声の〈交錯〉という形で表出したといえるのではないだろうか。すなわち、「視覚の主観化」と「視覚の優位性」は、娯楽と教育どちらの視点からも求めるべき方向性として軌を一にして進められることとなりながら、自律的観客像と自律的国民像との違いにみるように視覚の捉え方や自律の解釈をめぐって「娯楽」と「教育」とで求める近代化のあり方にズレが生じていたために、最終的に異なるメディアの編成を指向することとなったのである。

そのズレの最も端的な帰結が、戦時下における国策映画であろう。一九三〇年代以降トーキー映画が普及するにつれ、映画のプロパガンダ媒体としての威力が政府により注目を集めるようになるが、一九三一（昭和六）年の満州事変や世界恐慌による社会不安を背景として三三（同八）年に「映画国策建議案」が可決されて以降、政府は映画統制委員会や映画館での教化映画の強制上映などを検討してゆくことになったことが知られている。

なかでも一九三九（昭和一四）年に制定された映画法は、単に個々の国策宣伝だけではなく、フィルムを通じた国民の質の向上、とくに教養を高める手段として映画を位置づけようとする「教養主義的映画統制」であったという[20]。「視覚」と「聴覚」が作品のなかで完結するトーキー映画以降も、政府は国民映画制度を創設し、教育的な国策映画を独自に作成させることで教育的メッセージを民衆に届けようとした。しかし、そうした施策は功を奏さず一九四二（昭和一七）年には内務省が国民映画普及会を設置し、文部省が推奨する国策映画などを強制的に観覧させる方針を打ち出したのである。

結局それらも敗戦とともに挫折することになるが、重要なのは敗戦前においてもなお、人々が国策映画を観ようとしなかったことにある。古川隆久は、戦時下でも人気を集めたのは恋愛、義理人情、自己犠牲、チャンバラなどの娯楽映画であり、国策映画のなかでも例外的にヒットしたのは「ハワイ・マレー沖海戦」や「かくて神風は吹く」といった、すっきりした気持ちで映画館をあとにできる一部の作品にかぎられており、映画興行の主導権は政府でも業界でもなく観客が握っていたと指摘する[21]。

無声映画からトーキー映画が普及していくにつれ、観客が「視覚の主観化」を達成していったこと、すなわちある意味で政府が望んでいた「視覚の近代化」が達成されていたことにより皮肉にも、自らの娯楽的欲求以外の要素を強制されることは民衆にとってもはや受け入れがたいものであったのである。古川によれば、戦時下において民衆が映画に求めていたのは「息抜きの機会」であり、そのためには映画フィルムは疲れを癒す気晴らし的な内容で短時間で満足できるものである必要があった。にもかかわらず、エリート官僚や知識人たちは教養主義的な視点から娯楽的邦画を蔑視し、民衆の生活感情と乖離した状態で西洋崇拝的な芸術映画や長時間の集中を必要とする道徳的映画を観ることを要求し、結果的に国策映画は失敗に終わったという[22]。この政府の「失敗」は、「自律的観客」と「自律的国民」を混同し、映画をイデオロギー注入の「器」と見なす国家の短絡的なメディア観に起因するものであるといえるだろう。

近代国家が教育を通じて国民の「主体化」を目指す場合、それは主体的に近代国家に国民が「同化」することをも意味する。この「主体化」と「同化」という相矛盾する要素が最も先鋭化した形で表出したのが、本書で取り上げてきた「娯楽」と「教育」を架橋する視覚メディアであったといえるのである。

## 3　教育と娯楽の関係史にむけて

以上、第Ⅰ部および第Ⅱ部での考察の整理と、そこから得られる示唆について検討を加えてきたが、ここで改めてきる。

近代日本の視覚メディアをめぐる「教育」と「娯楽」の関係構造をまとめるならば、その特徴は以下の三点に整理で

一点目は、明治初期において「娯楽」および「教育」の概念は渾然一体とした状態にあったが、政府によって視覚メディアの通俗教育的効果が注目され、「近代化」の名のもとに「教育的要素」と「娯楽的要素」が意図的に結びつけられるようになった点である。第Ⅰ部で検討してきたように、明治初期には学校内外で使用された教育教材が娯楽的要素を含む絵図と結びつけられ、「視覚教育メディア」ともいうべき絵解き教材が生み出された。ただしこの時期において、それらの絵解き教材は子どもや婦人を対象として「分かりやすさ」や「親しみやすさ」といった点から錦絵の娯楽的要素を表層的に取り入れたものにすぎず、飽くまで教育教材としての枠内で制作・受容されたものであった。

二点目は、明治後期から大正期にかけては娯楽のもつ本質（遊戯性・気晴らし性）に教育的要素を内在させ、教育的効果をもつ（とされる）娯楽そのものを社会教育に内包してゆくなかで、その是非や功罪をめぐる議論を通じて、近代的な社会教育概念および民衆娯楽概念が醸成されてきたという点である。そこでは民衆娯楽の改善指導を社会教育に必要な施策として積極的に展開しつつ、民衆娯楽を活用した社会改善が目指されたが、これは娯楽を教育と対照させながら社会教育概念の近代化が図られたことを示すものである。

三点目は、上記のように娯楽の本質に教育性を内包させようとしたがゆえに、大正期に民衆娯楽が確立して以降は両者にしばしば亀裂が生じることとなったが、こうした「教育的視点からの娯楽の統制」は、単純な「国家による民衆の統制」としては帰結しなかったという点である。活動写真における弁士の〈声〉に対する交錯は、「娯楽」と「教育」が目指す「視覚の近代化」像のズレに起因するものであり、戦時下における国策映画の「失敗」の要因のひ

とつは、娯楽性と教育性が両立不可能な状態に置かれたために生じた矛盾であったといえる。

本書ではここまで、近代国家がいかに娯楽を通じて民衆を教化しようとしてきたのかについて、視覚メディアを切断面として描出してきた。そこでは「教育」と「娯楽」が視覚メディアを通じて出会い、お互いを精緻化させながら、最終的には「視覚の近代化（視覚の主観化・視覚の優位性）」におけるズレを起点として、両者が矛盾を孕むものとして亀裂を生じさせることとなった過程が明らかとなった。その過程においては「国家‐民衆」「教育‐娯楽」「視覚‐聴覚」といった軸で捉えられる関係はそれぞれの位相において微妙な関係性の違いをもちながらも、前者（「国家」「教育」「視覚」）が後者（「民衆」「娯楽」「聴覚」）を近代社会にふさわしいものとして従属させようとする一方で、後者が前者に「沿いつつずらしていく」という、ある種のコミュニケーション様式とも呼べるような力動関係が、位相間で緩やかな連関をもちつつ読み取れるのである。

上記のような関係構造の一端が明らかにされた一方で、本書での考察を通じて浮き彫りとなった課題も少なくない。細かい点については各章においても適宜指摘してきたが、以下では本書の議論全体に関わる研究課題および今後の課題として三点を挙げておきたい。

第一の課題は、分析範囲の限定性と妥当性に関わる課題である。本書では錦絵、掛図、双六、写し絵、幻燈、活動写真など、いくつかの視覚メディアに焦点を合わせて議論を進めてきたが、当然ながら視覚メディアはこれだけに留まるものではない。たとえば、本書で取り上げたメディアに隣接するものとしてはパノラマ、紙芝居、挿絵画、漫画、絵葉書といったものが挙げられるし、博覧会をはじめとするメディア・イベントや肖像、モニュメントなど、視覚に関わるメディアは際限なく設定しうる。重要なのは事例を増やしていくことよりはむしろ、どのような分析軸でメディアを設定するのかということであろう。たとえば今井康雄は教育哲学の視点から、「メディア自体のもつ「教育学」を教育学的考察のなかに組み込もうとする試み」[23]を行っている。メディアを教育学的に把握し分析するために、教育学研究の視点からのメディア概念を策定していく作業が必要だといえよう。

第二の課題は、メディアの受容史の必要性である。本書での考察は視覚メディアを教育研究の俎上に載せることを目指したため、そこでの分析は描かれた図像の分析、政策文書や教育思想との比較検討に偏り、実際にそれら視覚メディアを民衆がどのように受け止めたのかについて十分に検討することができなかった。本書では活動写真についてはいくつかの回想録や関連雑誌からある程度の受容サイドの言説を拾い上げることができたが、大衆雑誌が普及する以前に関しては、史料的制約が大きいのが実情である。ただし、たとえばイデオロギーの教え込み（受容の過程）について踏み込んで分析を行うためには、民衆の意識構造を丹念に吟味してゆくことが必要である。加藤幹郎の映画の「観客史」を描く試みや、広田照幸のイデオロギーの内面化過程を探る試みのほか、美術史における受容研究や社会史研究の蓄積なども参照にしながら、今後もメディアの受容史の可能性について検討していきたい。

第三の課題は、「教育＝統制」「娯楽＝解放」という構図の再検討についてである。本書では近代日本の視覚メディアをめぐる「教育」と「娯楽」の関係構造について、近代化の過程で両者が相互に媒介を重ねながら、お互いを精緻化しつつ相克していく様子を描出してきたが、ここで新たに課題として浮かび上がるのは、近代国家において「娯楽」と「教育」は根源的に矛盾をきたす「両立不可能」なものであるのかという問いである。たしかに、民衆娯楽が確立して以降、娯楽と教育はしばしば相対立する存在として捉えられてきた経緯がある。

たとえば、萩原朔太郎は「娯楽」の本質は「教育」と相容れないとして、以下のように述べている。

この頃の生活環境は、何処へ行っても、小学校へ逆もどりしたやうな感じがする。映画館へ行けば、きまって文化映画という奴で、地理や理科を教えられるし、芝居を見物すれば、忠臣貞婦の話ばかりで修身の講義をきかされるし（中略）政府は民衆娯楽機関を総動員して、国民教育の再出発に努めているやうに思はれる。

（中略）そもそも民衆は、何のために娯楽を要求するのであらうか。一口にして尽せば、娯楽は生活の風穴である。（中略）それ故に所謂「娯楽性」の本体は、道徳や教訓とは本質的に矛盾反馳したものなのである。そしてそれが、より多く矛盾すればするほど、いよいよ以て「娯楽性」としての価値が多く、民衆を悦ばす度が強くなるのである。したがって「教育的な娯楽」とか「教訓的な娯楽」などといふものは、原則として有り得る筈がないわけである。[24]

たしかに、娯楽というものは「道義に反するものや指導的でないものへの誘惑」「教育的なものの押しつけがましさ」「正しいことの白々しさ」といった教育とは相反するものを求める民衆の心性の上に成り立つものであるともいえる。萩原自身も、もし「教育的な娯楽」がありうるとすれば、それは「外皮だけを教訓的」にし、「内容には、それとは全く別種の娯楽性（即ち非道徳性）を多分に持ったもの」であるか、「娯楽的に極めて貧弱な無味乾燥のもの」でしかないという。[25]たとえば、国策映画において統制映画制度が維持されながらも実効性を持ちえなかったのは、民衆が「国策映画」として提示されたものを表面的に受け入れつつ、一方では自らの愉しみとなる「娯楽」的要素のみを選択的に享受していたことからも窺える。ただし、そうした「やりすごし」は娯楽と教育の根本的対立構造を表面化させないという処世術としてだけではなく、教育の娯楽的組み替えが社会の発展を促す場合もありうるのではないだろうか。すなわち、「教育＝統制」「娯楽＝解放」という緊張関係のなかで両者が発展してゆくことで、結果的に個人的な娯楽の追求が国家の発展や国民としての資質の「向上」に繋がっていくことも想定されうる。たとえば制服文化、おたく文化をはじめとする現代のサブカルチャーは、ある種の「規制」や「抑圧」のなかから発展してきた文化様態である。そこでは「管理」「統制」としての教育は一定程度解除されざるをえなくなるものの、教育的な制約やまなざしがあるがゆえに、教育側の意図を超えたところで文化的成熟が促されることもあるといえる。教育の近代化過程においても、「教育＝統制」「娯楽＝解放」という構図に縛られない両者の関係史が検討されうるのではないだろうか。


［1］国立教育研究所編『日本近代教育百年史　第7巻　社会教育1』（国立教育研究所編、一九七四年）三〇七頁。

［2］宮坂広作『近代日本社会教育史の研究』（法政大学出版局、一九六八年）二一八頁。

［3］同右、二一九―二二〇頁。

［4］松田武雄『近代日本社会教育の成立』（九州大学出版会、二〇〇四年）五三頁。

［5］同右、一一三頁。

［6］たとえば、橋口菊「明治前期社会教育思想の系譜――特に福沢諭吉を中心に」（『聖心女子大学論叢』第二八号、一九六六年）、松村憲一「福沢諭吉における、『啓蒙』と社会教育概念形成の原点」（『社会学討究』第一六巻第一号（第四四号）、一九七〇年八月）。

［7］北田耕也『明治社会教育思想史研究』（明治大学人文科学研究叢書、学文社、一九九九年）。

［8］同右、二五八頁。

［9］同右。

［10］『明治社会教育思想史研究』のみならず、北田は社会教育史における研究関心として民衆における自己教育・相互教育思想の解明があるようである。『明治社会教育思想史研究』で福沢諭吉以外の明治初期啓蒙家たちの思想に注目したのも、民衆に対する自己教育的視点を提供する存在としての啓蒙思想家への関心が高いからのように思われるが、こうした研究関心を深

めるうえでも、民衆の日常生活における視点、すなわち「傍流」としての文化的視点の導入はとくに有効であろう。

[11]　黒田日出男『謎解き　洛中洛外図』（岩波新書、一九九六年）二〇三―二〇四頁。
[12]　松田武雄（前掲）一〇七―一〇九頁。
[13]　同右、八〇―八八頁。
[14]　川本宇之介「教育の社会化と社会の教育化（其の一）」（『社会と教化』第一巻第七号、一九二一年）。
[15]　祝光次郎「此の如くして教育を社会化し社会を教育化せよ」（『帝国教育』第三八五号、一九一四年八月一日）四五―五〇頁。
[16]　広田照幸『陸軍将校の教育社会史――立身出世と天皇制』（世織書房、一九九七年）一三頁。
[17]　北田暁大『〈意味〉への抗い――メディエーションの文化政治学』（せりか書房、二〇〇四年）二〇九頁。
[18]　同右、二一〇頁。
[19]　同右、二二〇―二二一頁。
[20]　古川隆久『戦時下の日本映画――人々は国策映画を観たか』（吉川弘文館、二〇〇三年）二二九頁。
[21]　同右、二三〇―二三一頁。
[22]　同右、二三三―二三四頁。
[23]　今井康雄『メディアの教育学――「教育」の再定義のために』（東京大学出版会、二〇〇四年）一頁。
[24]　萩原朔太郎「民衆娯楽」（『現代』一九四一年五月）。
[25]　同右。

# あとがき

本書は、「近代日本の視覚メディアをめぐる「教育」と「娯楽」の関係史——戦前期社会教育のメディア文化史的研究」という題で東京大学大学院教育学研究科に提出し、二〇一五年七月に博士号（教育学）の学位を授与された博士論文を、刊行に際して若干加筆・修正したものである。なお、本書の刊行にあたっては、二〇一八年度日本学術振興会科学研究費補助金「研究成果公開促進費」の交付を受けている。

*

振り返ってみれば、卒業論文で明治期の錦絵を扱って以来、十五年もの年月が経っている。明治初期の錦絵に関心を抱いた契機は、美術史学を専攻していた学部三年の時に受講した博物館学の授業で出会った「古今珍物集覧」という一枚の錦絵であった（次頁）。

「古今珍物集覧」は、明治五（一八七二）年に湯島聖堂で明治政府が初めて開催した博覧会の様子を描いた錦絵である。中心に描かれた金鯱の背景には、三枚続きの画面いっぱいに出品された「珍物」が陳列されている。画面全体を陳列棚に見立てた構図、強烈な色彩、雑多に並べられた陳列品、どれもが近世浮世絵と異なり、奇妙な遠近感と相俟

「古今珍物集覧」（歌川国輝筆、明治５年）

って強烈な違和感を持ったことを覚えている。これらの違和感は、一言でいえば近世と近代の狭間にある「まなざしの混在」であった（この「まなざしの混在」については卒業論文で考察し、「開化錦絵から読む湯島聖堂博覧会――二代目歌川国輝「古今珍物集覧」をめぐる考察」『文化資源学会』第三号、二〇〇五年としてまとめた）。

著者は美術史を学ぶ中で美術作品に興味を抱くと同時に、美術作品を「見る・見せる」という「まなざす行為」にも関心を抱いてきた。作品や資料を見せる美術館・博物館という装置はいつどのように成立したのか、収集・分類・展示するという行為はいかなるものなのか、そこでは当時の価値観や思考の枠組がどのように表象されているのか。当時の錦絵資料はそうした「まなざしの時代性」を語ってくれる語り部であり、著者は「古今珍物集覧」と出会うことで、「語りかける」作品の魅力に憑かれたといえる。

もう一つの決定的な作品との出会いは、本書でも取り上げられている「文部省発行教育錦絵」である。一部は「古今珍物集覧」の作者である歌川国輝筆のものもあったが、明らかに筆致の違うものが混在し、画題も雑多であった。著者は教育学部図書館で『文部省掛図総覧』（東京書籍、一九八六年）に掲載されている一連の「文部省発行教育錦絵」を眺めていて、「古今珍物集覧」に出会った時と同じような違和感と高揚感を覚えた。この違和感をどうにか言語化したい、この作品たちに描きこまれ、未だ語られていない歴史を紐解きたい、この知的興奮にも似た感覚が本書の出発点だったといえるかもしれない。

とはいえ、資料を解釈し、歴史として叙述する過去は一種の「物語（ナラティブ）」であり、特に図像資料などの非言語資料を言語化していく作業は、ある種の恣意性を孕むものであることを免れえない。しかし、だからこそ実証手続きや共同化された論理的視点の設定が不可欠である。本書においては「まなざし」をめぐる政治学・歴史学・文化論的視点として、ミシェル・フーコー、前田愛、多木浩二、吉見俊哉、木下直之といった人々の影響を少なからず受けており、本書は「教育」と「娯楽」の狭間に抜け落ちたいくつかの歴史資料に上記の視点を敷衍し結びつける試みだったともいえる。この試みの成否については、忌憚のない批判を受けたい。

本書の完成に至るまでには、多くの方々のご指導とご助力を頂いた。大学院修士課程で指導教官としてご指導いただいた鈴木眞理先生、博士課程で指導教官としてご指導いただくとともに博士論文審査の主査をして下さった牧野篤先生には格別なる感謝の意を表したい。鈴木先生には、美術史学から転向し、教育学研究の駆け出しであった著者に教育学の幅広い取り組み姿勢を教えていただいた。牧野先生には学位論文の執筆にあたって全面的なご指導とご助言を賜った上、就職・妊娠・出産を経る中で学位論文の執筆を諦めかけていた著者に根気強い励ましを送り続けていただいた。その他、大学・大学院や研究会の場などでご指導を賜った諸先生方や研究仲間にも心から御礼申し上げたい。

本書の出版にあたっては、東京大学出版会の後藤健介氏に格別なご尽力を賜った。この場を借りて深く感謝申し上げる。

最後に、著者のこれまでの長い学究の道程において、いつも暖かく見守り支えてくれた家族に深い謝意を表すとともに本書を捧げたい。

二〇一八年一二月

著　者

# 図版資料

# 図版資料目録

## I　文部省発行教育錦絵《幼児家庭教育用絵画》（図1―96）

## Ⅳ 〈教訓道徳図〉と学校用修身掛図の描写比較（図114―151）



**学校修身用掛図（図121―149）**

# Ⅰ　文部省発行教育錦絵《幼童家庭教育用絵画》

## 〈衣喰住之内家職幼絵解之図〉（図１—20）

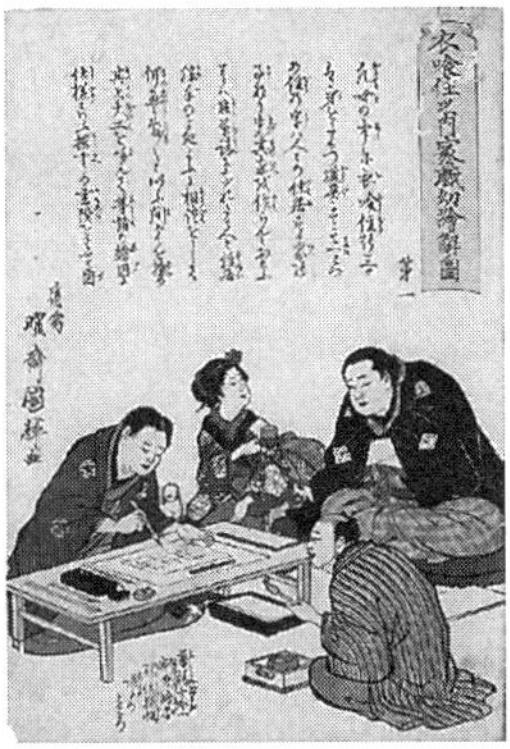

図１　家屋の設計・割付

図２　樵夫

図３　筏による木材の運搬

図４　木材の買い付け

図５　普請場地ならし

図６　木挽・黒糸ひき

図７　鉋けずり・鋸ひき

図８　上棟

図９　鍛冶屋

図10　畳屋

図11　経師屋

図12　植木屋・左官（上塗り）

図13　建具屋

図14　石工・水縄

図15　造作づくり

図16　屋根板づくり・左官（木舞づくり）

図17　左官（下塗り）

図18　瓦屋

〈農林養蚕図〉（図21—36）

図19　瓦・煉瓦の製法

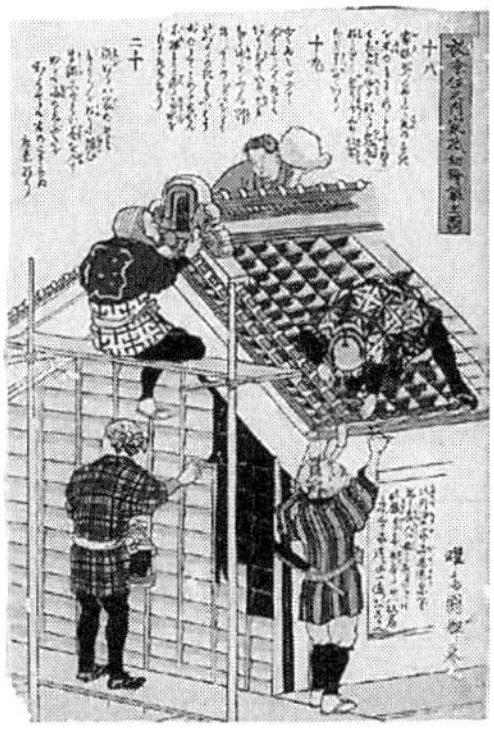

図20　鬼瓦・煉瓦の製法

図21　稲の生育法と用(1)

図22　稲の生育法と用(2)

図23　稲の生育法と用(3)

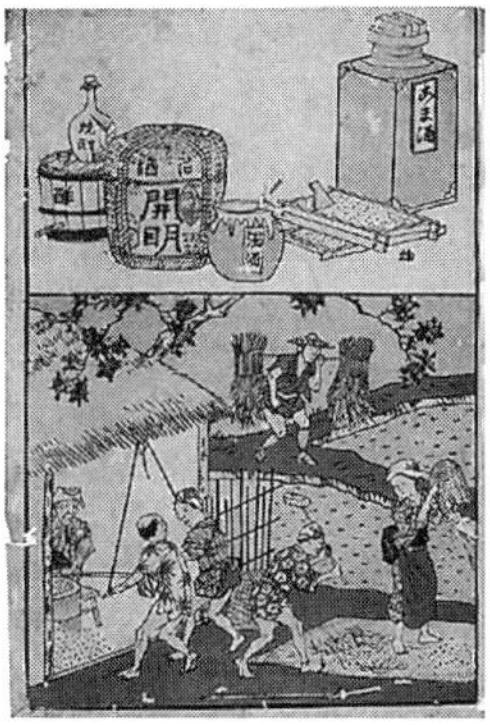

図24　稲の生育法と用(4)

図25　稲の生育法と用(5)

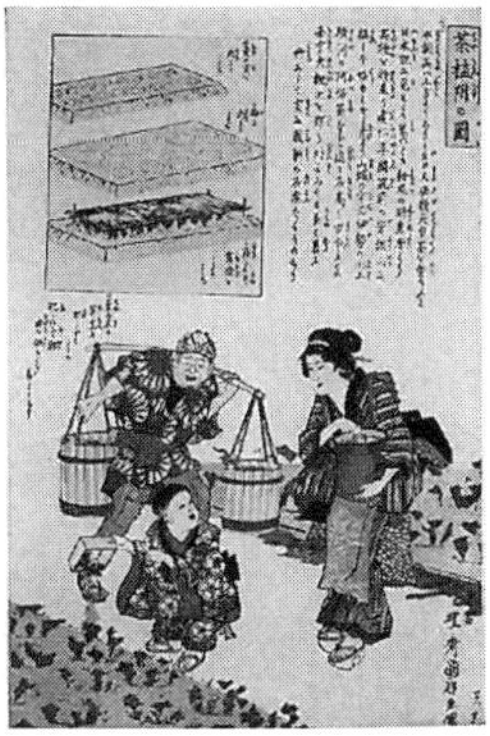

図26　茶植付の図

図27　茶摘の図

図28　茶を製す図

図29　蕨の製法

図30　蕨の用

図31　杉の生育法

図32　杉の苗仕立方

図33　杉の用

図34　養蚕と繭の用(1)

図35　養蚕と繭の用(2)

図36　養蚕と繭の用(3)

〈教訓道徳図〉（図37—47）

図37　朝掃除する者

図38　勉強する童男

図39　勉強する家内

図40　出精する家内

図41　心切なる童女

図42　小盗する童男

図43　狡戯をなす童男

図44　争闘を好む童男

図45　粗暴の童男

図46　難澁者ヲ侮辱ムル童男

図47　疎漏より出来する怪我

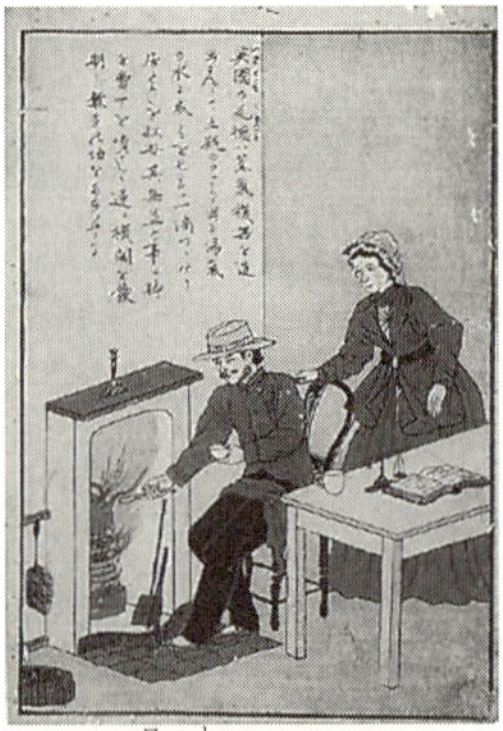
図48　瓦徳《ワット》（蒸気機関）

図49　阿克来《アークライト》（紡棉機）

図50　此耳《ピール》（印花草機）

図51　維 廉 李《ウィリアム・リー》（織襪機）

図52　戒喜斬可士《ヒースコート》（綿帯織機）

図53　窆地鳥徳《ウェッジウッド》（陶器）

図54　礼諾爾図《レイノルズ》（芸業）

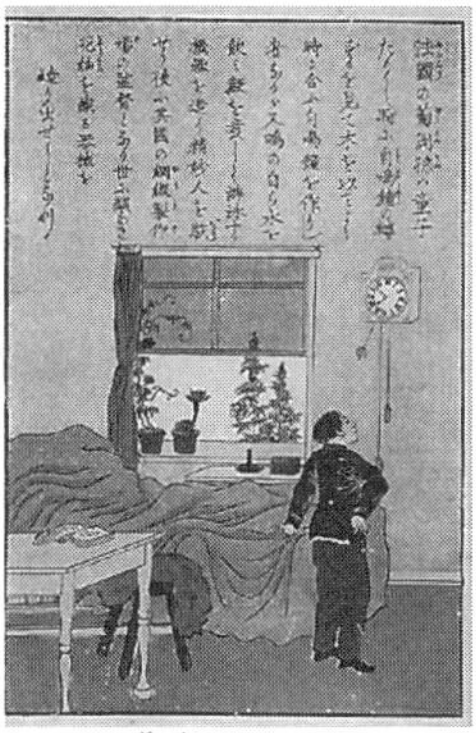

図55　葡岡孫《ボーカンソン》（自鳴機）

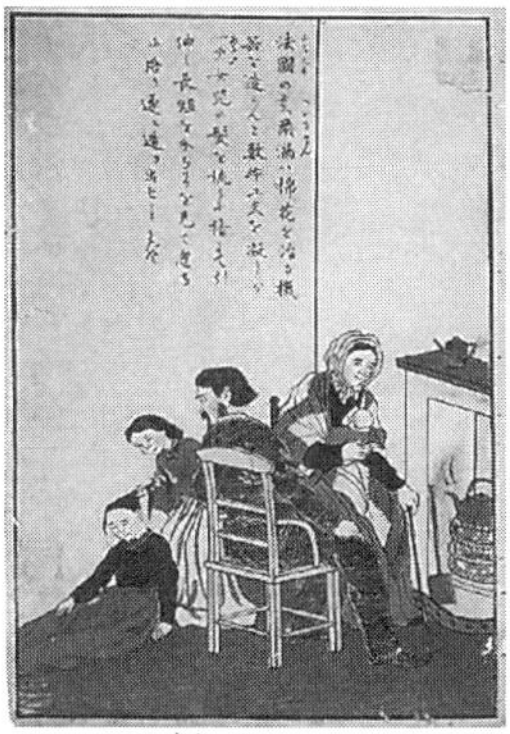

図56　玄爾満《ヘイルマン》（綿花梳機）

図57　巴律西《パリシー》（磁器）

図58　奥度棒《オードゥボン》（禽鳥画）

図59　加来爾《カーライル》（写本）

図60　仏蘭来林《フランクリン》（電気）

図61　薄査《ペドガー》（磁器）

図62　秩　嚢《ティツィアーノ》（人物画）

〈数理図〉（図63—68）

図63　基数

図64　量地尺

図65　度量衡(1)

図66　度量衡(2)

図67　度量衡(3)

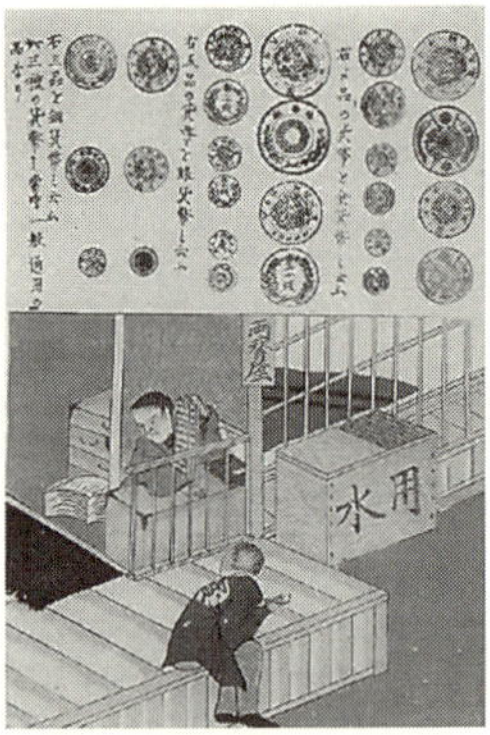

図68　貨幣

〈木挺・滑車図〉（図69—77）

図69　木挺(1)

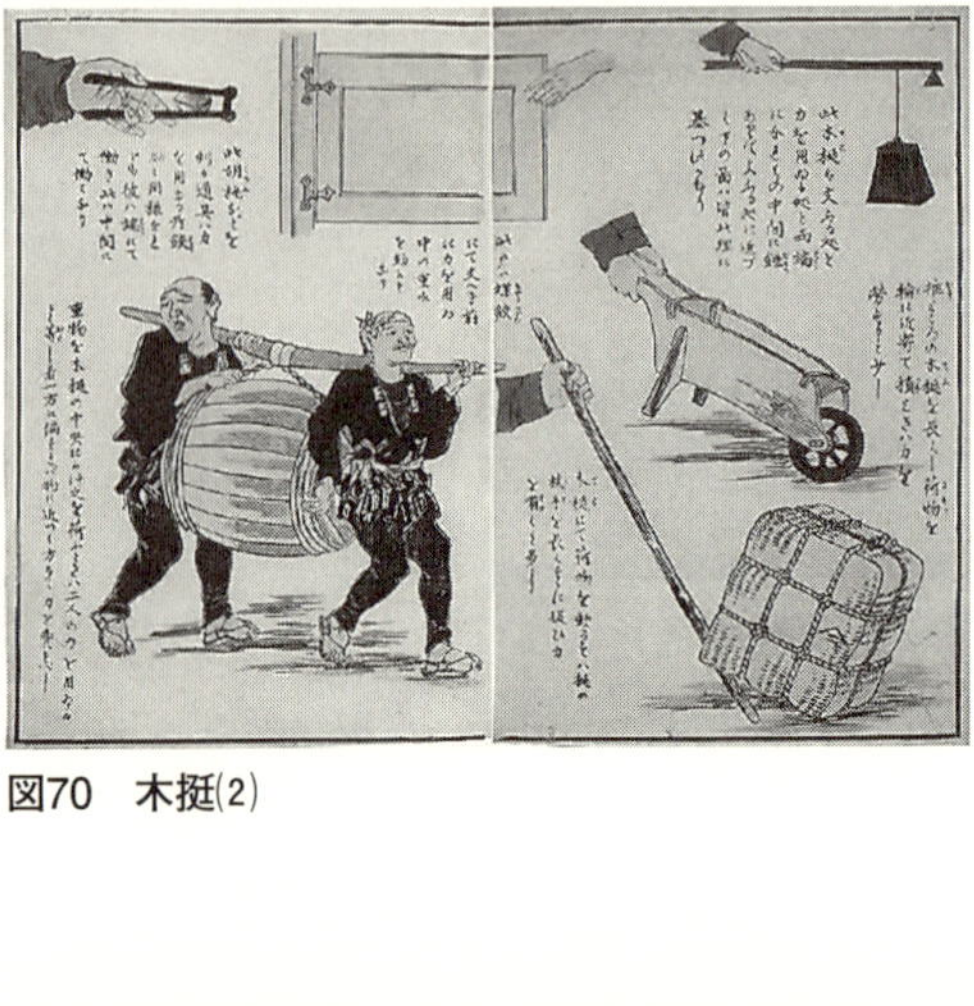

図70　木挺(2)

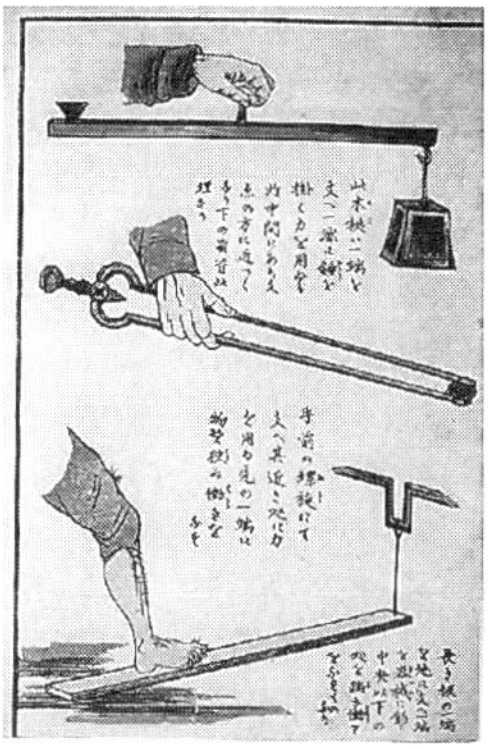

図71　木挺(3)

図72　木挺(4)

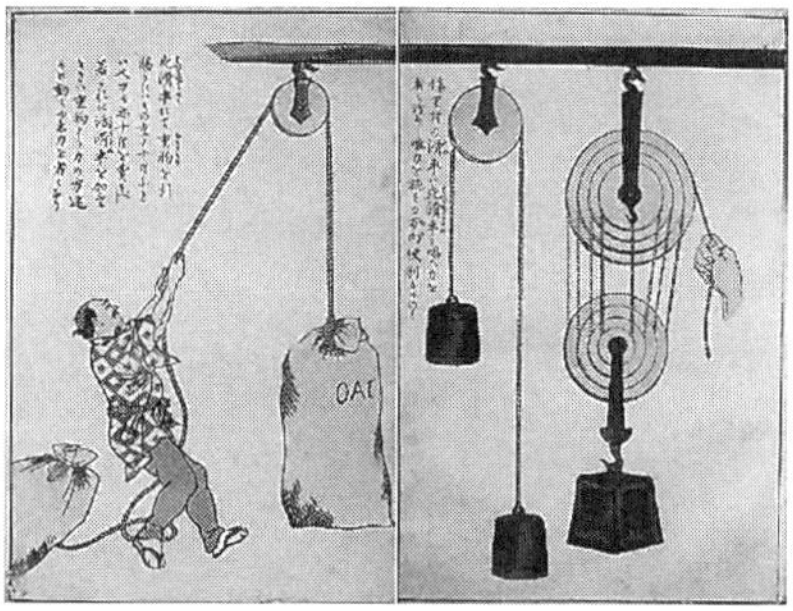

図73　滑車

図74　輪軸

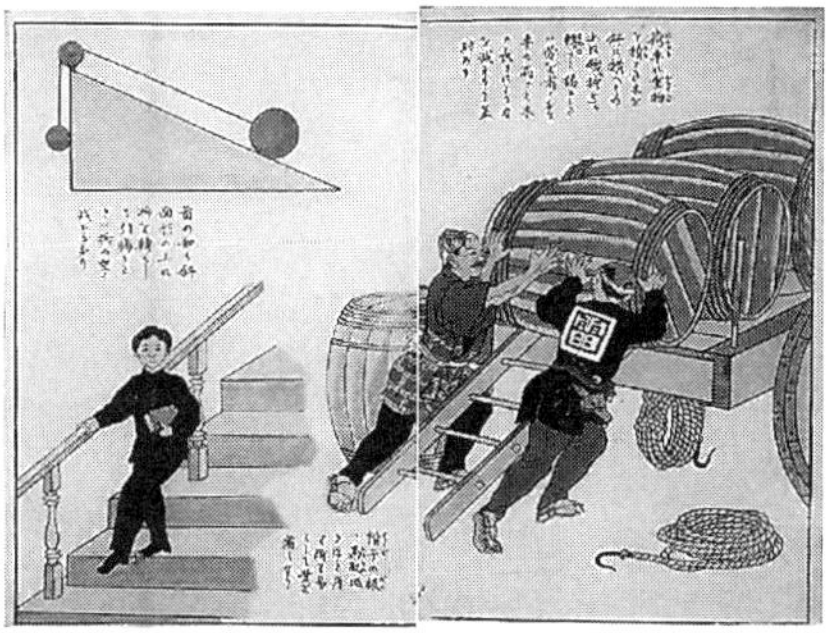

図75　斜面

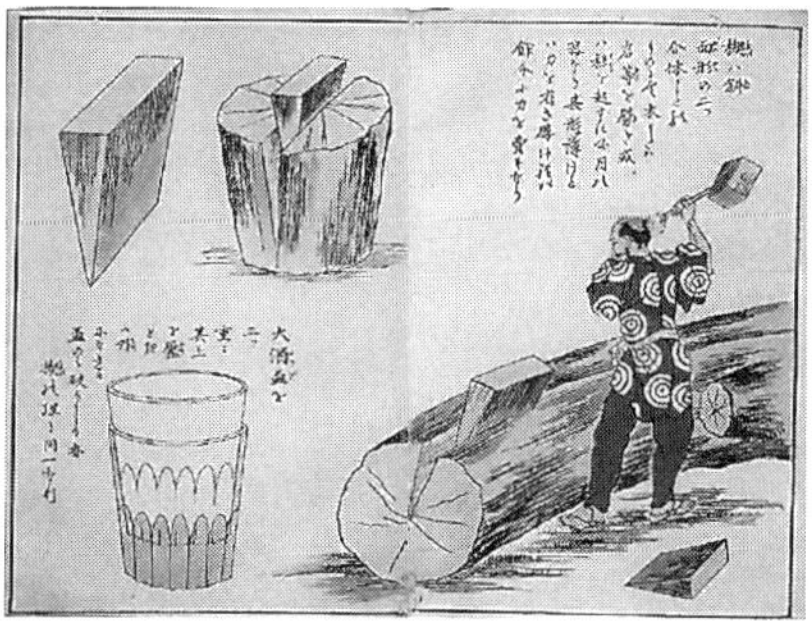

図76　楔

〈空気・浮力図〉（図78—79）

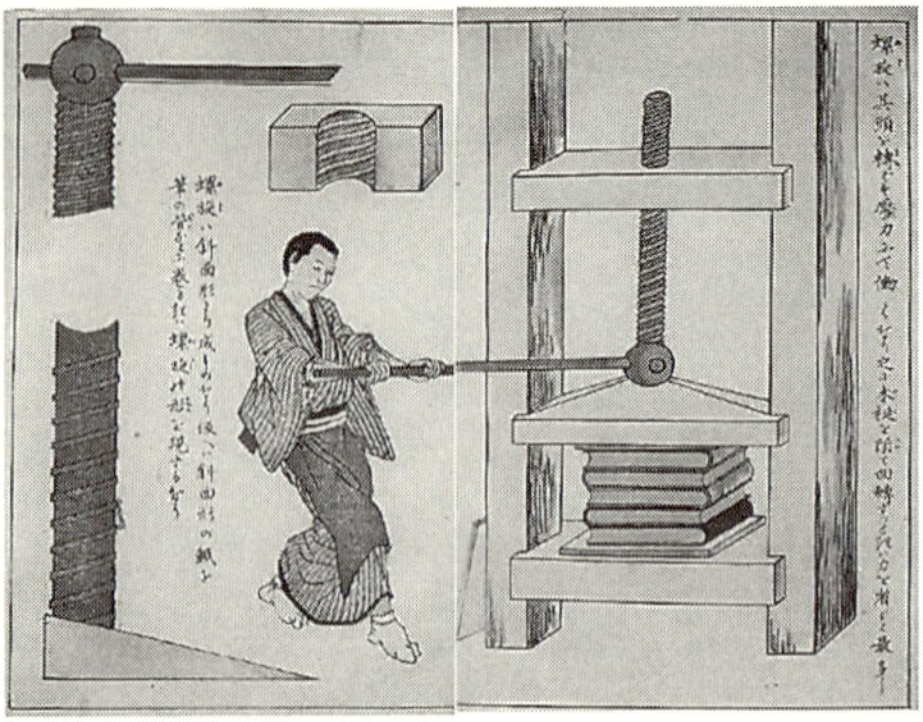

図77　螺施

図78　空気と水

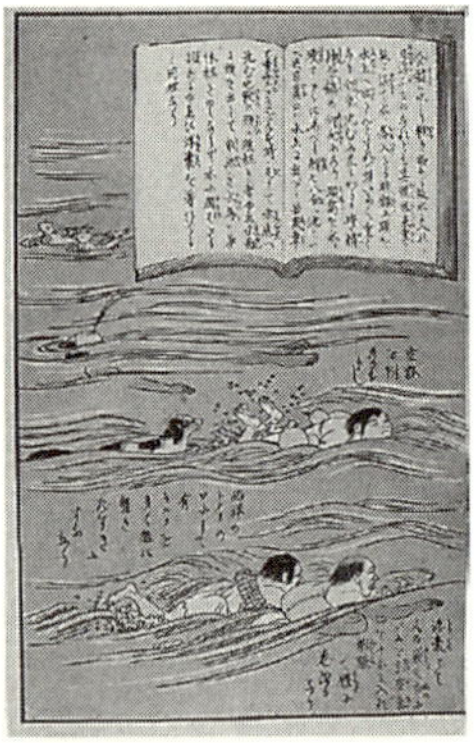

図79　浮力

〈幼童絵解運動養生論説指図〉（図80）

図80　幼童絵解運動養生論説指図

〈器械体操組立図〉（図81—83）

図81　器械体操組立図(1)

図82　器械体操組立図(2)

図83　器械体操組立図(3)

〈馬車組立図〉（図84—86）

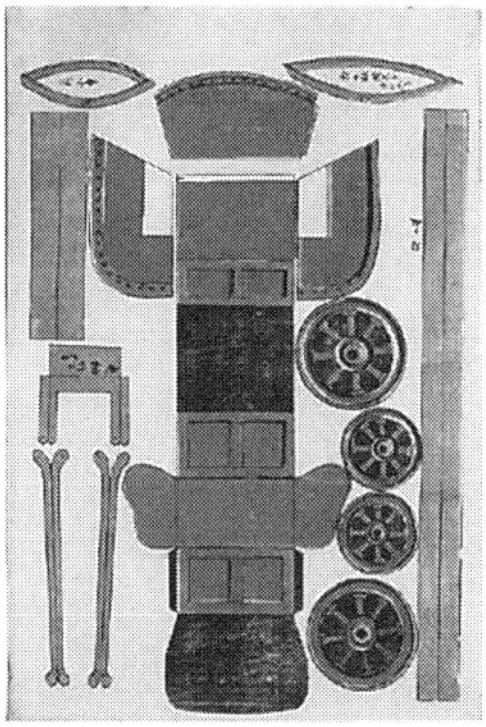

図84　馬車組立図(1)

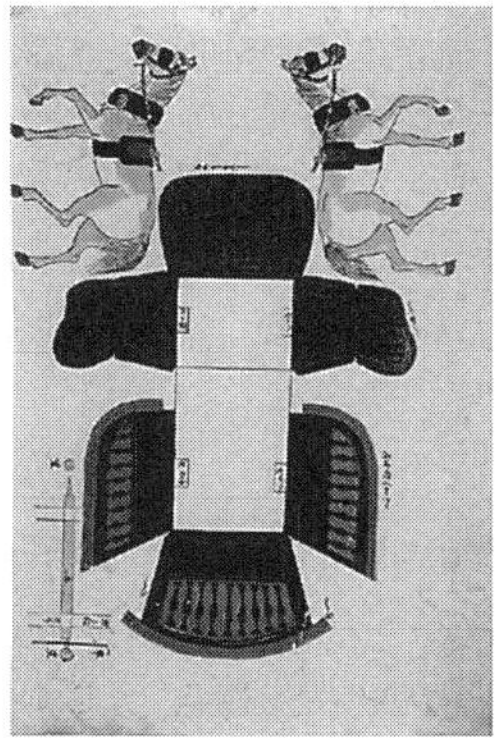

図85　馬車組立図(2)

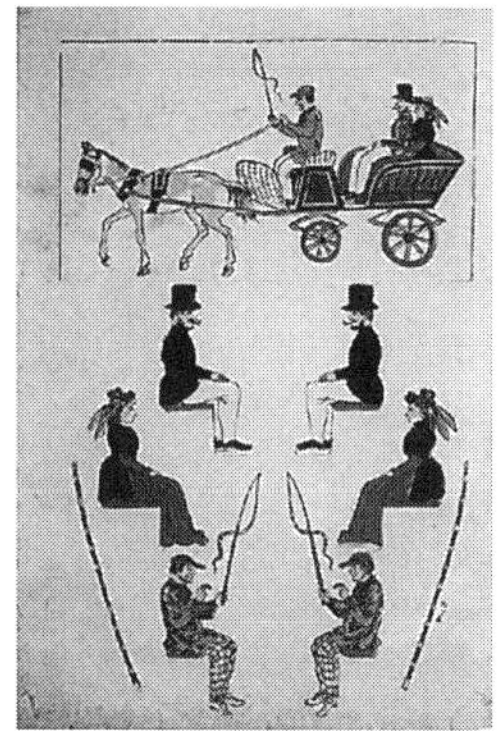

図86　馬車組立図(3)

〈西洋人形着せ替図〉（図87—96）

図87　西洋人形着せ替図(1)

図88　西洋人形着せ替図(2)

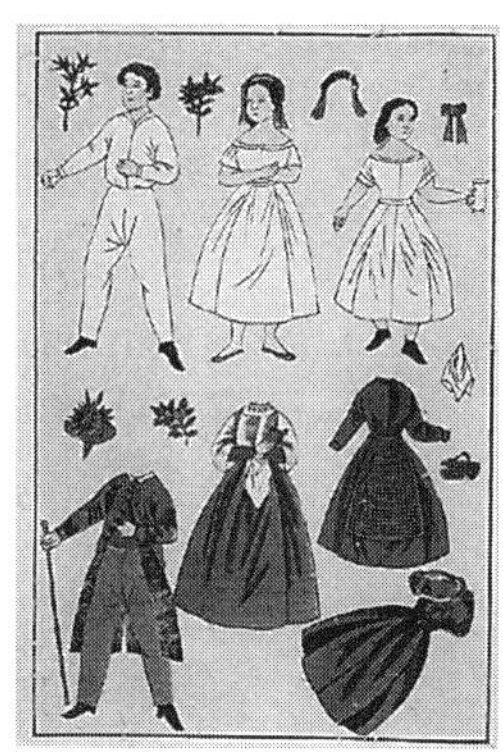

図89　西洋人形着せ替図(3)

図90　西洋人形着せ替図(4)

図91　西洋人形着せ替図(5)

図92　西洋人形着せ替図(6)

図93　西洋人形着せ替図(7)

図94　西洋人形着せ替図(8)

図95　西洋人形着せ替図(9)

図96　西洋人形着せ替図(10)

# Ⅱ　文部省発行の他の視覚教材（図97—107）

## 学校用掛図（図97—105）

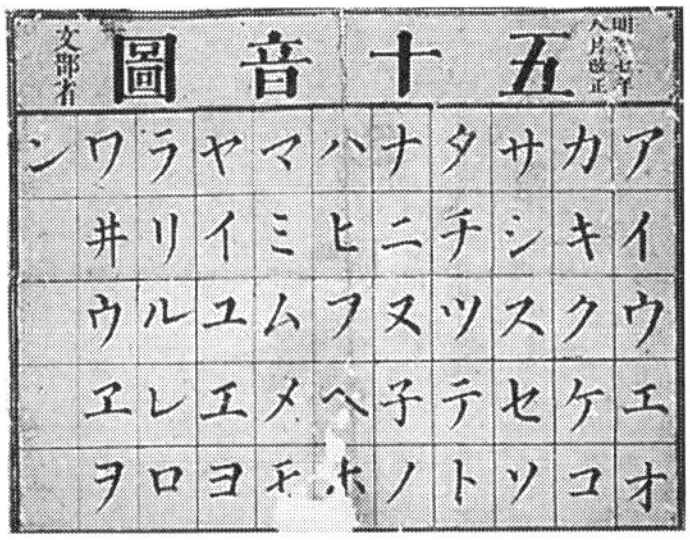


図97　五十音図

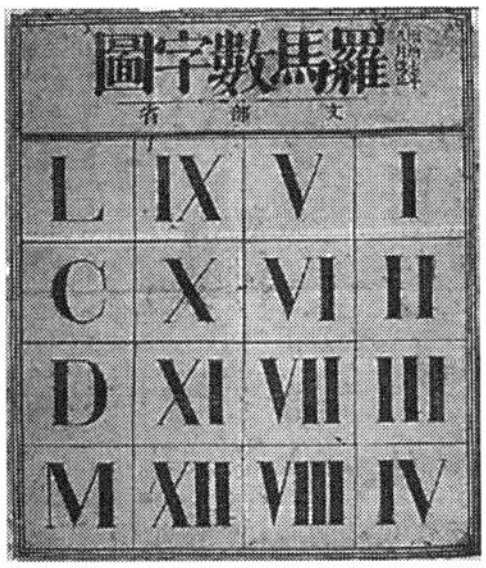


図98　羅馬数字図

図99　乗算九九図

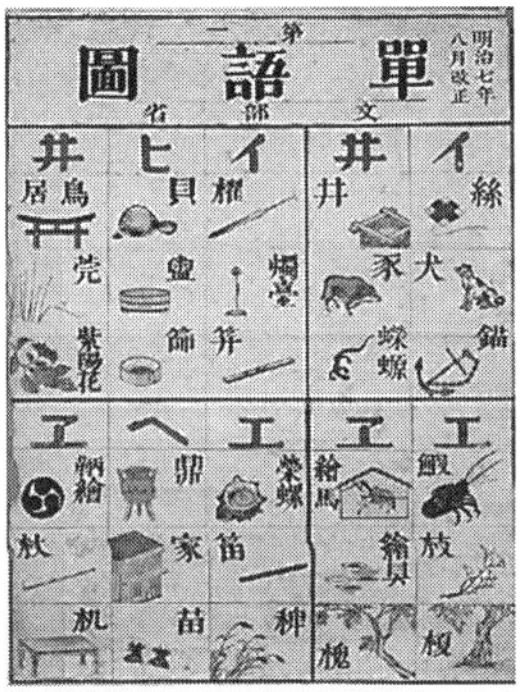


図100　単語図

図101　連語図

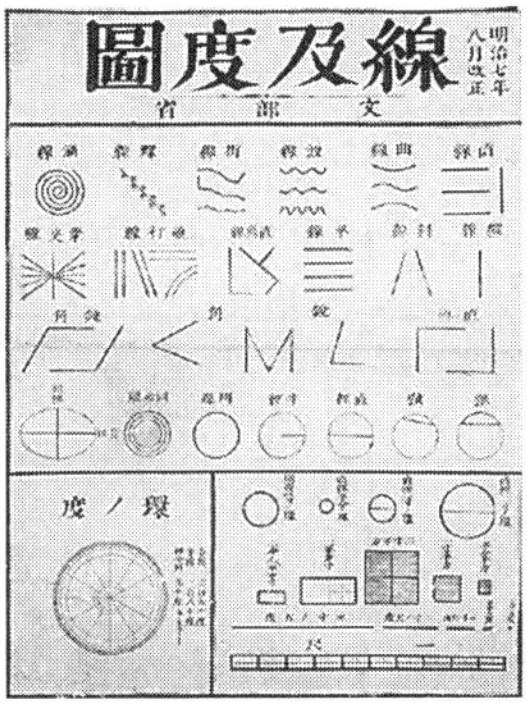


図102　線及度図

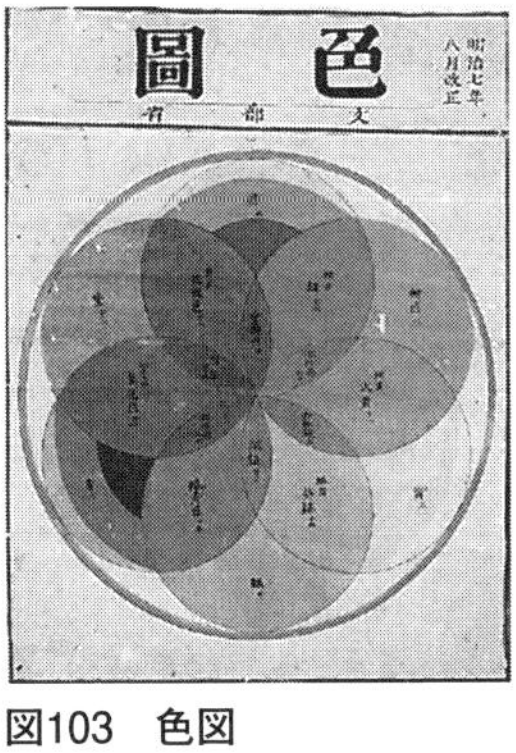


図103　色図

図104　博物図

図105　動物図

## 動物図・教草（図106—107）

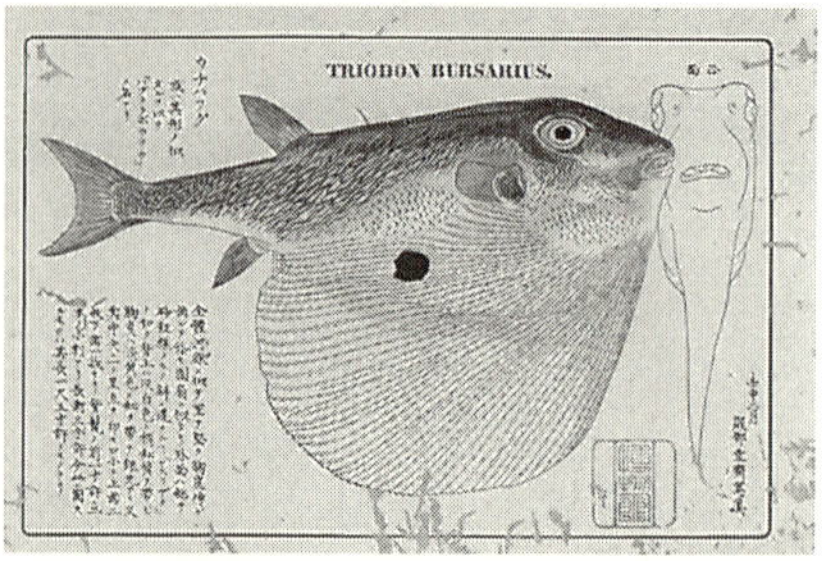


図106　動物図

図107　教草

## Ⅲ　幼児用教具・玩具（図108—113）

図108　恩物教材

図109　江戸時代の着せ替え絵〈子供遊衣装附〉（歌川芳鶴、文久頃）

図110　江戸時代の組立絵１
〈志《し》ん版《ばん》ひなだん組立の図〉
（歌川芳藤、安政６年）

図111　江戸時代の組立絵２
〈新板仕立かざぐる満《ま》〉
（歌川艶長、文久・元治頃）

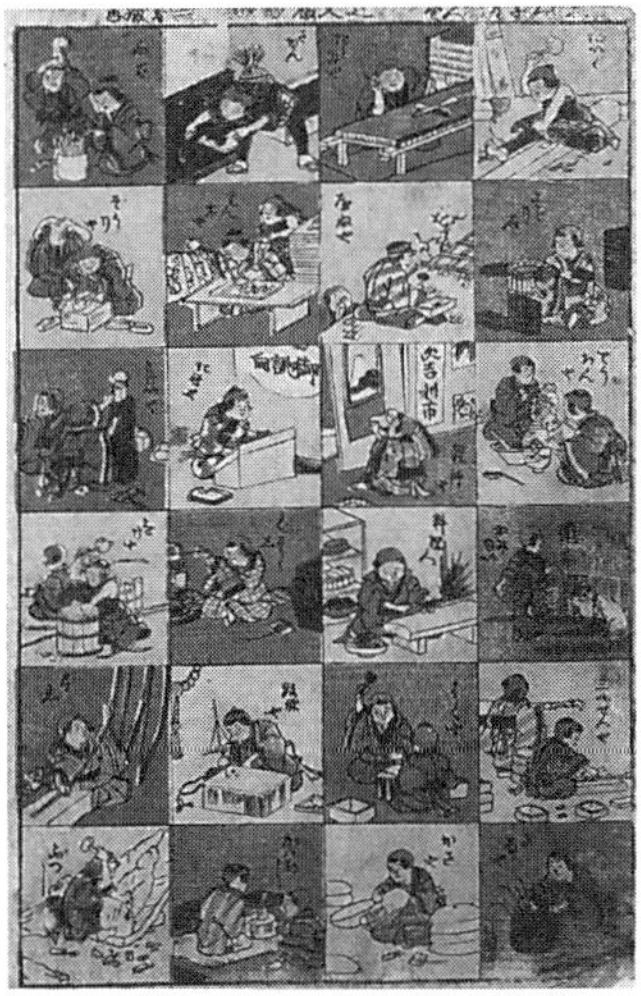

図112　〈志《し》んぱん子供職人尽〉
（歌川芳幾、嘉永５年）
右上から、大工／畳屋／左官／筆／硯石／屋根屋／版木屋／草履屋／提燈屋／経師屋／足袋屋／時計屋／髪結い／料理人／具足屋／桶屋／三味線屋／箔屋／数珠屋／弓師／ざる屋／かさ屋／かわら屋／仏師

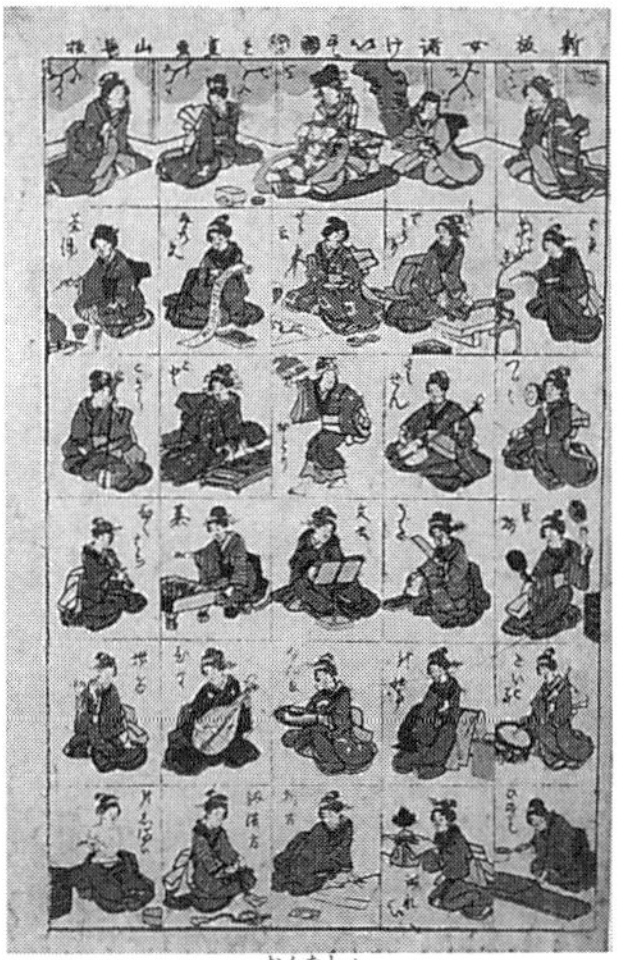

図113　〈新板 女《おんな》 諸《しょ》げい尽〉
（二代広重、嘉永頃）
右上二段目から、生花／料理／席画／ふみの文／茶湯／鼓／三味線／踊り／琴／胡弓／髪揃／歌／文書／碁／尺八／太鼓／針仕事／盆画／琵琶／横笛／火のし／諸礼／折方／紐結び方／身仕舞

## Ⅳ　〈教訓道徳図〉と学校用修身掛図の描写比較（図114―151）

図114　〈見守る視線〉（※矢印は筆者による追加）

図115　〈監視する視線〉（※矢印は筆者による追加）

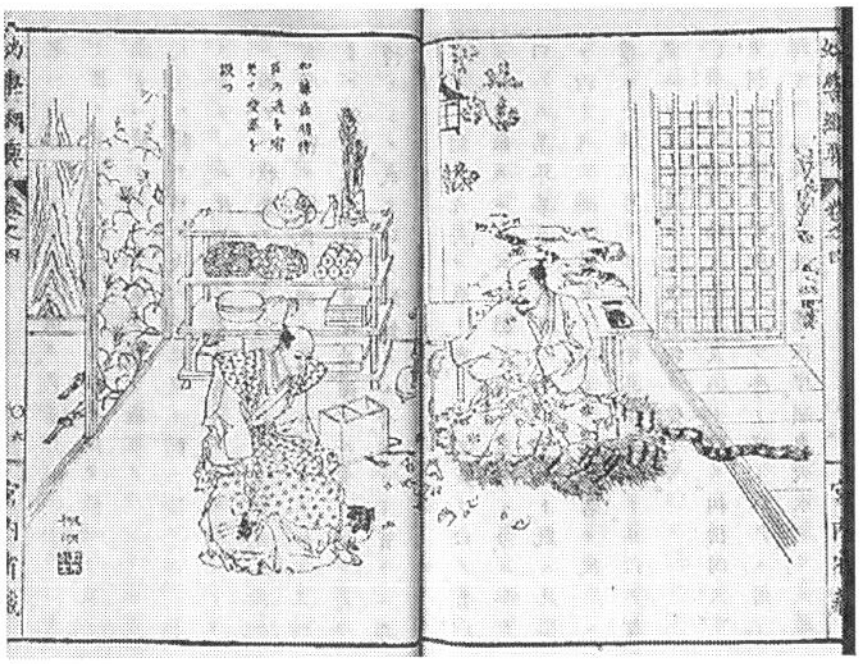

図116 『幼学綱要』挿絵

図117 〈東姿源氏合 乙女〉

図118 〈二葉草七小町 清水小町〉

図119 〈江戸名勝道化《どうけ》尽《づくし》 十一 下谷《したや》御成道《おなりみち》〉

図120 同部分拡大図

学校修身用掛図（図121—149）

図121　学校

図122　教師

図123　姿勢（甲）

図124　姿勢（乙）

図125　整頓（甲）

図126　整頓（乙）

図127　時刻を守れ

図128　勉強

図129　教室と運動場（甲）

図130　教室と運動場（乙）

図131　あそび

図132　おとうさんとおかあさん

図133　孝行

図134　きょーだい

図135　家族の楽

図136　友だち

図137　天皇陛下

図138　からだ

図139　元気よくあれ

図140　行儀

図141　けんかをするな

図142　うそをいうな

図143　過をかくすな

図144　人の妨をするな

図145　自分の物と人の物

図146　生き物

図147　近所の人

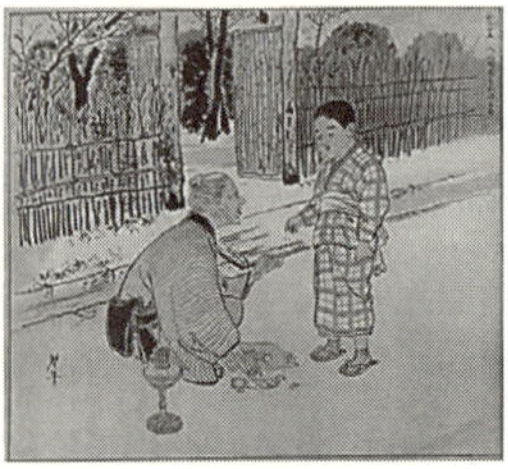
図148　人に迷惑をかけるな

図149　よい子供

図150　「教師」―「こども」間における〈単：多〉の視線（※直線は著者による追加）

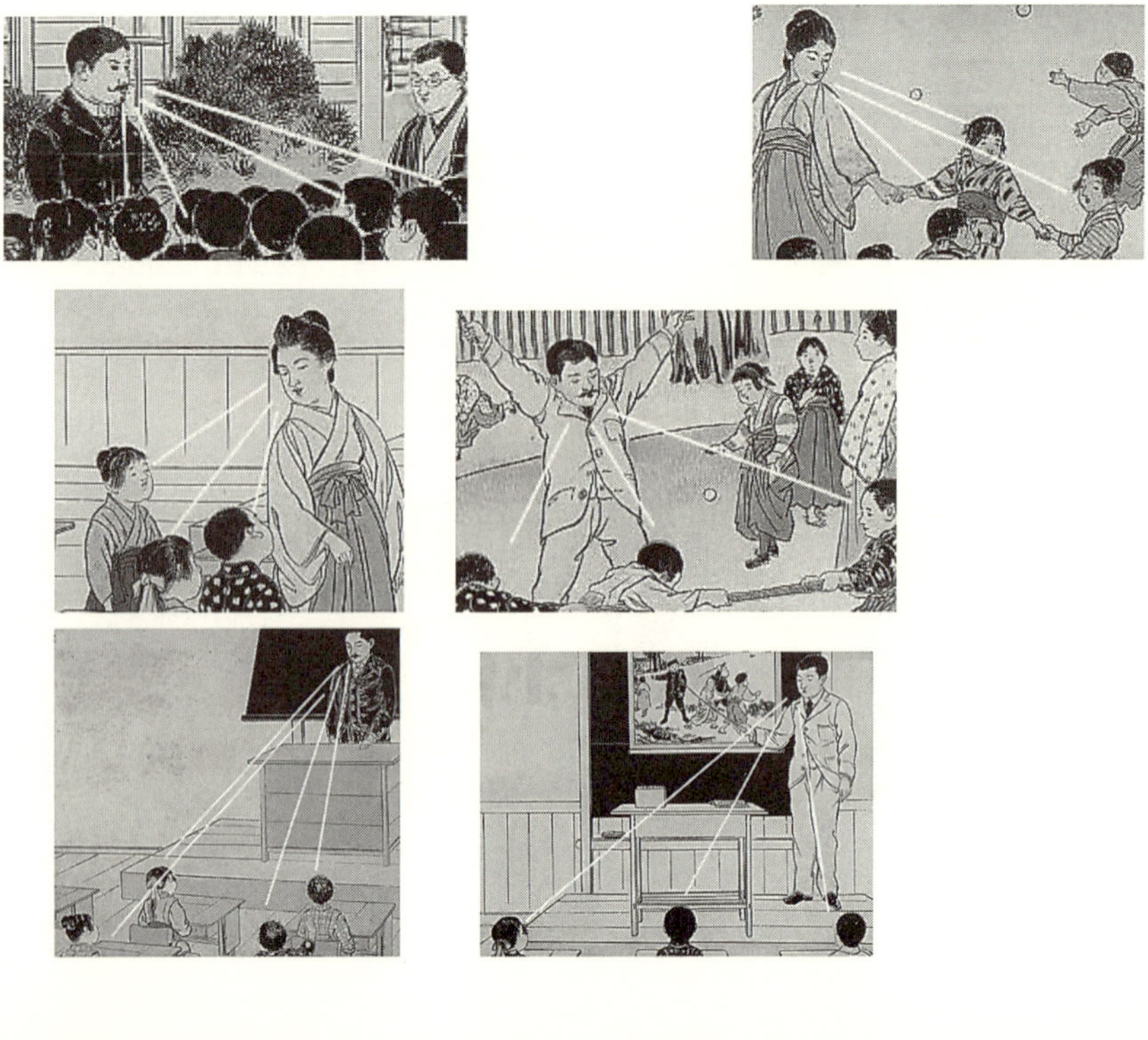

図151　「おとな」―「こども」間における双方向的視線（※矢印は著者による追加）

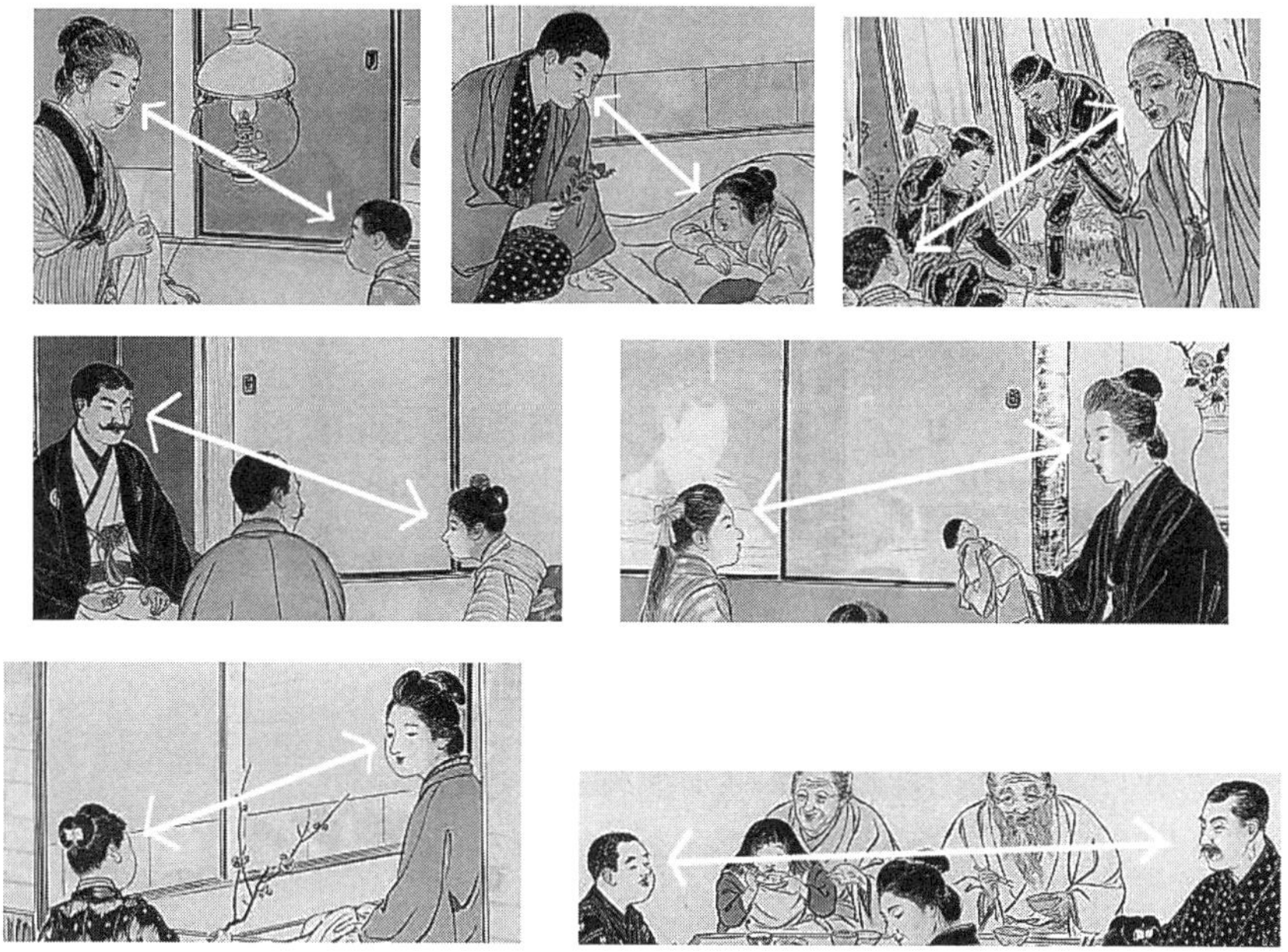

## V　その他の図版資料（図152―176）

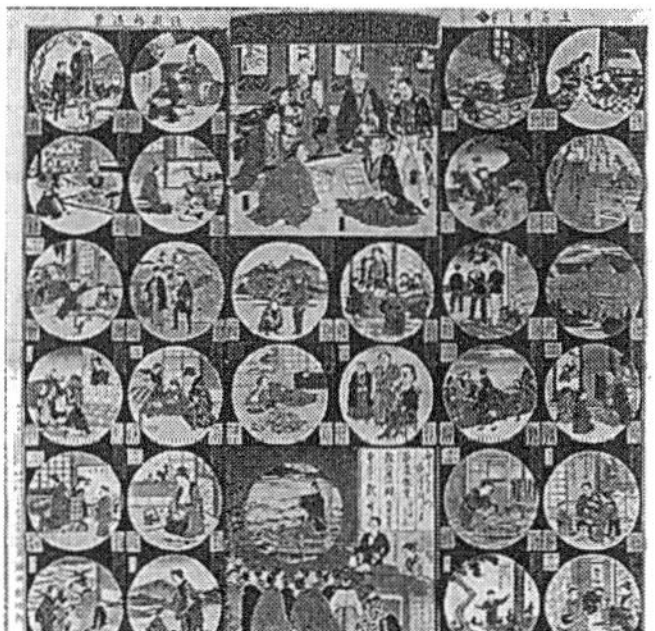

図152　〈教育必要幻燈振分双六〉
（3代広重画、明治22年）

図153　写し絵見物
（団扇絵、国芳画、天保3年）

図154　幻燈用スライド
上段左から「厭世観」「黄金万能」「饗応役の任命」
下段左「成金紳士」
下段右「本望遂げたり」

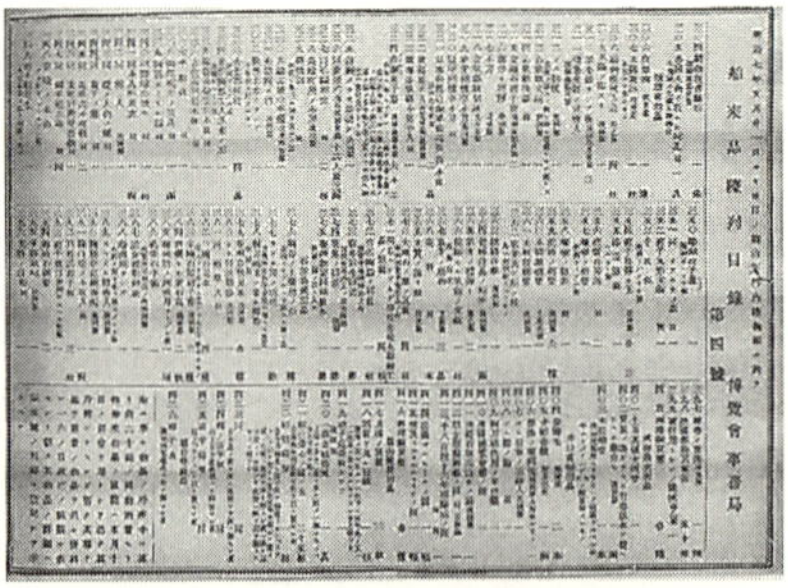

舶來品陳列目録　第四號
博覽會事務局

図155　東京山下門内博物館博覧会
『舶来品陳列目録』

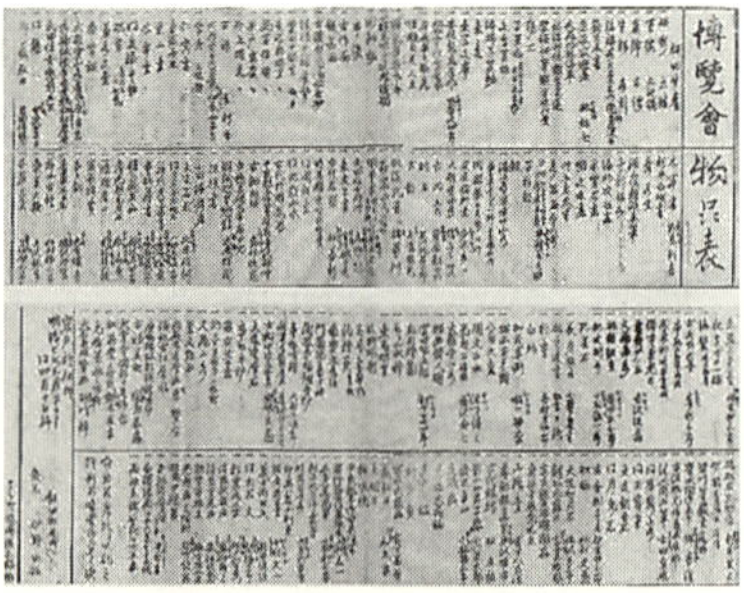

博覽會物品表

図156　飯田『博覧会物品表』

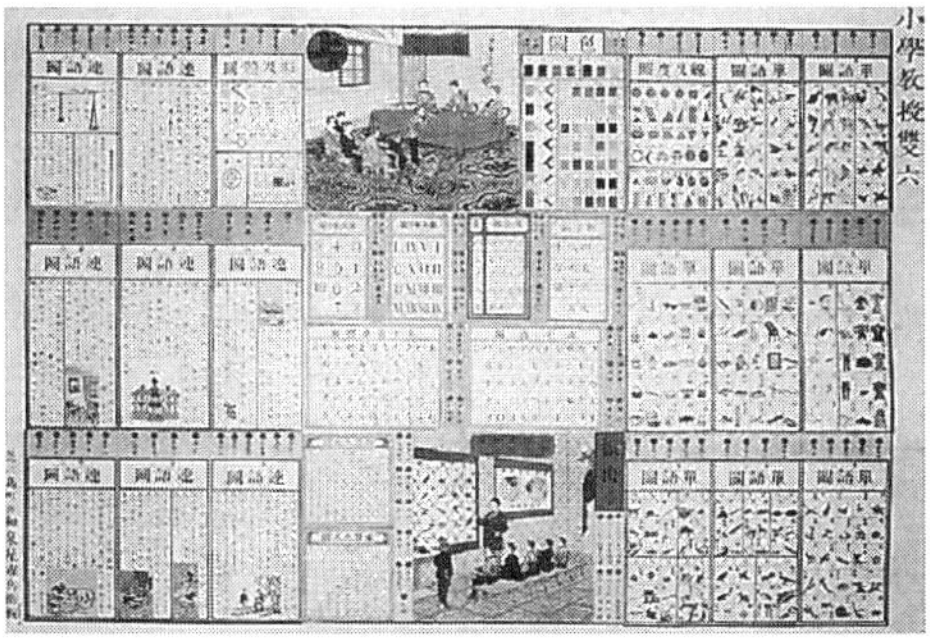

図157　〈小学校教授双六〉(明治８年)

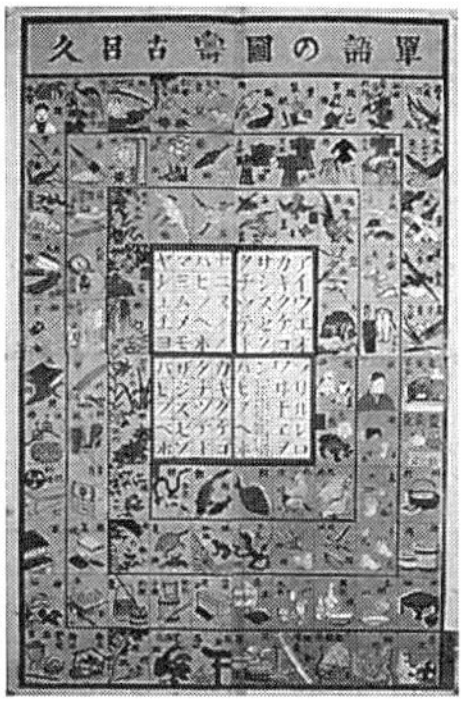

図158　〈単語の図寿古呂久〉(明治前期)

図159　〈学校技芸寿語録〉(明治20年)

図160　〈教育出世双六〉(明治30年)

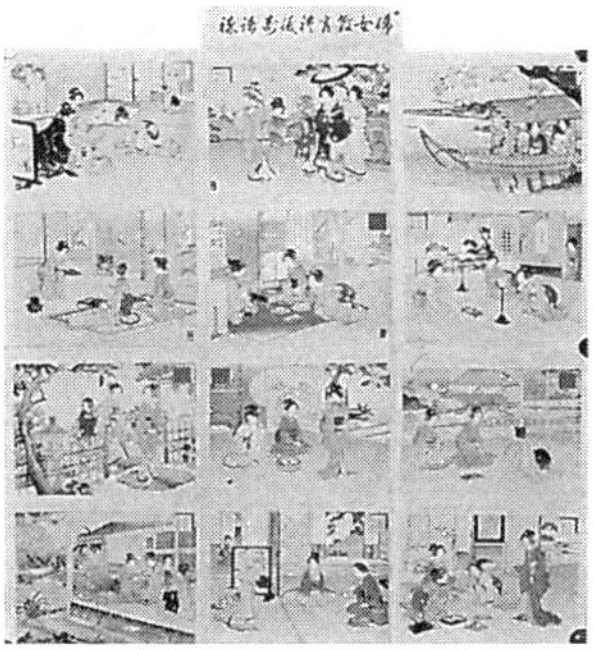

図161　〈婦女教育礼儀寿語録〉(明治25年)

図162 〈単語の図寿古呂久〉(部分)

図163 〈単語図〉(部分)

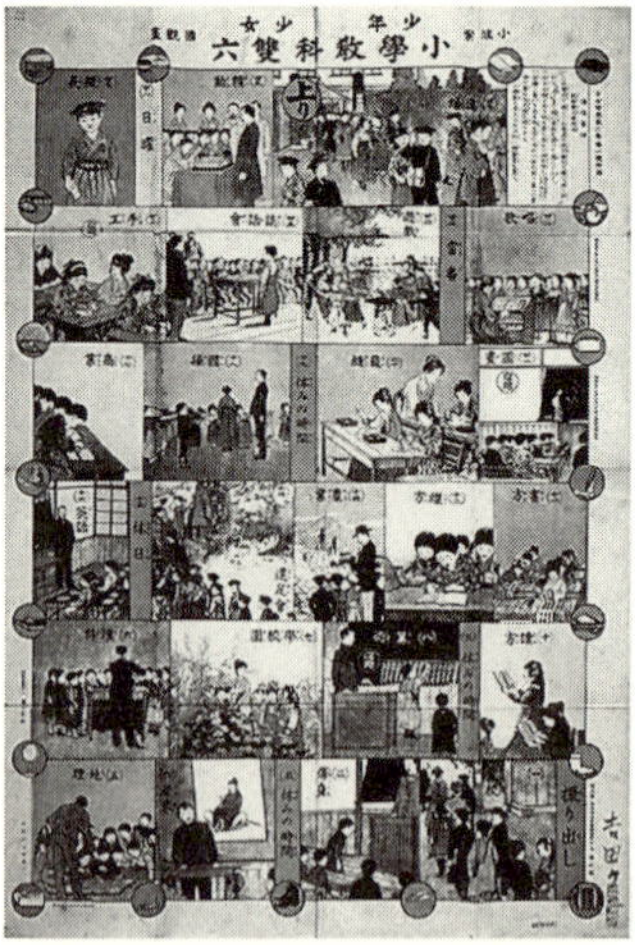


図164 〈小学教科双六〉(明治期)

図165 〈東京小学校教授双六〉(部分)

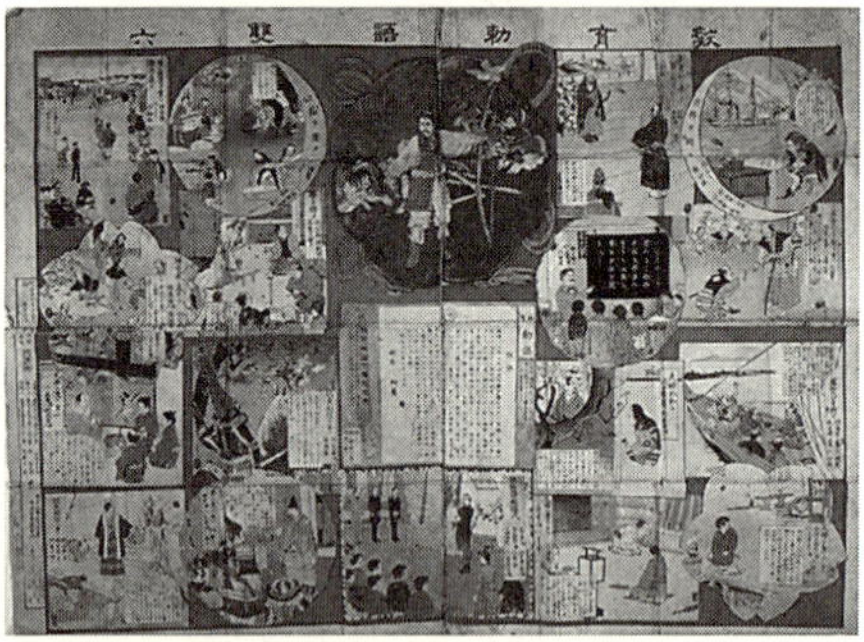


図166 〈教育勅語双六〉(明治24年)

図167 〈新版開花勉強出世双六〉(明治期)

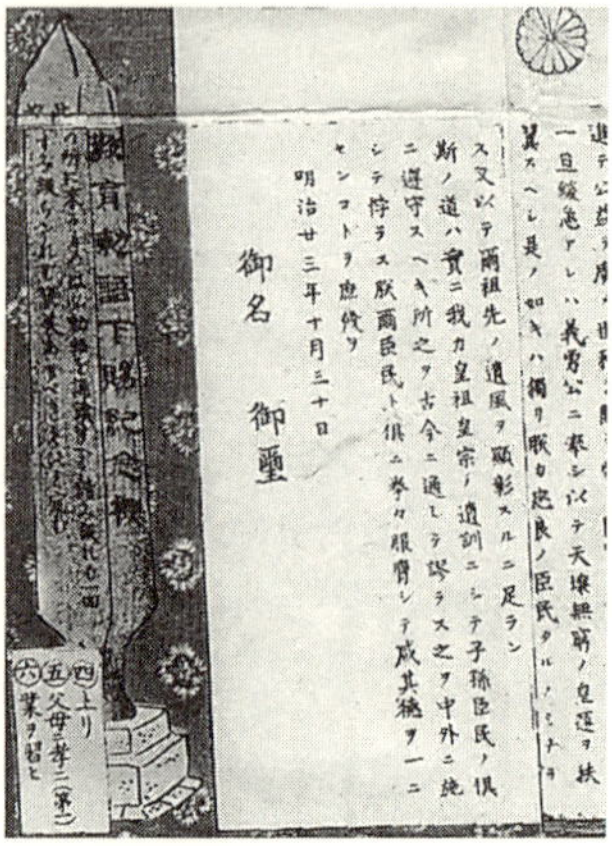


図168 〈教育勅語双六〉(部分)

**図169　写し絵のフロと種板**
（山本慶一『江戸の影絵遊び』より）

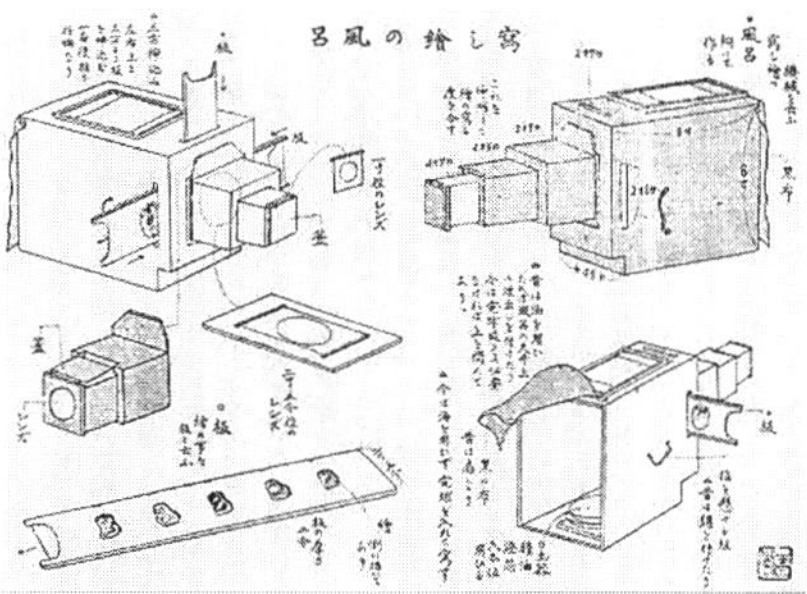

**図170　写し絵の構造**

**図171　幻燈機のフロと種板**
（岩本憲児『幻燈の世紀――映画前夜の視覚文化史』より）

**図172　「神田錦輝館活動大写真の図」**
（『風俗画報』132号、明治30年３月25日）

図173　キネトスコープの脇で説明をする弁士
（「時事新報」明治29年12月8日）

図174　覗きからくり
（『遊君女郎花』宝暦年間）

図175　全国弁士肖像（1915年）

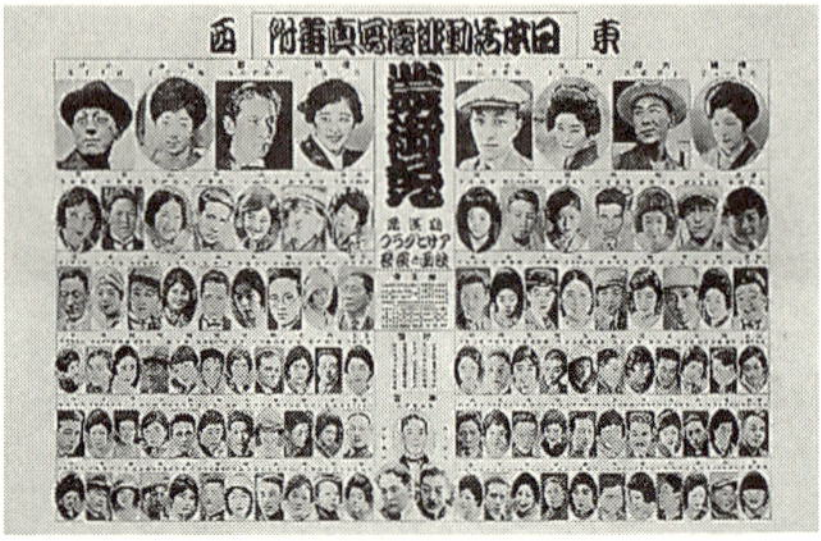

図176　日本活動俳優写真番付（1926年）

# 人名索引

## な 行



## は 行



## ま 行



## や行・わ行

# 事項索引

## あ　行



## か　行

## さ 行

た　行



な　行



は　行



ま　行

## や　行



## ら　行

**青山貴子**（あおやま・たかこ）
東京大学大学院教育学研究科博士課程修了（生涯学習基盤経営コース）
現在，山梨学院大学現代ビジネス学部准教授
主要著書に，『社会教育の施設論――社会教育の空間的展開を考える（講座転形期の社会教育Ⅲ）』（分担執筆，学文社，2015），『身体・メディアと教育（論集 現代日本の教育史 7）』（分担執筆，日本図書センター，2014），『知の伝達メディアの歴史研究――教育史像の再構築』（分担執筆，思文閣出版，2010），『読書教育への招待――確かな学力と豊かな心を育てるために』（分担執筆，東洋館出版社，2010），ほか．

遊びと学びのメディア史
錦絵・幻燈・活動写真

2019年2月21日　初　版

［検印廃止］

著　者　青山貴子《あおやまたかこ》

発行所　一般財団法人　東京大学出版会

代表者　吉見俊哉

153-0041 東京都目黒区駒場 4-5-29
http://www.utp.or.jp/
電話 03-6407-1069　Fax 03-6407-1991
振替 00160-6-59964

印刷所　株式会社平文社
製本所　牧製本印刷株式会社


ISBN 978-4-13-056227-0　Printed in Japan